EIKE SCHRÖER

Das beschleunigte Strafverfahren gem. §§ 417 ff. StPO

Schriften zum Prozessrecht

Band 140

Das beschleunigte Strafverfahren gem. §§ 417 ff. StPO

Von

Eike Schröer

Duncker & Humblot · Berlin

Die Deutsche Bibliothek – CIP-Einheitsaufnahme

Schröer, Eike:
Das beschleunigte Strafverfahren gem. §§ 417 ff. StPO / von Eike Schröer. – Berlin : Duncker & Humblot, 1998
(Schriften zum Prozessrecht ; Bd. 140)
Zugl.: Passau, Univ., Diss., 1997/98
ISBN 3-428-09529-4

D 739

Fotoprint: Berliner Buchdruckerei Union GmbH, Berlin
Printed in Germany

ISSN 0582-0219
ISBN 3-428-09529-4

Gedruckt auf alterungsbeständigem (säurefreiem) Papier
entsprechend ISO 9706 ♾

Meinen Eltern

Vorwort

Die vorliegende Arbeit wurde im Wintersemester 1997/1998 von der Juristischen Fakultät der Universität Passau als Dissertation angenommen.

Mein besonderer Dank gilt Herrn Professor Dr. *Werner Beulke*, der die Arbeit angeregt und ihre Fertigstellung in vielfältiger Weise gefördert hat. Herrn Professor Dr. *Bernhard Haffke* danke ich für die zügige Erstellung des Zweitgutachtens.

Danken möchte ich auch Frau *Veronika Angerer*, Frau *Karin Franze* und Herrn Dr. *Helmut Satzger*, mit denen ich jederzeit über meine Gedanken und Ideen sprechen konnte.

Passau, im März 1998 *Eike Schröer*

Inhaltsverzeichnis

Abkürzungsverzeichnis

A.	Auflage
a.A.	anderer Ansicht
abl.	ablehnend
a.E.	am Ende
a.F.	alte Fassung
AG	Amtsgericht
AK	Alternativkommentar
Alt.	Alternative
ANM	Alsberg/Nüse/Meyer
Anm.	Anmerkung
AnwBl	Anwaltsblatt (zitiert nach Jahr und Seite)
AO	Abgabenordnung
arg.	argumentum e
Art.	Artikel
AV d. J. M.	Ausführungsverordnung des Justizministers
Az	Aktenzeichen
BayAGGVG	Gesetz zur Ausführung des Gerichtsverfassungsgesetzes und von Verfahrensgesetzen des Bundes in Bayern
BayObLG	Bayerisches Oberstes Landesgericht
BayObLGSt	Entscheidungen des Bayerischen Obersten Landesgerichtes in Strafsachen (zitiert nach Jahrgang und Seite)
Bd.	Band
BGBl	Bundesgesetzblatt
BGH	Bundesgerichtshof
BGHR	BGH - Rechtsprechung – Strafsachen hrsg. von den Richtern des Bundesgerichtshofes (zitiert nach Paragraph, Stichwort und Nummer)
BGHSt	Entscheidungen des Bundesgerichtshofes in Strafsachen (zitiert nach Band und Seite)
BT-Drucks.	Drucksache des Bundestages
BtMG	Betäubungsmittelgesetz
BVerfG	Bundesverfassungsgericht
BVerfGE	Entscheidung des Bundesverfassungsgerichtes (zitiert nach Band und Seite)

bzgl.	bezüglich
bzw.	beziehungsweise
CCC	Constitutio Criminalis Carolina von 1532
DAR	Deutsches Autorecht (zitiert nach Jahr und Seite)
ders.	derselbe
d.h.	das heißt
dies.	dieselbe
Diss.	Dissertation
DJZ	Deutsche Juristenzeitung (zitiert nach Jahr und Seite)
DRiG	Deutsches Richtergesetz
DRiZ	Deutsche Richterzeitung (ztiert nach Jahr und Seite)
DRZ	Deutsche Rechtszeitschrift (zitiert nach Jahr und Seite)
EGGVG	Einführungsgesetz zum GVG
Einl.	Einleitung
evtl.	eventuell
FAZ	Frankfurter Allgemeine Zeitung
ff	folgende
Fn.	Fußnote
FS	Festschrift
GA	Goltdammer's Archiv für Strafrecht (zitiert bis 1933 nach Band und Seite, ab 1953 nach Jahr und Seite)
GedSchr	Gedächtnisschrift
gem.	gemäß
GerS	Der Gerichtssaal (zitiert nach Band (Jahr) und Seite)
GG	Grundgesetz für die Bundesrepublik Deutschland
ggf.	gegebenenfalls
GVG	Gerichtsverfassungsgesetz
hA	herrschende Ansicht
hL	herrschende Lehre
hM	herrschende Meinung
hrsg.	herausgegeben
HS	Halbsatz
idF.	in der Fassung
idR.	in der Regel
i.E.	im Ergebnis
i.F.	im Fall

inkl.	inklusive
iSd	im Sinne der (des)
iSv	im Sinne von
i.ü.	im übrigen
iVm	in Verbindung mit
JA	Juristische Arbeitsblätter für Ausbildung und Examen (zitiert nach Jahr und Seite)
JGG	Jugendgerichtsgesetz
JMBlNRW	Justizministerialblatt für das Land Nordrhein-Westfalen (zitiert nach Jahr und Seite)
JR	Juristische Rundschau (zitiert nach Jahr und Seite)
Jura	Juristische Ausbildung (zitiert nach Jahr und Seite)
JuS	Juristische Schulung (zitiert nach Jahr und Seite)
JW	Juristische Wochenschrift (zitiert nach Jahr und Seite)
JZ	Juristenzeitung (zitiert nach Jahr und Seite)
Kap.	Kapitel
KG	Kammergericht
KK	Karlsruher Kommentar
KK/OWiG	Karlsruher Kommentar zum Ordnungswidrigkeitengesetz
K/M-G	Kleinknecht/Meyer-Goßner
KMR	Kommentar zur Strafprozeßordnung
krit.	kritisch
LG	Landgericht
LR	Löwe/Rosenberg
MDR	Monatsschrift für Deutsches Recht (zitiert nach Jahr und Seite)
MRK	Europäische Konvention zum Schutz der Menschenrechte und Grundfreiheiten vom 4.11.1950
MschrKrim	Monatszeitschrift für Kriminologie und Strafrechtsreform (zitiert nach Jahr und Seite)
MschrKrimPsych	Monatszeitschrift für Kriminalpsychologie und Strafrechtsreform (zitiert nach Jahr und Seite)
m.w.N.	mit weiteren Nachweisen
NdsRpfl.	Niedersächsische Rechtspflege (zitiert nach Jahr und Seite)
NJ	Neue Justiz (zitiert nach Jahr und Seite)
NJW	Neue Juristische Wochenschrift (zitiert nach Jahr und Seite)

Nr.	Nummer
NStZ	Neue Zeitschrift für Strafrecht (zitiert nach Jahr und Seite)
NTS-ZA	Zusatzabkommen zum NATO-Truppenstatut
o.a.	oben angegeben
OLG	Oberlandesgericht
OWiG	Gesetz über Ordnungswidrigkeiten
PdW	Prüfe dein Wissen
PNP	Passauer Neue Presse
RG	Reichsgericht
RGBl	Reichsgesetzblatt
RGSt	Entscheidungen des Reichsgerichtes in Strafsachen (zitiert nach Band und Seite)
RiStBV	Richtlinien für das Strafverfahren und das Bußgeldverfahren
Rn.	Randnummer
RPflEntlG	Gesetz zur Entlastung der Rechtspflege vom 11.1.1993
Rspr.	Rechtsprechung
S.	Seite
s.	siehe
SchlHA	Schleswig-Holsteinische Anzeigen (zitiert nach Jahr und Seite)
SK	Systematischer Kommentar
s.o.	siehe oben
sog.	sogenannte (r)
StA	Staatsanwaltschaft
StGB	Strafgesetzbuch
StPÄG	Gesetz zur Änderung der Strafprozeßordnung und des Gerichtsverfassungsgesetzes vom 19.12.1964
StPO	Strafprozeßordnung
str.	strittig
StraFo	Strafverteidiger Forum (zitiert nach Jahr und Seite)
StrÄndG	Strafrechtsänderungsgesetz i.d.F. vom 16. Juli 1979
StV	Strafverteidiger (zitiert nach Jahr und Seite)
StVÄG 1987	Strafverfahrensänderungsgesetz 1987 vom 27.1.1987
s.u.	siehe unten
u.U.	unter Umständen

v.	von/vom
VerbrBekG	Verbrechensbekämpfungsgesetz vom 28.10.1994
vgl.	vergleiche
VO	Verordnung
VRS	Verkehrsrechts-Sammlung (zitiert nach Jahr und Seite)
wistra	Zeitschrift für Wirtschaft, Steuer, Strafrecht (zitiert nach Jahr und Seite)
z.B.	zum Beispiel
Ziff.	Ziffer
ZRP	Zeitschrift für Rechtspolitik (zitiert nach Jahr und Seite)
ZStW	Zeitschrift für die gesamte Strafrechtswissenschaft (zitiert nach Band (Jahr) und Seite)
z.T.	zum Teil
zust.	zustimmend

1. Kapitel

Einleitung

A. Arten von vereinfachten Verfahren

Die deutsche Strafprozeßordnung kennt neben dem Normalverfahren[1] mehrere Möglichkeiten, menschliches Fehlverhalten in vereinfachten bzw. verkürzten Verfahren ohne den Aufwand des Normalverfahrens zu sanktionieren. Dabei lassen sich diese vereinfachten Verfahrensarten zunächst einmal danach einteilen, ob die Sanktion mit oder ohne Schuldspruch erfolgt.

Ohne Schuldspruch erfolgt insbesondere das Einstellungsverfahren nach § 153a StPO.[2] Danach kann bei Vergehen, wenn die Schwere der Schuld nicht entgegensteht, das Verfahren durch Auferlegen von Auflagen und Weisungen, die geeignet sind, das zunächst vorhandene öffentliche Interesse an der Strafverfolgung zu beseitigen, eingestellt werden.[3] Bei diesen Auflagen und Weisungen kann es sich um eine Wiedergutmachung des verursachten Schadens (§ 153a I Nr. 1 StPO), die Zahlung eines Geldbetrages zugunsten einer gemeinnützigen Einrichtung oder der Staatskasse (§ 153a I Nr. 2 StPO), die Erbringung einer sonst gemeinnützigen Leistung (§ 153a I Nr. 3 StPO) oder um die Erfüllung einer Unterhaltspflicht (§ 153a I Nr. 4 StPO) handeln. Die Einstellung kann sowohl im Ermittlungsverfahren gem. § 153a I StPO mit Zustimmung des Beschuldigten und grundsätzlich mit Zustimmung des Gerichts als auch nach Klageerhebung bis zum Ende der Hauptverhandlung gem. § 153a II StPO mit Zustimmung der Staatsanwaltschaft und des Angeschuldigten erfolgen.

---

[1] Das Normalverfahren gliedert sich seiner gesetzlichen Struktur nach in ein staatsanwaltliches Ermittlungsverfahren (§§ 151 ff StPO) und ein gerichtliches Verfahren mit Zwischenverfahren und Hauptverhandlung (§§ 199 ff; 226 ff StPO).

[2] Neben § 153a StPO könnte sich nach *Loos/Radtke*, NStZ 1995, S. 569, aus dem durch das Verbrechensbekämpfungsgesetz neu eingeführten § 46a StGB eine weitere vereinfachte Verfahrensart entwickeln: Bei Absehen von Strafe wegen Wiedergutmachung oder Täter-Opfer-Ausgleichs eröffnet sich über § 153b StGB die Möglichkeit einer Verfahrenseinstellung schon im Ermittlungsverfahren.

[3] Vgl. dazu im einzelnen *Beulke*, Rn. 337.

Mit Schuldspruch dagegen enden das Strafbefehlsverfahren gem. §§ 407 ff StPO und das beschleunigte Verfahren gem. §§ 417 ff StPO. Bei dem Strafbefehlsverfahren handelt es sich um ein summarisches Verfahren,[4] das eine einseitige Straffestsetzung ohne Hauptverhandlung und Urteil ermöglicht. Bei Vergehen stellt die Staatsanwaltschaft im Verfahren vor dem Strafrichter[5] Antrag auf Strafbefehl, wenn nach Abschluß der Ermittlungen der Beschuldigte der Tat hinreichend verdächtig ist[6] und eine Hauptverhandlung nicht erforderlich erscheint, vgl. § 407 I StPO. Der Richter erläßt den Strafbefehl, wenn er ebenfalls den hinreichenden Tatverdacht für gegeben hält, die Überzeugung von der Schuld des Täters braucht sich das Gericht nicht zu verschaffen.[7] Im Strafbefehl können dann nur die in § 407 II Nr. 1 - 3 StPO genannten Rechtsfolgen festgesetzt werden; hierbei handelt es sich vor allem um die Geldstrafe, die Entziehung der Fahrerlaubnis, Absehen von Strafe und Freiheitsstrafe bis zu einem Jahr, wenn deren Vollstreckung zur Bewährung ausgesetzt wird und der Angeschuldigte einen Verteidiger hat.[8] Der Strafbefehl ist zunächst eine vorläufige Entscheidung, die jedoch, wenn der Beschuldigte nicht rechtzeitig Einspruch einlegt, durch Nichtanfechtung rechtskräftig wird und damit einem rechtskräftigen Urteil gleichsteht, vgl. § 410 III StPO. Durch seinen Einspruch gegen den Strafbefehl kann der Beschuldigte die Durchführung einer normalen Hauptverhandlung erzwingen.

Auch das beschleunigte Verfahren gem. §§ 417 ff StPO erfolgt mit Schuldspruch. Im Unterschied zum Strafbefehlsverfahren findet hier jedoch in jedem Fall eine Hauptverhandlung statt. Die verfahrensverkürzenden Vereinfachungen sind vor allem die, daß die Anklage mündlich erhoben werden kann, eine La-

---

[4] Vgl. BVerfGE 3, 248, 253; BGHSt 29, 305, 307; *Beulke*, Rn. 526.

[5] Zwar ist nach dem Wortlaut des § 407 I 1 StPO das Strafbefehlsverfahren auch vor dem Schöffengericht statthaft; diese Zuständigkeit ist allerdings aufgrund der Erweiterung der Zuständigkeit des Strafrichters durch das RpflEG vom 11.1.1993 BGBl S. 50 (§ 25 Nr. 2 GVG: Straferwartung bis zu 2 Jahren) obsolet geworden.

[6] Der Strafbefehl setzt wie die Anklageerhebung genügenden Anlaß zur Erhebung der öffentlichen Klage voraus, vgl. § 170 StPO.

[7] Diese Auffassung stützt sich vor allem auf den Wortlaut des § 408 II 1 StPO, vgl. *Schaal*, S. 427 ff; K/M-G, Vor § 407 Rn. 1; *Beulke*, Rn. 526; *Roxin*, § 66 Rn. 7. Nach der Gegenauffassung ist die Erkenntnis richterlicher Überzeugung Voraussetzung für den Erlaß des Strafbefehls, da der rechtskräftige Strafbefehl in jeder Hinsicht einem Urteil gleichstehe und dies der Rechtsstaatsgrundsatz als Grundlage jeder Verurteilung im Strafverfahren verlange; vgl. *Rieß*, JR 1988, S. 133; KK-*Fischer*, § 408 Rn. 16; KMR-*Fezer*, § 408 Rn. 9; *Müller*, Rechtsstaat, S. 76.

[8] Näher dazu *Beulke*, Rn. 526.

dung des Beschuldigten nur erfolgt, wenn er sich nicht freiwillig zur Hauptverhandlung stellt oder nicht dem Gericht vorgeführt wird, daß im Falle einer Ladung die Ladungsfrist auf 24 Stunden verkürzt ist, ein Eröffnungsbeschluß nicht erlassen wird und daß das Beweisantragsrecht eingeschränkt wird sowie bei der Beweisaufnahme die Vernehmung von Zeugen, Sachverständigen und Mitbeschuldigten in größerem Umfang als im Normalverfahren durch Verlesung ihrer Äußerungen ersetzt werden darf. Statthaft ist das beschleunigte Verfahren im Verfahren vor dem Strafrichter und vor dem Schöffengericht, wobei eine höhere Strafe als Freiheitsstrafe von einem Jahr und eine Maßregel der Besserung und Sicherung nicht verhängt werden darf.

B. Ziel der Arbeit

Im folgenden soll das beschleunigte Verfahren gem. §§ 417 ff StPO nach Erlaß des Verbrechensbekämpfungsgesetzes vom 28.10.1994[9] dargestellt werden. Dabei sollen zunächst die historischen Grundlagen herausgearbeitet werden, wobei besonderes Gewicht auf die Ausgestaltung des beschleunigten Verfahrens in der Weimarer Republik und in der Zeit von 1933 – 1945 gelegt werden soll. Die Erfahrungen, die aus dieser Zeit resultieren, können dann bei der Bewertung des beschleunigten Verfahrens in der Gegenwart behilflich sein. Der Schwerpunkt der Arbeit liegt in der Darstellung des Ablaufs des beschleunigten Verfahrens. Hierzu werden zunächst die rechtlichen Voraussetzungen für die Durchführung eines beschleunigten Verfahrens als solche anhand der gesetzlichen Vorschriften ausgelegt. Anschließend werden die einzelnen Unterschiede im Vergleich zum Normalverfahren aufgezeigt, und zwar vom Zeitpunkt des Abschlusses des staatsanwaltlichen Ermittlungsverfahrens bis hin zum Erlaß des erstinstanzlichen Urteils und zu möglichen Rechtsmitteln gegen Entscheidungen im beschleunigten Verfahren. In diesem Zusammenhang wird auch auf die zur Sicherung der Hauptverhandlung des beschleunigten Verfahrens neu eingeführte Hauptverhandlungshaft gem. § 127b StPO einzugehen sein. Insgesamt wird deutlich werden, daß die gesetzlichen Regelungen der §§ 417 ff StPO teilweise sehr lückenhaft sind und einer umfangreichen Interpretation bedürfen. Bei der Darstellung des Gangs des beschleunigten Verfahrens soll insbesondere auf die durch das Verbrechensbekämpfungsgesetz

---

[9] BGBl S. 3186.

geschaffenen Neuerungen eingegangen werden, unter anderem auf das vereinfachte Zwischenverfahren bei Ablehnung der Entscheidung im beschleunigten Verfahren und auf die viel diskutierten Vereinfachungen in der Hauptverhandlung. Im Zusammenhang mit dieser vereinfachten Hauptverhandlung wird sich das Problem stellen, ob diese Regelungen auch in der Berufungshauptverhandlung anwendbar sind, was der gesetzlichen Regelung nicht eindeutig entnommen werden kann. Bei der Darstellung der Voraussetzungen und des beschleunigten Verfahrens als solchen wird ein weiterer Schwerpunkt auf die verfassungsrechtlichen Probleme gelegt. Es wird zu untersuchen sein, ob die Regelungen des beschleunigten Verfahrens mit den aus der Verfassung resultierenden zwingenden Grundsätzen in Einklang zu bringen sind oder ob sie als verfassungswidrig verworfen werden müssen.

2. Kapitel

Historische Grundlagen des beschleunigten Verfahrens

A. Vom kanonischen Recht bis zur Mitte des 19. Jahrhunderts

I. Erste Formen eines abgekürzten Verfahrens

Schon das frühe kanonische Recht kannte die Möglichkeit, „offenkundige Straftaten" im Wege eines abgekürzten Verfahrens abzuurteilen. Wurde der Beschuldigte auf frischer Tat ertappt, so konnte „iuris ordine non servato" verfahren und von der Erhebung einer förmlichen Anklage abgesehen werden.[1] Im späteren kanonischen Recht findet sich das erste klassische Beispiel einer sich neben dem ordentlichen Verfahren entwickelnden beschleunigten Prozedur. Gegen Ende des 12. Jahrhunderts sahen sich die Päpste wegen der Schwerfälligkeit des Verfahrens[2] gezwungen, ein Abweichen von der starren Handhabung der Regeln in einfach gelagerten Fällen zu gestatten.[3] Aufgrund der Allgemeinheit der Formel war zunächst nicht klar, welche prozessualen Förmlichkeiten als Garantien gerechter Entscheidung beizubehalten und welche entbehrlich waren.[4] So bildete sich dieser summarische Prozeß erst in allmählicher Entwicklung durch den Gerichtsgebrauch heraus, wobei jedoch die Gefahr von Mißbräuchen durch nicht gewissenhafte Richter bestand.[5]

Erst die Dekretale des Papstes Clemens V. aus dem Jahre 1306, die sog. „Clementina Saepe", brachte Klarheit.[6] Sie bezeichnete die Förmlichkeiten des „ordo iudiciarius", auf die im vereinfachten Verfahren verzichtet werden konnte. Grundsätzliche Voraussetzung für diese Verfahrensart war schon damals das

---

[1] Vgl. *Zachariae*, Band I, S. 44 ff.

[2] *Briegleb* spricht von einer "ängstlichen Wahrnehmung äußerlicher Solennitäten", S. 15.

[3] „simpliciter et de plano, sine figura iudicii, absque iudiciorum et advocatorum strepitu procedere", vgl. *Briegleb*, S. 15.

[4] Vgl. *Feyer*, S. 5.

[5] Vgl. *Kohler*, GA Band 48, S. 109.

[6] Vgl. *Schauinsland*, S. 14 ff.

Vorliegen eines einfachen Sachverhaltes.[7] Ein Verzeichnis der Straftaten, bei denen das Verfahren angewendet werden konnte, enthielt die um die gleiche Zeit erlassene „Clementina Dispendiosam".[8] Der Beschleunigungseffekt resultierte - ähnlich der heutigen Regelung - aus der Zulassung bloß mündlicher Anklage, der erheblichen Verkürzung aller Fristen und der Möglichkeit des Gerichts, unnütze Anträge auf Zeugenvernehmungen zurückzuweisen.[9] Außerdem konnte das Verfahren abgeschlossen werden, sobald nach Ansicht des Gerichts eine ausreichende Urteilsgrundlage geschaffen war.[10] Diese vereinfachte Verfahrensart entsprach dem Bedürfnis des Rechtslebens und erfreute sich wachsender Beliebtheit.[11] Sie beeinflußte auch das Verfahren vor den weltlichen Gerichten, insbesondere in den italienischen Stadtrechten.[12] Die Gesetze der Kaiser aus jener Zeit haben diese Neuerung des kanonischen Prozeßrechts ebenfalls übernommen. So gestattet ein Edikt Heinrichs VII. von 1313, die sog. „novella constitutio extravagans" eine Vereinfachung des Verfahrens in gleicher Weise; die clementinische Formel[13] findet sich hier wörtlich wieder.[14]

Gegen Ende des 15. Jahrhunderts hörte die Clementina Saepe auf, besondere Verfahrensart zu sein, sie wurde zur herrschenden Prozeßform und trat an die Stelle des „solemnis ordo iudiciarius".[15] Damit kann die Clementina Saepe zwar nicht als der eigentliche Ursprung des beschleunigten Verfahrens angesehen werden, sie hat aber einem abgekürzten, beschleunigten Verfahren den Weg gewiesen.[16]

---

[7] Vgl. *Feyer*, S. 6.

[8] Vgl. *Briegleb*, S. 16.

[9] "testiumque superfluam multitudinem refrenando", s. Clem. Abs.2, zitiert bei *Briegleb*, S. 27.

[10] Vgl. *Schauinsland*, S. 17.

[11] Vgl. *Gallrein*, S. 7; *Feyer*, S. 6.

[12] Vgl. *Schauinsland*, S. 17.

[13] "simpliciter et de plano, ac sine strepitu et figura iudiciis".

[14] Vgl. *Gallrein*, S. 7; *Feyer*, S. 7.

[15] *Briegleb*, S. 105.

[16] *Schauinsland*, S. 18; *Holzwarth*, S. 13; *Feyer*, S. 7; *Gallrein*, S. 7.

II. Der deutsche Strafprozeß des Mittelalters

Der deutsche Strafprozeß des Mittelalters, der noch Anklageprozeß war, enthielt ein besonderes „schleuniges" Verfahren in den Fällen, in denen der Beschuldigte auf „handhafter Tat"[17] ertappt wurde. Die Vereinfachung bei der „handhaften Tat" lag in einer erleichterten Beweisführung für den Ankläger. Konnte sich der Angeklagte im Verfahren nach der „übernächtigen Tat"[18] durch Eid von dem Verdacht der Schuld reinigen, so hatte der Ankläger im Verfahren nach „handhafter Tat" die Möglichkeit, den leugnenden Beklagten durch seinen Eid mit sechs Eideshelfern der Tat zu überführen.[19]

Gegen Ende des Mittelalters durchdrang der Inquisitionsprozeß des kanonischen Rechts mehr und mehr den deutschen Strafprozeß.[20] Die westfälischen Femgerichte[21] hielten zwar an dem Anklageprinzip fest. Dennoch findet sich hier erstmals eine Verfahrensvereinfachung im ganzen: Vor den Femgerichten konnte bei Ergreifung des Beschuldigten auf frischer Tat unter Umgehung des ordentlichen Prozesses mit seinen Vorschriften über Ladung, Fristen usw. zur Aburteilung auf der Stelle geschritten werden, wenn der Beschuldigte „von drei Freischöffen bei einer Vehmroge auf handhafter Tat betroffen worden war".[22]

Erwähnenswert ist auch das sog. „Richten auf bösen Leumund", das sich in Süddeutschland entwickelt hatte. Bei dieser Verfahrensart beruhte das vereinfachende Moment nicht auf der Verhandlungsform, sondern in einer Vereinfachung des Beweisrechts. Zur Überführung „notorisch schädlicher und übelberüchtigter Menschen" genügte ein dringender Tatverdacht, dessen Vor-

---

[17] Vgl. Art. 35 Buch II des Sachsenspiegels: „di handhafte tat ist dar, swa man einen man mit der tat gebrift, oder in vlucht der tat, oder dube oder roub in sinen geweren hat, da her selben den sluzel zu treget."

[18] Der Sachsenspiegel unterschied bei Klagen über Friedensbruch zwischen dem Verfahren bei übernächtiger - d.h. erst nachträglich entdeckter - und handhafter Tat, vgl. Buch I, Art. 63 ff.

[19] Vgl. Art. 66 Buch I des Sachsenspiegels.

[20] *Zachariae*, Band I, S. 147.

[21] Die *Frei- oder Femgerichte* waren freie Gerichte (unabhängig von der Landeshoheit) mit unmittelbar vom König beliehenen Bannrecht. Ihre besondere sachliche Zuständigkeit war in den sog. Femrechtsbüchern geregelt; darüber hinaus unterlagen alle anderen Sachen einer subsidiären Femgerichtsbarkeit in den Fällen, in denen vor dem ordentlichen Richter kein Recht zu erlangen war. Vgl. *Zachariae*, Band I, S. 137; *Schauinsland*, S. 19; *Feyer*, S. 8.

[22] *Zachariae*, Band I, S. 138; *Gallrein*, S. 7.

liegen die Schöffen eidlich bestätigen mußten, um die Überzeugung der Schuld zu begründen.[23]

Durch das Eindringen kanonischer Rechtsformen kam es in Deutschland zu einem eigenartigen Zustand. Ohne den Anklageprozeß vollständig zu verdrängen, kam es in den Gesetzen der Städte und Länder zu einem Nebeneinander von Akkusations- und Inquisitionsprozeß.[24] Die wachsende Verwicklung der wirtschaftlichen und sozialen Verhältnisse aber verlangte zunehmend nach Schaffung einheitlicher Rechtsregeln. Die Halsgerichtsordnung für das Bistum Bamberg und vor allem die Halsgerichtsordnung Karls V[25] aus dem Jahr 1532 sind als entsprechende Kodifikationsbestrebungen hervorzuheben. Letztere war es, die dem Inquisitionsprozeß mit seinen Verfahrensvereinfachungen den Weg ebnete,[26] obwohl die letzten Reste des Anklageprozesses erst gegen Ende des 16. Jahrhunderts verschwunden waren.[27]

Für die Entwicklung des beschleunigten Verfahrens sind insbesondere Regelungen aus dem preußischen Recht zu nennen. Nach Allgemeinem Landrecht, Th. II, Tit. 20 §§ 1122, 1124, war für „gemeinen Diebstahl an Eßwaren und Getränken"[28] und anderen gemeinen Diebstählen, bei denen der Wert des Entwendeten nicht mehr als 5 Thaler[29] betrug, bestimmt, daß der Beschuldigte spätestens am nächsten Tag von einem Inquirenten zu verhören war, auf dessen mündlichen Vortrag in der nächsten Sitzung des Kollegialgerichts die Entscheidung („Resolution") erging.[30] Weitere Vorschriften über abgekürzte Verfahren finden sich in der Allgemeinen Gerichtsordnung von 1793 in § 253 für „gerin-

---

[23] So z.B. das Privilegium des Kaisers Ludwig für Nürnberg aus dem Jahr 1340; vgl. *Zachariae*, Band I, S. 140; *Feyer*, S. 8.

[24] *Feyer* spricht von einer „bunten Mannigfaltigkeit der Rechtsordnungen in Deutschland", S. 9.

[25] „Constitutio Criminalis Carolina" (CCC).

[26] Zwar sieht die CCC den Anklageprozeß als Normalfall; da der private Kläger jedoch Sicherheit leisten, sich sonst gefangensetzen muß und zivilrechtlich für den Ausgang haftet, gilt praktisch das Inquisitionsverfahren. Vgl. *Rüping*, S. 40; *von Hippel*, S. 209.

[27] Mit Ausnahme des sog. „processus mixtus", eines sich in akkusatorischen Formen bewegenden Prozesses, der sich bis weit in das 19. Jahrhundert erhalten hat. *Feyer*, S. 10; *Zachariae*, Band I, S. 147.

[28] Strafandrohung: körperliche Züchtigung, Strafarbeit bis zu 8 Tagen oder entsprechendes Gefängnis.

[29] Strafandrohung: Gefängnis von 8 Tagen bis zu 4 Wochen.

[30] Vgl. näher *Feyer*, S. 12.

gere Vergehen",[31] der Verordnung vom 28.9.1808 betreffend Pferdediebstähle, sowie dem Gesetz über Holzdiebstahl vom 7.6.1821.[32]

III. Mitte des 19. Jahrhunderts

In der Mitte des 19. Jahrhunderts kam es unter dem Einfluß der Ereignisse des Jahres 1848 und der Geltung des französischen Rechts im Rheinland[33] zum Übergang vom Inquisitionsprozeß zum öffentlich-mündlichen Anklageprozeß. Charakteristisch für das Strafverfahren dieser Zeit war die stark entwickelte Differenzierung der Prozeßform nach der Deliktsnatur.[34] Das Verfahren verminderte sich in Umfang und Form von den Verbrechen über die Vergehen bis hin zu den Übertretungen. Die bei Verbrechen obligatorische Voruntersuchung entfiel in dem Verfahren vor den Strafgerichten unterster Ordnung. Vielerorts genügte zur Anklageerhebung der bloß mündliche Antrag, der zu Protokoll des Gerichts oder durch Überreichung der Strafanzeige erfolgen konnte. Interessant ist, daß dieser Antrag nur eine allgemeine Bezeichnung der Straftat zu enthalten brauchte, so daß die Prüfung des Antrags durch das Gericht auf die formelle Seite beschränkt war. Durch die Ladung des Beschuldigten, aus der die erhobene Beschuldigung ersichtlich war, trat das Gericht in das Hauptverfahren ein. Die Ladung enthielt den Hinweis, daß im Falle unentschuldigten Ausbleibens das Urteil aufgrund der Beweislage gefällt werde.[35]

Ein so gestaltetes Strafverfahren existierte z.B. in Preußen in der Verordnung vom 3.1.1849[36] bei denjenigen Vergehen, die mit Geldstrafe bis zu 50 Thalern oder Freiheitsstrafe bis zu sechs Wochen oder körperlicher Züchtigung bedroht waren (vor allem kleinere Diebstähle).[37] Gem. § 30 dieser Verordnung konnte das Verfahren sogar sofort stattfinden und das Urteil gefällt werden, wenn dem Einzelrichter mit Eingang der Klage entweder der geständige Angeklagte vorge-

---

[31] Wenn die Strafe in einem Verweise, einer Geldstrafe bis zu 50 Thalern oder 4 Wochen Gefängnis bestand; Richter, Bd. I, S. 95, zitiert nach *Feyer*, S. 10.

[32] Vgl. *Schauinsland*, S. 24 ff.

[33] „code d'instruction criminelle" von 1808.

[34] „Das Verfahren modifiziert sich nach der Schwere der gesetzwidrigen Handlungen", Motive zur preußischen Verordnung vom 3.1.1849, zitiert nach *Feyer*, S. 14.

[35] *Planck*, S. 473; *Feyer*, S. 14.

[36] Bzw. in dem Gesetz vom 3.5.1852.

[37] § 27 der Verordnung vom 3.1.1849.

führt wurde oder aber sämtliche Beweismittel zur Verfügung standen. Konnte das Urteil nicht sofort gefällt werden, mußte im Falle der Verhaftung des Angeklagten dieser gem. § 31 über die zu seiner Verteidigung dienenden Beweismittel vernommen und ein möglichst naher Verhandlungstermin bestimmt werden. Der Richter hatte hierbei das Recht, ihm unwesentlich erscheinende Zeugen von vornherein auszuschließen.[38]

Ein gleiches beschleunigtes Verfahren schrieben die §§ 161 ff der Verordnung für die „Untersuchung der Polizei-Vergehen" vor.[39] Ähnlich gestaltete Verfahren bestanden in den Strafprozeßordnungen von Braunschweig (§ 71 des Gesetzes vom 22.8.1849) und Kassel (§ 25 des Gesetzes vom 22.7.1851). Darüber hinaus kannten diese Staaten, wie auch Hannover (Strafprozeßordnung vom 8.11.1850), die Abhaltung sofortiger Hauptverhandlung ferner für den Fall, daß die Parteien freiwillig vor Gericht erschienen.[40]

Die Sächsische Strafprozeßordnung vom 13.8.1855 enthielt in ihren Art. 253 ff ein besonders weitgehendes abgekürztes Verfahren. War der Staatsanwalt aufgrund seiner Ermittlungen zu der Erkenntnis gelangt, daß der Beweis der Tat ohne Schwierigkeiten zu führen sei, konnte er in allen Fällen (mit alleiniger Ausnahme der mit dem Tode bedrohten Verbrechen) beantragen, daß ohne Voruntersuchung unmittelbar zur Hauptverhandlung geschritten und der Beschuldigte unmittelbar geladen bzw. vorgeführt werde. Das Gericht war an den Antrag der Staatsanwaltschaft nicht gebunden; es entschied vielmehr in freiem Ermessen über die Wahl des Verfahrens.[41]

Für die durch Gesetz vom 20.9.1866 und die beiden Gesetze vom 24.12.1866 mit Preußen vereinigten Landesteile wurde durch königliche Verordnung vom 25.6.1867 eine neue Strafprozeßordnung eingeführt. Danach war ein beschleunigtes Verfahren gem. § 354 auch vor der mit drei Richtern besetzten Strafkammer unter der Voraussetzung zulässig, daß der Verdächtige rechtmäßig festgenommen war, d.h. daß er auf frischer Tat betroffen oder verfolgt worden war oder daß dringender Tat- oder Fluchtverdacht vorlag. Die Staatsanwaltschaft mußte einen Antrag auf abgekürztes Verfahren gestellt haben, und der Sachverhalt mußte zur sofortigen Verhandlung geeignet sein. Das

---

[38] Vgl. im einzelnen *Schauinsland*, S. 32 ff.

[39] *Gallrein*, S. 10.

[40] *Planck*, S. 475.

[41] Vgl. *Feyer*, S. 16.

Gericht war nicht an den Antrag der Staatsanwaltschaft gebunden. Es konnte durch Beschluß anordnen, daß das ordentliche Verfahren einzuleiten sei. Entschied sich das Gericht für das abgekürzte Verfahren, so mußte ein möglichst naher Verhandlungstermin (spätestens am dritten Werktag) anberaumt werden. Die Eröffnung des Hauptverfahrens erfolgte dann stillschweigend durch den Eintritt in die Verhandlung.[42] Nach § 357 der neupreußischen StPO existierte ein ähnliches abgekürztes Verfahren auch vor dem Polizeigericht, welches für alle Übertretungen und solche Vergehen zuständig war, die mit Freiheitsstrafe bis zu sechs Monaten oder Geldstrafe bis zu 500 Thalern bedroht waren.[43]

B. Von der Reichsstrafprozeßordnung bis zum Verbrechensbekämpfungsgesetz von 1994

I. Die Reichsstrafprozeßordnung

Die unter dem 1.2.1877 veröffentlichte Reichsstrafprozeßordung trat am 1.10.1879 in Kraft.[44] Bereits der erste im preußischen Justizministerium fertiggestellte Entwurf einer Strafprozeßordnung[45] enthielt in § 168 Bestimmungen über ein abgekürztes Verfahren. In den Motiven zu diesem Entwurf wird zu der Notwendigkeit eines abgekürzten Verfahrens gesagt: „Bei der Einfachheit eines großen Teils derjenigen Strafsachen, welche vor den Gerichten unterster Ordnung zur Verhandlung kommen, muß das Gesetz auf eine möglichst einfache Gestaltung des Verfahrens Bedacht nehmen.“[46] Außerdem habe sich das vereinfachte Verfahren des § 30 der preußischen Verordnung vom 3.1.1849 sehr bewährt, heißt es in den Motiven weiter.[47] Die Entwürfe II und III behielten in § 172 bzw. in § 175 die Vorschrift über das vereinfachte Verfahren mit nur geringfügigen redaktionellen Änderungen bei. In der zur Vorberatung des Entwurfs vom Reichstag eingesetzten Kommission war zwar die Erforderlichkeit eines neben dem Strafbefehlsverfahren bestehenden vereinfachten Verfahrens

---

[42] Vgl. *Feyer,* S. 15 ; *Schauinsland,* S. 35.

[43] Im einzelnen s. *Schauinsland,* S. 37.

[44] Zur Enstehungsgeschichte unter besonderer Berücksichtigung der Regelung des beschleunigten Verfahrens vgl. *Feyer,* S. 17 ff, *Schauinsland,* S. 43 ff.

[45] Entwurf I vom Januar 1873, abgedruckt auch in GA 1873, S. 5ff.

[46] Motive Entwurf I 1873, S. 142.

[47] Motive Entwurf I 1873, S. 143.

bestritten worden, es setzte sich jedoch die Ansicht des Abgeordneten Pfafferott durch, der ein abgekürztes Verfahren für würdiger und sachlich richtiger hielt, da es dem Beschuldigten rechtliches Gehör gewähre und eine größere Garantie für eine angemessene Strafe biete.[48] Das beschleunigte Verfahren wurde schließlich als § 211 der Reichsstrafprozeßordnung erlassen und hatte folgenden Wortlaut:

> „Vor dem Schöffengericht kann ohne schriftlich erhobene Anklage und ohne eine Entscheidung über die Eröffnung des Hauptverfahrens zur Hauptverhandlung geschritten werden, wenn der Beschuldigte sich entweder freiwillig stellt oder in Folge einer vorläufigen Festnahme dem Gerichte vorgeführt oder nur wegen Übertretung verfolgt wird. Der wesentliche Inhalt der Anklage ist in den Fällen der freiwilligen Stellung oder Vorführung in das Sitzungsprotokoll, anderenfalls in die Ladung des Beschuldigten aufzunehmen.
>
> Auch kann der Amtsrichter in dem Falle der Vorführung des Beschuldigten mit Zustimmung der Staatsanwaltschaft ohne Zuziehung von Schöffen zur Hauptverhandlung schreiten, wenn der Beschuldigte nur wegen Übertretung verfolgt wird und die ihm zur Last gelegte Tat eingesteht. Gegen die im Laufe der Hauptverhandlung ergehenden Entscheidungen und Urteile des Amtsrichters finden dieselben Rechtsmittel statt, wie gegen die Entscheidungen und Urteile des Schöffengerichts".

Kennzeichnend für das Verfahren nach § 211 StPO 1877 war der Wegfall von Anklageschrift und Eröffnungsbeschluß und in den meisten Fällen auch der einwöchigen Ladungsfrist des § 216 StPO 1877. Das Verfahren war zulässig bei Übertretungen[49] und Vergehen, bei Vergehen jedoch nur dann, wenn sich der Beschuldigte freiwillig stellte oder nach vorläufiger Festnahme vorgeführt wurde. Zuständig war grundsätzlich das gem. §§ 25, 26 GVG 1877 mit einem Amtsrichter und zwei Schöffen besetzte Schöffengericht. Nur ausnahmsweise

---

[48] Protokolle der Kommission, 2. Lesung, 149. Sitzung am 13.6.1867, bei *Hahn/Stegemann* II, S. 1348, zitiert nach *Zimmermann*, S. 7.

[49] In den §§ 360 - 370 RStGB 1871 behandelt; davor existierten für Delikte geringerer Bedeutung besondere Polizeistrafgesetzbücher (z.B. in Bayern, Württemberg, Hessen, Braunschweig und Hannover); nur in Preußen waren die Übertretungen schon im StGB aufgeführt. Vgl. *von Hippel, Band* I, S. 349.

konnte der Amtsrichter als Einzelrichter[50] Übertretungen verhandeln, nämlich in den Fällen, in denen ein Geständnis des Beschuldigten vorlag und die Staatsanwaltschaft der Verhandlung zustimmte; hier konnte als Strafe Haft bis sechs Wochen oder Geldstrafe bis 150 Mark verhängt werden, vgl. §§ 1, 360 - 370 RStGB 1871. Der Anwendungsbereich des vereinfachten Verfahrens war bezüglich der Behandlung von Vergehen durch gerichtsverfassungsgesetzliche Vorschriften begrenzt. Gem. § 27 Nr. 1 - 8 (außer Nr. 3) GVG 1877 konnte es zur Verhandlung im vereinfachten Verfahren nur kommen, wenn Eigentums- und Vermögensdelikte[51] Gegenstand der Beschuldigung waren. Dabei durfte der durch die Straftat verursachte Schaden nicht höher als 25 Mark sein. Somit entfiel in der Praxis die theoretische Möglichkeit, Strafen bis zu fünf Jahren verhängen zu können.[52] Insgesamt wurde durch diese Regelungen die in den Motiven und Beratungen zum Erlaß der Strafprozeßordnung häufig geäußerte Absicht erreicht, das beschleunigte Verfahren auf geringfügige Sachen zu beschränken. Die Bedeutung dieses beschleunigten Verfahrens des § 211 StPO 1877 in der Praxis war bis zum Ende des ersten Weltkriegs sehr gering. Seine praktische Anwendung beschränkte sich auf die Aburteilung von Übertretungen des § 361 Nr. 3 - 8 RStGB 1876 (Bettelei, Landstreicherei, Arbeitsscheu und Unzuchtdelikte);[53] vor den Schöffengerichten wurde das vereinfachte Verfahren kaum angewandt.

Verschiedenste Kritikpunkte wurden in der Folgezeit gegen das beschleunigte Verfahren des § 211 StPO 1877 geltend gemacht. Teilweise wurde von unzulänglicher Sachaufklärung, Überrumpelung des Angeklagten und Beeinträchtigung seiner Verteidigung gesprochen; andere bemängelten demgegenüber die ungenügende Reichweite des Verfahrens.[54] Dementsprechend sahen Ent-

---

[50] Diese Befugnis des Amtsrichters als Einzelrichter stellte eine Ausnahme in der Gerichtsverfassung dar, vgl. §§ 25, 26 GVG 1877. Diese Regelung für das vereinfachte Verfahren wurde erst in den Beratungen des Entwurfs III der Strafprozeßordnung auf Antrag des Abgeordneten Pfafferott mit der Begründung in den Entwurf aufgenommen, daß es unmöglich sei, an allen Amtsgerichten Schöffengerichtssitzungen abhalten zu können, wozu man aber sonst gezwungen sei, da in vielen Amtsgerichtsbezirken Landstreicher und Bettler festgenommen würden, für die gerade das Verfahren gedacht sei. Vgl. *Feyer,* S. 20 ff; *Schauinsland,* S. 45 ff; *Gallrein,* S. 16.

[51] §§ 242, 246, 258 Nr.1 oder 263 RStGB 1871 i.d.F. vom 26.2.1876.

[52] Vgl. auch *Zimmermann,* S. 9.

[53] *Holzwarth,* S. 15; *Zimmermann,* S. 9.

[54] *Feyer,* S. 23.

würfe zur Strafprozeßreform entweder Erweiterungen oder Beschränkungen[55] des Anwendungsbereichs des vereinfachten Verfahrens vor.[56] § 211 StPO 1877 blieb jedoch unverändert, der Anwendungsbereich des beschleunigten Verfahrens wurde lediglich durch Novellen zum Gerichtsverfassungsgesetz[57] bezüglich der Zuständigkeit der Schöffengerichte erweitert.

II. Verordnungen bis 1945

1. „Emminger-Notverordnung" vom 4.1.1924

Grundlegende Neuordnung der sachlichen Zuständigkeit brachte die vom Reichskanzler Marx und dem Reichsjustizminister Emminger unterzeichnete Verordnung über Gerichtsverfassung und Strafrechtspflege vom 4.1.1924.[58] Gestützt auf das Ermächtigungsgesetz vom 8.12.1923[59] hatte es die Reichsregierung „im Hinblick auf die Not von Volk und Reich für erforderlich und dringend erachtet", die Kompetenz des Amtsrichters und des Schöffengerichts erheblich zu erweitern. Diese Zuständigkeitserweiterung im Gerichtsverfassungsgesetz wirkte sich mittelbar auf das beschleunigte Verfahren aus. Das Amtsgericht konnte nun in weitem Umfang auch über Verbrechen entscheiden, da die Strafkammer nur noch Berufungsgericht war und es als weitere erstinstanzliche Gerichte nur noch[60] das Schwurgericht und das Reichsgericht gab. Die Texte des Gerichtsverfassungsgesetzes und der Strafprozeßordnung wurden am 22.3.1924 bekannt gemacht.[61] Wegen der generellen Zuweisung der Über-

---

[55] Erwähnenswert ist insbesondere der Entwurf von 1919, wonach das beschleunigte Verfahren nur noch auf Antrag des Beschuldigten eingeleitet werden konnte. Vgl. *Gallrein*, S. 30, 31; *Lehmann*, S. 287, 288.

[56] Vgl. *Gallrein*, S. 19 ff.

[57] Gesetz betreffend Änderungen des Gerichtsverfassungsgesetzes vom 5.6.1905; RGBl S. 533; Gesetz zur Vereinfachung der Strafrechtspflege vom 21.10.1917, RGBl S. 1037; Gesetz zur Entlastung der Gerichte vom 11.3.1921, RGBl S. 229.

[58] RGBl S. 15.

[59] RGBl S. 1179.

[60] Abgesehen von einer unbedeutenden Zuständigkeit des Oberlandesgerichts.

[61] Bekanntmachung der Texte des GVG und der StPO aufgrund des § 43 der Verordnung vom 4.1.1924, RGBl S. 299, welcher die Ermächtigung des Reichsministers der Justiz enthielt, den Text der Gerichtsverfassung und der Strafprozeßordnung mit den erlassenen Gesetzen und Verordnungen in Einklang zu bringen.

tretungen an den Amtsrichter wurde der Absatz 2 des § 211 StPO 1877 gestrichen und durch § 212 StPO ersetzt:

> „Vor dem Amtsrichter oder dem Schöffengericht kann ohne schriftlich erhobene Anklage und ohne eine Entscheidung über die Eröffnung des Hauptverfahrens zur Hauptverhandlung geschritten werden, wenn der Beschuldigte entweder sich freiwillig stellt oder infolge einer vorläufigen Festnahme dem Gerichte vorgeführt oder nur wegen Übertretung verfolgt wird. Der wesentliche Inhalt der Anklage ist in den Fällen der freiwilligen Stellung oder der Vorführung in das Sitzungsprotokoll, anderenfalls in die Ladung des Beschuldigten aufzunehmen".

Ausführungsbestimmungen des Justizministers,[62] in denen die Staatsanwaltschaft ausdrücklich angewiesen wurde, von der Befugnis, eine Sache nach § 212 StPO zur Aburteilung zu bringen, in allen geeigneten Fällen Gebrauch zu machen, wirkten ebenfalls dahin, daß das beschleunigte Verfahren große Bedeutung in der Praxis bekam.[63]

Wissenschaft und Praxis wandten sich jedoch gegen die aus der veränderten gerichtsverfassungsrechtlichen Zuständigkeit resultierende Ausdehnung des beschleunigten Verfahrens. Kritisiert wurde vor allem der kurze Zeitraum zwischen Erlaß des Ermächtigungsgesetzes und der Verordnung, der vermuten ließe, daß die Neuordnung schon beschlossen war, als das Ermächtigungsgesetz erging.[64] Ferner wurde vorgebracht, daß im Wege der Notverordnung in einer demokratischen Republik nicht solche bedeutsamen Entscheidungen getroffen werden dürften.[65]

2. Notverordnungen von 1931 bis 1933

In den Jahren ab 1931 wurde das beschleunigte Verfahren durch zahlreiche Notverordnungen erweitert, ohne dabei § 212 StPO 1924 selbst zu verändern.

---

[62] AV d. J.M. vom 22.7.1924 über den Feld- und Forstschutz, JMBl, S. 283; AV d. J. M. vom 19.7.1925 über das beschleunigte Verfahren in Strafsachen, JMBl, S. 264.

[63] *Holzwarth*, S. 72, 73.

[64] So *Oetker*, zitiert nach *Lehmann*, S. 287, 288.

[65] *Nagler*, GerS. 90 (1924), S. 399, 437; ähnlich der Deutsche Anwaltverein, JW 1924, S. 1641.

Diese Verordnungen wurden erlassen, um den zu dieser Zeit herrschenden politischen und wirtschaftlichen Unzuträglichkeiten entgegenzuwirken,[66] wobei der Gesetzgeber in dem beschleunigten Verfahren ein wirksames Mittel sah, der politischen und wirtschaftlichen Kriminalität Herr zu werden. Die Notgesetzgebung umfaßt insgesamt zehn Verordnungen[67] des Reichspräsidenten aufgrund des Art. 48 II Weimarer Reichsverfassung und der Reichsregierung aufgrund des Ermächtigungsgesetzes vom 6.10.1931.[68] Dabei wurden die das vereinfachte Verfahren ergänzenden Bestimmungen unsystematisch in die einzelnen Verordnungen eingebaut. Teilweise wurden sie sogar zusammen mit den mit ihnen ergangenen Bestimmungen wieder aufgehoben.[69] Für die Entwicklung des beschleunigten Verfahrens bedeutsame Regelungen innerhalb der einzelnen Verordnungen sollen im folgenden dargestellt werden:

a) Verordnung vom 28.3.1931[70]

Ziel der Verordnung des Reichspräsidenten zur Bekämpfung politischer Ausschreitungen vom 28.3.1931 war es, Tötungen aus politischen Motiven, blutige Zusammenstöße in Versammlungen und üble Beschimpfungen politischer Geg-

---

[66] Eingehende Darstellung bei *Gallrein,* S. 43 ff.

[67] - VO zur Bekämpfung politischer Ausschreitungen vom 28.3.1931, RGBl S. 79.

- Dritte VO zur Sicherung von Wirtschaft und Finanzen und zur Bekämpfung politischer Ausschreitungen vom 6.10.1931, RGBl S. 537.
- VO zur Abänderung der Verordnung über die Devisenbewirtschaftung vom 1.8.1931, RGBl S. 421, und über die beschleunigte Aburteilung von Zuwiderhandlungen gegen diese Verordnung durch Schnellgerichte vom 17.11.1931, RGBl S. 679.
- Vierte VO zur Sicherung von Wirtschaft und Finanzen und zum Schutz des inneren Friedens vom 8.12.1931, RGBl S. 699.
- Erste VO vom 14.6.1932 über Maßnahmen auf dem Gebiete der Rechtspflege und Verwaltung, RGBl S. 285.
- Zweite VO vom 14.6.1932 gegen politische Ausschreitungen, RGBl S. 297.
- VO gegen politischen Terror vom 9.8.1932, RGBl S. 403.
- VO zum Schutze des deutschen Volkes vom 4.2.1933, RGBl S. 35.
- VO gegen Verrat am deutschen Volke und hochverräterische Umtriebe vom 28.2.1933, RGBl S. 85.
- VO über die Bildung von Sondergerichten vom 21.3.1933, RGBl S. 136.

[68] RGBl S. 537, 566.

[69] Vgl. *Gallrein,* S. 58, 59; *Holzwarth,* S. 78.

[70] RGBl S. 79.

ner einzudämmen. In dieser Verordnung wurden verschiedene Versammlungs-, Flugblatt- und andere Verbote erlassen. Gem. § 14 war bei Zuwiderhandlungen gegen diese Verbote und außerdem bei allen zur Zuständigkeit des Amtsgerichts gehörenden Straftaten, die in der Öffentlichkeit begangen worden waren, das beschleunigte Verfahren zulässig, und zwar sogar dann, wenn der Beschuldigte sich weder freiwillig gestellt hatte noch infolge einer vorläufigen Festnahme vorgeführt worden war.[71] Jedoch konnte das Gericht bis zum Erlaß des Urteils die Sache als zur Verhandlung im beschleunigten Verfahren ungeeignet[72] an die Staatsanwaltschaft zurückverweisen, § 14 III VO vom 28.3.1931.

b) Verordnung vom 6.10.1931

Mit der Bestimmung, daß nach Ansicht des Gerichts für das beschleunigte Verfahren ungeeignete Sachen an die Staatsanwaltschaft zurückverwiesen werden können, wurden offenbar gute Erfahrungen gemacht. Durch § 4 II des 6. Teils der Verordnung vom 6.10.1931[73] wurde diese Regelung auf alle Verfahren nach § 212 StPO ausgedehnt; gleichzeitig wurde der zurückverweisende Beschluß für unanfechtbar erklärt. Desweiteren wurde durch diese Verordnung die Ladungsfrist auf drei Tage herabgesetzt, wobei eine weitere Verkürzung auf 24 Stunden zugelassen wurde, § 4 I des 6. Teils dieser Verordnung.

c) Verordnungen vom 1.8.1931, 17.11.1931 und vom 8.12.1931

Die Entwicklung, von den Prozeßvoraussetzungen der 'freiwilligen Stellung' und der 'vorläufigen Festnahme' loszukommen, setzte sich auch in den folgenden Verordnungen fort. Die Verordnungen über die Devisenbewirtschaftung vom 1.8.1931[74] und über die beschleunigte Aburteilung von Zuwiderhandlun-

---

[71] Gleiche Regelungen enthielten § 18 der zweiten Verordnung vom 14.6.1932 gegen politische Ausschreitungen, RGBl S. 297, 299, und § 24 der Verordnung zum Schutze des deutschen Volkes vom 4.2.1933, RGBl S. 35, 40.

[72] Damit wurde erstmals in der Geschichte der Gesetzgebung zum beschleunigten Verfahren der abstrakte Gesichtspunkt der *Eignung* der Sache ausgesprochen; vgl. *Zimmermann*, S. 13.

[73] RGBl S. 537; kritisch zu dieser Verordnung *Baumbach*, DJZ 1931, S. 1283, 1287.

[74] RGBl S. 421.

gen gegen diese Verordnung durch Schnellgerichte vom 17.11.1931[75] verzichteten genauso auf das Vorliegen der freiwilligen Stellung oder der vorläufigen Festnahme, wie die Verordnung zur Sicherung von Wirtschaft und Finanzen und zum Schutze des inneren Friedens vom 8.12.1931.[76] Letztere Verordnung dehnte das beschleunigte Verfahren auf alle Beleidigungsverfahren aus, in denen die Staatsanwaltschaft die Verfolgung übernahm. Bemerkenswert an dieser Verordnung war die Regelung, daß das Gericht den Umfang der Beweisaufnahme bestimmte, ohne hierbei durch Anträge, Verzichte oder frühere Beschlüsse gebunden zu sein.

d) Erste Verordnung vom 14.6.1932

Die Erste Verordnung vom 14.6.1932[77] erweiterte diese beweisrechtliche Regelung (s.o.) auf alle Strafsachen, die vor dem Amtsrichter, dem Schöffengericht und dem Landgericht in der Berufungsinstanz verhandelt wurden, § 1 Artikel 3 Kap. I der Verordnung vom 14.6.1932. Gem. Kap. I Artikel 5 dieser Verordnung wurde aber auch die Beschuldigtenstellung im beschleunigten Verfahren verbessert: Der Verteidiger bekam ein Akteneinsichtsrecht von dem Zeitpunkt an, in dem die Staatsanwaltschaft einen Antrag auf Anberaumung des Termins zur Hauptverhandlung gestellt hatte. Gleichzeitig war dem verhafteten Beschuldigten ab diesem Zeitpunkt schriftlicher und mündlicher Verkehr mit dem Verteidiger ohne die Beschränkungen des § 148 II, III StPO[78] gestattet.

e) Zusammenfassung

Insgesamt läßt sich bei den Verordnungen zwischen 1931 und 1933 die Tendenz feststellen, von den starren Voraussetzungen der 'freiwilligen Stellung' und der 'vorläufigen Festnahme' loszukommen. Dabei wurden diese als Garantien für einen einfach aufzuklärenden Sachverhalt gesehenen Voraussetzungen bei

---

[75] Art. 2 der VO vom 17.11.1931, RGBl S. 679.

[76] 8. Teil, Kap. III, § 5 der VO vom 8.12.1931, RGBl S. 699, 743.

[77] RGBl S. 285.

[78] Der Richter darf danach schriftliche Mitteilungen auch dann nicht zurückweisen, wenn ihm deren Einsicht nicht gestattet wird. Ferner darf er nicht anordnen, daß Unterredungen mit dem Verteidiger nur in Gegenwart einer Gerichtsperson stattfinden dürfen.

den Deliktsgruppen der politischen Vergehen, Devisenvergehen und Beleidigungen als Prozeßvoraussetzungen für ein beschleunigtes Verfahren aufgegeben. Da aber bei diesen Delikten nicht immer ein einfacher Sachverhalt vorlag, wurde als Ausgleich dem Gericht die Prüfung der Eignung des konkreten Falles für das beschleunigte Verfahren zuerkannt. Bei fehlender Eignung konnte die Sache an die Staatsanwaltschaft zurückgegeben werden, womit die öffentliche Klage als nicht erhoben galt. Dem Beschuldigten wurden aber auch weitere Rechte zuerkannt: Das Recht des Verteidigers auf Akteneinsicht ab dem Zeitpunkt des Antrags der Staatsanwaltschaft auf Abhaltung des vereinfachten Verfahrens; ferner das Recht des verhafteten Beschuldigten auf ungehinderten schriftlichen und mündlichen Verkehr mit seinem Verteidiger.

3. 1933 bis 1939

Zunächst wurde vom Gesetzgeber kein Versuch unternommen, die durch die Notgesetzgebung geschaffenen und in einzelnen Bestimmungen verstreuten Verfahrensvorschriften zusammenzufassen und das vereinfachte Verfahren weiter zu reformieren. Nach Holzwarth[79] bestand hierfür deswegen kein Bedürfnis, weil die politischen Straftaten, die ursprünglich dem beschleunigten Verfahren unterworfen waren, inzwischen in die Zuständigkeit der Sondergerichte[80] übergegangen waren. Diese Sondergerichte waren mit drei Berufsrichtern besetzt, eine Voruntersuchung fand nicht statt, das Verfahren war weitgehend abgekürzt,[81] gegen die Entscheidung war kein Rechtsmittel zulässig.

Wegen der Vielzahl an ergangenen Notverordnungen, die zum Teil auch wieder aufgehoben wurden, bestand jedoch schließlich ein dringendes Bedürfnis nach einer Zusammenstellung der das beschleunigte Verfahren betreffenden

---

[79] *Holzwarth*, S. 82; vgl. auch *Rothenberger*, DJ 1941 S. 721.

[80] Durch die VO vom 6.10.1931, RGBl S. 537, war die Reichsregierung ermächtigt worden, zur Aburteilung bestimmter strafbarer Handlungen Sondergerichte zu bilden. Aufgrund dieser Ermächtigung hat die Reichsregierung durch die VO vom 21.3.1933 Sondergerichte eingerichtet, und zwar eines für jeden Bezirk eines Oberlandesgerichtes.

[81] Gem. § 13 der VO vom 21.3.1933 konnte das Sondergericht dann eine Beweiserhebung ablehnen, wenn es der Überzeugung ist, daß sie für die Sachaufklärung nicht erforderlich ist. Desweiteren mußten die Ergebnisse der Vernehmungen gem. § 15 nicht in das Protokoll über die Hauptverhandlung aufgenommen werden.

Vorschriften. Die Richtlinien für das Strafverfahren vom 13.4.1935[82] brachten erstmals eine Zusammenfassung aller das beschleunigte Verfahren geltenden Bestimmungen. Gleichzeitig wurde es der Staatsanwaltschaft zur Pflicht gemacht, von der gem. § 212 StPO verliehenen Befugnis „wegen der fiskalisch-ökonomischen Vorzüge des Verfahrens" Gebrauch zu machen.[83]

4. Kriegsgesetzgebung

Die durch die Verordnungen von 1931 bis 1933 eingeleitete Tendenz zur Generalisierung der Prozeßvoraussetzungen für das vereinfachte Verfahren setzte sich fort:

a) Verordnung vom 1.9.1939

Gem. § 22 der VO über Maßnahmen auf dem Gebiet der Gerichtsverfassung und der Rechtspflege vom 1.9.1939[84] konnte das beschleunigte Verfahren bei Vergehen auch ohne Vorliegen der Voraussetzungen des § 212 StPO ('freiwillige Stellung' oder 'vorläufige Festnahme') abgehalten werden, wenn „der Sachverhalt einfach und die sofortige Aburteilung aus besonderen Gründen geboten war". Damit wurden die bisherigen Prozeßvoraussetzungen durch eine Generalklausel ersetzt, die im wesentlichen das aussagte, was schon immer für einen für das vereinfachte Verfahren gedachten Sachverhalt verlangt wurde.

Aber auch das normale Strafverfahren, und damit auch das vereinfachte Verfahren, wurde verändert. Gem. § 13 der VO vom 1.9.1939 wurden die Schöffengerichte abgeschafft, deren Zuständigkeit ging auf den Amtsrichter über. Auch der Ablauf der Hauptverhandlung selbst wurde vereinfacht: Das Gericht konnte Beweisanträge ablehnen, wenn es nach freiem Ermessen die Erhebung des Beweises zur Erforschung der Wahrheit nicht für erforderlich hielt, § 24 der VO vom 1.9.1939.

---

[82] Ergangen als Allgemeine Verfügung des Reichsministers der Justiz. Einschlägig Nr. 229 ff, S. 85 ff.

[83] S. vorherige Fußnote.

[84] RGBl S. 1658.

b) Zuständigkeitsverordnung vom 21.2.1940

Schon kurze Zeit später wurde das beschleunigte Verfahren durch die Verordnung über die Zuständigkeit der Strafgerichte, die Sondergerichte und sonstige strafverfahrensrechtliche Vorschriften vom 21.2.1940[85] grundlegend unter Aufhebung aller entgegenstehenden Vorschriften (auch § 212 StPO) reformiert. In Art. 3 dieser Verordnung wurde für das beschleunigte Verfahren folgendes bestimmt:

§ 28 Voraussetzungen

Im Verfahren vor dem Amtsrichter kann der Staatsanwalt schriftlich oder mündlich den Antrag auf Aburteilung im beschleunigten Verfahren stellen, wenn der Sachverhalt einfach und die sofortige Aburteilung möglich ist.

In Jugendsachen findet das beschleunigte Verfahren keine Anwendung.

§ 29 Anklage und Anberaumung der Hauptverhandlung

Stellt der Staatsanwalt den Antrag, so wird ohne Entscheidung über die Eröffnung des Hauptverfahrens die Hauptverhandlung sofort durchgeführt oder mit kürzester Frist anberaumt.

Der Einreichung einer Anklageschrift bedarf es nicht. Wird keine Anklageschrift eingereicht, so wird die Anklage bei Beginn der Hauptverhandlung mündlich erhoben und ihr wesentlicher Inhalt in das Sitzungsprotokoll aufgenommen.

Der Ladung des Beschuldigten bedarf es nur, wenn er sich nicht freiwillig zur Hauptverhandlung stellt oder nicht dem Gericht vorgeführt wird. Mit der Ladung wird ihm mitgeteilt, was ihm zur Last gelegt wird. Die Ladungsfrist beträgt vierundzwanzig Stunden.

---

[85] RGBl S. 405.

§ 30 Ablehnung des beschleunigten Verfahrens

Der Amtsrichter lehnt die Aburteilung im beschleunigten Verfahren ab, wenn sich die Sache zur Verhandlung in diesem Verfahren nicht eignet. Dies kann auch in der Hauptverhandlung bis zur Verkündung des Urteils geschehen. Der Beschluß ist unanfechtbar.

Wird die Aburteilung im beschleunigten Verfahren abgelehnt, so bedarf es der Einreichung einer neuen Anklageschrift.

§ 31 Stellung des Verteidigers

Der Verteidiger kann die dem Gericht vorliegenden Akten von dem Zeitpunkt ab einsehen, in dem der Staatsanwalt bei Gericht Antrag auf Aburteilung im beschleunigten Verfahren stellt. Durch die Akteneinsicht darf das Verfahren nicht aufgehalten werden.

Von demselben Zeitpunkt an ist dem verhafteten Beschuldigten schriftlicher und mündlicher Verkehr mit dem Verteidiger ohne die in § 148 II, III der Reichsstrafprozeßordnung vorgesehenen Beschränkungen gestattet.

Mit dieser Neufassung wurden zunächst einmal die seit 1931 erfolgten prozessualen Änderungen geordnet zusammengestellt. Die Entwicklung hin zur Generalisierung der Verfahrensvoraussetzungen hat in dieser Verordnung ihren Abschluß gefunden.[86] Das Erfordernis eines einfachen Sachverhaltes und der Möglichkeit der sofortigen Aburteilung betrifft nun nicht mehr nur Übertretungen und Vergehen, sondern sämtliche Delikte, die Gegenstand eines Verfahrens vor dem Amtsgericht sein konnten.

Zum anderen wurde durch diese Verordnung der Bereich des beschleunigten Verfahrens weiter ausgedehnt: Von nun an konnte der Amtsrichter gem. § 1 der VO auf Zuchthaus bis zu zwei Jahren, Gefängnis oder Festungshaft bis zu fünf Jahren, ferner auf Haft, Geldstrafe, Nebenstrafen und Maßregeln der Sicherung und Besserung mit Ausnahme der Sicherungsverwahrung und der Entmannung erkennen. Selbst als der Amtsrichter gem. Art. 2 der VO zur weiteren Vereinfa-

[86] Vgl. auch *Holzwarth*, S. 87, *Zimmermann*, S. 18.

chung der Strafrechtspflege vom 13.8.1942[87] sogar auf fünf Jahre Zuchthaus erkennen konnte, war er dabei nicht auf das Normalverfahren beschränkt.

c) Verordnung vom 13.3.1940

Durch die Verordnung vom 13.3.1940[88] zur Durchführung der Zuständigkeitsverordnung wurde die Beschleunigung auf die Strafvollstreckung ausgedehnt. Der Amtsrichter hatte nun auf Antrag der Staatsanwaltschaft die Möglichkeit, vor Rechtskraft des Urteils dessen sofortige Vollstreckung bereits im Urteil oder nachträglich durch unanfechtbaren Beschluß für zulässig zu erklären, § 5 der VO vom 13.3.1940. Nur das Berufungsgericht konnte einen Aufschub oder eine Unterbrechung der Vollstreckung anordnen.

III. Die Nachkriegsjahre

Das beschleunigte Verfahren war in den einzelnen Besatzungszonen unterschiedlich geregelt: In der britischen und der amerikanischen Zone wurde grundsätzlich auf die Vorschriften der Zuständigkeitsverordnung vom 21.2.1940 zurückgegriffen. Eine wichtige Neuerung enthielten die Vorschriften in der amerikanischen Zone. Hier wurde eine Strafmaßbegrenzung für die Anwendbarkeit des vereinfachten Verfahrens eingeführt. Der Amtsrichter sollte das beschleunigte Verfahren nicht nur bei Ungeeignetheit der Sache, sondern auch dann ablehnen, wenn eine höhere Strafe als zwei Jahre Gefängnis zu erwarten war. Ferner durften weder Zuchthausstrafen noch Maßregeln der Sicherung und Besserung verhängt werden. Im übrigen wurden in der amerikanischen und in der britischen Zone später auch wieder die Schöffengerichte eingeführt. In der französischen Zone hingegen wurde durch eine Rechtsanordnung § 212 der StPO von 1924 wieder in Kraft gesetzt. Dabei wurde zunächst die Kompetenz des Schöffengerichts dem Amtsrichter mitübertragen, bis auch hier später wieder Schöffengerichte gebildet wurden. Keine einheitliche Regelung existierte in der sowjetischen Besatzungszone. Grundsätzlich wurde aber

---

[87] RGBl S. 508.

[88] RGBl S. 489.

auch hier das Recht der Zuständigkeitsverordnung vom 21.2.1940 angewendet.[89]

Eine umfassende Statistik, aus welcher der Anteil des beschleunigten Verfahrens an den zur Aburteilung gelangten Delikten hervorgeht, existiert auch für diesen Zeitraum nicht. Allerdings hat Holzwarth[90] insbesondere anhand des Schnellgerichts Hamburg gezeigt, daß das beschleunigte Verfahren auch in den Nachkriegsjahren nicht an Bedeutung verloren, sondern vielmehr einen weiteren Höhepunkt erreicht hatte. Dies war auf ein erhöhtes Maß an kleinerer Kriminalität zurückzuführen. Das beschleunigte Verfahren wurde vor allem für die Verurteilung von Vergehen gegen die Bewirtschaftungsvorschriften angewendet.

IV. Das Vereinheitlichungsgesetz vom 12.9.1950

Zur Beseitigung der zonalen Rechtszersplitterung in der jungen Bundesrepublik wurde das Vereinheitlichungsgesetz am 12.09.1950 erlassen,[91] das am 01.10.1950 in Kraft trat. Erklärtes Ziel des Vereinheitlichungsgesetzes war - unter Verzicht auf Neuerungen - auf Regelungen zurückzugreifen, „die bereits einmal in Deutschland einheitlich Rechtens waren und sich bewährt hatten".[92] Grundsätzlich sollte dabei das Recht aus der Zeit vor 1933 wiederhergestellt werden; später eingeführte Neuerungen sollten nur beibehalten werden, soweit sie auf Beratungen und Entwürfe aus der Zeit vor 1933 zurückgingen und einen Fortschritt darstellten. Allerdings stammten die für das beschleunigte Verfahren im Vereinheitlichungsgesetz gewählten Regelungen nicht aus der Zeit vor 1933, sondern aus der Zuständigkeitsverordnung vom 21.02.1940. Lediglich in zwei Punkten wich die Regelung des beschleunigten Verfahrens im Vereinheitlichungsgesetz ab. Zum einen konnte das vereinfachte Verfahren nun wieder vor

---

89 Anders aber vor allem in Thüringen, wo das beschleunigte Verfahren auch vor der Strafkammer in erster Instanz stattfinden konnte und auch Zuchthausstrafen verhängt werden konnten; Gesetz über das beschleunigte Verfahren in Strafsachen vom 29.5.1947, ThürRegBl I, 1947 S. 56.

90 *Holzwarth*, S. 20 ff.

91 Gesetz zur Wiederherstellung der Rechtseinheit auf dem Gebiete der Gerichtsverfassung, der bürgerlichen Rechtspflege, des Strafverfahrens und des Kostenrechts vom 12.09.1950, BGBl S. 455.

92 Vorbemerkung zur Begründung des Entwurfs des Vereinheitlichungsgesetzes, zitiert nach *Zimmermann*, S. 23.

dem Schöffengericht stattfinden. Zum zweiten wurde nach dem Vorbild der Regelung in der amerikanischen Zone eine Strafmaßbegrenzung eingeführt: Gem. § 212b I StPO hatte der Amtsrichter oder das Schöffengericht die Aburteilung im beschleunigten Verfahren auch dann abzulehnen, wenn eine höhere Strafe als ein Jahr Gefängnis zu erwarten war. Zuchthaus oder eine Maßregel der Sicherung und Besserung durften in diesem Verfahren nicht verhängt werden.

Mit dem Rückgriff des Gesetzgebers des Vereinheitlichungsgesetzes auf die Regelung der Zuständigkeitsverordnung von 1940 wurde zumindest gegen die Grundvorstellungen des Vereinheitlichungsgesetzes (s.o.) verstoßen. Insbesondere Lehmann[93] hat die Übernahme der Vorschriften des beschleunigten Verfahrens aus dem „Dritten Reich“ stark kritisiert. Dem Grundgedanken des Vereinheitlichungsgesetzes hätte es entsprochen, nur solche Rechtssätze wieder aufzunehmen, die auf demokratischen, rechtsstaatlichen Prinzipien beruhten und nicht den Geist einer Diktatur oder quasi-diktatorischen Notverordnung widerspiegelten. Insbesondere die Entwicklung hin zu einer Generalisierung der vorher starren Prozeßvoraussetzungen (vorläufige Festnahme, freiwilliges Stellen) sei nationalsozialistisch geprägtes Recht.

Zimmermann[94] hingegen ist anderer Ansicht. Er betrachtet die Entwicklung des beschleunigten Verfahrens durch die Zuständigkeitsverordnung von 1940 als Fortschritt, vor allem die Entwicklung hin zu Generalklauseln bei den Zulässigkeitsvoraussetzungen des vereinfachten Verfahrens. Da auch die Regelungen in der amerikanischen Zone auf der Zuständigkeitsverordnung von 1940 basierten, sei die Entscheidung des Gesetzgebers richtig gewesen, sich an der Zuständigkeitsverordnung von 1940 zu orientieren.

V. Die Zeit bis zum Verbrechensbekämpfungsgesetz von 1994

Bis zum Erlaß des Verbrechensbekämpfungsgesetzes wurden die Vorschriften über das beschleunigte Verfahren nur geringfügig geändert:

---

93 *Lehmann*, DRiZ 1970, S. 287, 289.

94 *Zimmermann*, S. 23.

1. Durch Art. 3 des Gesetzes zur Sicherung des Straßenverkehrs vom 19.12.1952[95] wurde § 212b I StPO der Satz hinzugefügt: „Die Entziehung der Fahrerlaubnis ist zulässig."

2. Durch das Gesetz zur Änderung der StPO und des GVG vom 19.12.1964[96] wurde dem § 212 StPO ein Absatz 2 hinzugefügt, der die Beziehungen zwischen beschleunigtem Verfahren und staatsanwaltlichem Schlußgehör regelt. Dieser Absatz 2 wurde jedoch durch Art. 1 Nr. 66 des Ersten Gesetzes zur Reform des Strafverfahrensrechts vom 09.12.1974[97] wieder aufgehoben.

3. § 212b I StPO wurde durch das Erste Gesetz zur Reform des Strafrechts vom 25.6.1969[98] hinsichtlich der im beschleunigten Verfahren zu verhängenden Strafhöhe modifiziert: Die Regelung, daß die Aburteilung im beschleunigten Verfahren dann abgelehnt werden mußte, wenn eine über einem Jahr liegende Freiheitsstrafe zu erwarten war, entfiel. Dafür wurde durch § 212b I 2 StPO festgelegt, daß im beschleunigten Verfahren eine höhere Strafe als Freiheisstrafe von einem Jahr oder eine Maßregel der Sicherung und Besserung nicht verhängt werden darf.

4. Eine rein redaktionelle Änderung betraf das Einführungsgesetz zum StGB vom 02.03.1974[99]: In § 212b I 2 StPO wurden die Worte „Sicherung und Besserung" durch die Worte „Besserung und Sicherung" ersetzt.

5. Zur Anpassung der Terminologie wurde durch das Gesetz vom 09.12.1974[100] in den §§ 212 I und § 212b I 1 StPO das Wort „Amtsrichter" durch das Wort „Strafrichter" ersetzt.

---

[95] BGBl S. 832, 835.

[96] BGBl S. 1067.

[97] BGBl S. 3393, 3533.

[98] BGBl S. 645.

[99] BGBl S. 469, 502.

[100] BGBl S. 3393, 3533.

C. Zusammenfassung zur bisherigen Entwicklung und Praxis

I. Entwicklung

Obwohl immer schon Zweifel hinsichtlich eines beschleunigten Verfahrens geäußert wurden, läßt sich doch feststellen, daß ein Bedürfnis bestand, in Fällen kleinerer Kriminalität eine vereinfachte Verfahrensart neben dem Normalverfahren bereitzustellen. Davon zu trennen ist jedoch die konkrete Ausgestaltung des beschleunigten Verfahrens. Hier läßt sich in der Entwicklung, insbesondere seit Inkrafttreten der Reichsstrafprozeßordnung 1877, erkennen, daß der Gesetzgeber in Zeiten wirtschaftlicher und politischer Unruhen, so in der Weimarer Republik[101] und vor allem in der Zeit von 1933 - 1945, eher bereit war, den Anwendungsbereich des beschleunigten Verfahrens teilweise bis zum Mißbrauch auszuweiten. Gesetzestechnisch ist die Entwicklung hin zu Generalklauseln bei den Voraussetzungen für das beschleunigte Verfahren hervorzuheben.

II. Praxis der fünfziger und sechziger Jahre

In den fünfziger Jahren bestand das kriminalpolitische Bedürfnis, das beschleunigte Verfahren als wirksames Bekämpfungsmittel gegen das Rowdytum einzusetzen. Dies war nach Herzog[102] vor allem auf das Bestreben in der Bevölkerung dieser Zeit zurückzuführen, nach dem Wiederaufbau das Wirtschaftswunder und den Wohlstand in Ruhe genießen zu können.

Die durch die Studentenunruhen geprägten sechziger Jahre waren für die Anwendung des beschleunigten Verfahrens in der Praxis von besonderer Bedeutung. In dieser Zeit wurden wiederholt politische Randalierer und Demonstranten im beschleunigten Verfahren verurteilt. Die in diesem Zusammenhang bekannt gewordenen Fälle[103] waren vor allem durch extrem kurze

---

[101] Vgl. *Titze*, JR 1926, S. 249; *Sieverts*, MschrKrimPsych 1932, S. 248; *Hagemann*, DJZ 1932, S. 729.

[102] *Herzog*, ZRP 1991, S. 125.

Zeiträume zwischen Begehung der Tat und Beginn der Verhandlung und der Verhängung vergleichsweise hoher Strafen gekennzeichnet. Dabei entsprach eine solche Verfahrensweise durchaus den in der öffentlichen Diskussion vertretenen Meinungen und auch den Forderungen verschiedener Politiker[104]. Allerdings wies der Bund der Richter und Staatsanwälte (DRB) in seiner Erklärung vom 19.4.1968 darauf hin, daß sich die Justiz nicht als Instrument der jeweiligen Staatsgewalt mißbrauchen und damit „nach Belieben 'zum Büttel der Nation' degradieren" lassen dürfe.[105] Auch in der Literatur wurden starke Bedenken gegen eine solche Handhabung des beschleunigten Verfahrens zur Bestrafung politisch motivierter Delikte, die auch als „Husarenjustiz" bezeichnet wurde, geltend gemacht; insbesondere sei das beschleunigte Verfahren für diese Fälle nicht geeignet, da generalpräventive Erwägungen einen unzulässig hohen Stellenwert erhalten könnten.[106]

Im übrigen war das beschleunigte Verfahren beliebt bei der Ahndung von Verkehrsdelikten; hier wurde von den Beschleunigungsmöglichkeiten des § 212a StPO (insbesondere bei einer sofort durchgeführten Hauptverhandlung) intensiv Gebrauch gemacht.[107]

---

[103] Folgende Fälle wurden von *Lehmann*, DRiZ 1970, S. 287, hierzu berichtet:

- Im Zusammenhang mit den Osterunruhen 1968 wurde in München ein junger Goldschmied am Abend des Ostermontags festgenommen und bereits am folgenden Morgen in einer nicht einmal 15 Minuten währenden Verhandlung wegen Auflaufs und Aufruhrs mit 7 Monaten Gefängnis bestraft.
- Am 27.9.1968 wurde im beschleunigten Verfahren Cohn-Bendit wegen Beamtennötigung, Aufruhrs, Land- und schweren Hausfriedensbruchs zu einer Gefängnisstrafe von 8 Monaten bei Strafaussetzung zur Bewährung verurteilt.
- Beate Klarsfeld wurde am 7.11.1968 im beschleunigten Verfahren zu einem Jahr Gefängnis ohne Bewährung verurteilt, weil sie den Bundeskanzler Kiesinger geohrfeigt hatte. Dabei lagen zwischen dem Zeitpunkt der Tat und dem Beginn der Hauptverhandlung lediglich 9 Stunden.

Vgl. hierzu auch *Skriver*, ZRP 1968, S. 975; *Schünemann*, NJW 1968, S. 33.

[104] Vgl. *Herzog*, ZRP 1991, S. 125, 126: Der damalige Bundesjustizminister Heinemann befürwortete laut Handelsblatt vom 20.2.1968 eine häufigere Anwendung des beschleunigten Verfahrens, hielt es aber für bedenklich, wenn sie ausschließlich nach Demonstrationen stattfänden.

[105] Erklärung des Vorstands des DRB vom 19.4.1968, in: Informationen Nr. 10/1968, S. 3 (vom 26.4.1968); vgl. auch Frankfurter Allgemeine Zeitung vom 22.4.1968.

[106] Vor allem *Lehmann*, DRiZ 1970, S. 287; *Schünemann*, NJW 1968, S. 975.

[107] *Schultz*, DAR 1957, S. 93; *Bohnenberger*, DAR 1960, S. 197; *Lueken*, DAR 1960, S. 250; *Salzmann*, Die beschleunigte Ahndung von Verkehrsdelikten, 1962; *Hartmann*, MDR 1964, S. 190.

III. Praxis bis 1994

Das beschleunigte Verfahren spielte in den weiteren Jahren bis 1994 eine untergeordnete Rolle.[108] Nur etwa 4% aller amtsgerichtlichen Verfahren wurden nach dieser Verfahrensart bis zum Erlaß des Verbrechensbekämpfungsgesetzes 1994 durchgeführt.[109] Die Bedeutung des beschleunigten Verfahrens für Demonstrationsdelikte und für Strafverfahren gegen Fußballrowdies[110] ging zurück.[111] Auch für Verkehrsstraftaten wurde das beschleunigte Verfahren nur noch selten angewendet, was vor allem daran lag, daß viele für diese Verfahrensart geeignete kleinere Verkehrsdelikte in Ordnungswidrigkeiten umgewandelt und damit dem Anwendungsbereich des beschleunigten Verfahrens entzogen wurden.[112] Seine größte Bedeutung hatte das beschleunigte Verfahren bei den großstädtischen Amtsgerichten. Hier wurden vor allem Urkundsdelikte, Verstöße gegen das Ausländergesetz, Diebstähle aller Art und das Erschleichen von Leistungen gem. § 265a StGB im beschleunigten Verfahren abgeurteilt.[113] Hinzu kam die Beschaffungskriminalität rauschgiftabhängiger Personen. Häufig wurden dabei nach § 127 StPO vorläufig festgenommene Personen im Rahmen der richterlichen Vorführung nach § 128 I StPO nach mündlicher Anklageerhebung ohne Einhaltung einer Ladungsfrist verurteilt. In anderen Fällen war typisch, daß die Hauptverhandlung nach einer Untersuchungshaftdauer von etwa drei Wochen stattfand.[114] Im übrigen läßt sich am Beispiel des Amtsgerichts Frankfurt aufzeigen, daß der Anteil der Ausländer an dem vom beschleunigten Verfahren betroffenen Personenkreis relativ hoch war.[115] Beim Amtsgericht Frankfurt wurden im Jahre 1989 über 400 beschleunigte Verfahren durchgeführt, der Ausländeranteil lag bei 90 Prozent; dabei waren ca. 40 Prozent der wegen angeblichen Taschen- und Trickdiebstahls

---

[108] Vgl. auch *Baumann*, in: FS für *Klug* Band II, S. 459, 462.

[109] BT-Drucksache 12/6853 S. 104; Vgl. auch *Feltes*, S. 72, 73: danach lag der Anteil der Anträge auf Durchführung des beschleunigten Verfahrens an allen Erhebungen der öffentlichen Klage, der 1971 noch 5,0% betrug, im Jahre 1981 nur noch bei 3,8%.

[110] Hierzu *Priestoph*, Die Polizei, 1979 S. 296.

[111] *Fezer*, ZStW 106 (1994), S. 1, 14 Fn. 46.

[112] Vgl. auch LR-*Rieß*, § 212 Rn. 6 Fn. 7.

[113] *Herzog*, ZRP 1991, S. 125, 126; *Fezer*, ZStW 106 (1994), S. 1, 13.

[114] *Fezer*, ZStZW 106 (1994), S. 1, 13 Fn. 43.

[115] *Herzog*, ZRP 1991, S. 125, 126. Vgl. im übrigen die Schilderung des Verfahrens von 13 Angeklagten ausländischer Nationalität wegen schweren Landfriedensbruches, Freiheitsberaubung und schwerer Körperverletzung im beschleunigten Verfahren, *Eßer*, StraFo 1996, S. 79 ff.

Beschuldigten Südamerikaner und Jugoslawen. Nach einer Auswertung im Rahmen einer Aktenuntersuchung in Hamburg lag der Ausländeranteil bei einem Drittel, relativ häufig wurden Freiheitsstrafen auch ohne Aussetzung zur Bewährung verhängt.[116]

D. Das Verbrechensbekämpfungsgesetz von 1994

Durch das Verbrechensbekämpfungsgesetz vom 28.10.1994[117] sind die Vorschriften über das beschleunigte Verfahren unter Aufhebung der §§ 212 bis 212b StPO als neu gefaßte §§ 417 - 420 StPO in die Strafprozeßordnung eingefügt worden.

I. Ablauf des Gesetzgebungsverfahrens

Am 18.02.1994 haben die Bundestagsfraktionen der CDU/CSU und der FDP den Entwurf eines Gesetzes zur Änderung des Strafgesetzbuches, der Strafprozeßordnung und anderer Gesetze (Verbrechensbekämpfungsgesetz)[118] in den Bundestag eingebracht. Nach der 1. Lesung am 24.02.1994 folgte am 11.04.1994 eine Sachverständigenanhörung vor dem Rechts- und Innenausschuß (120. Sitzung des Rechtsausschusses und 93. Sitzung des Innenausschusses). Das Gesetz wurde vom Bundestag am 20.05.1994 verabschiedet. Am 10.06.1994 versagte der Bundesrat die gem. Art. 84 I GG erforderliche Zustimmung.[119] Der Vermittlungsausschuß erarbeitete eine auch in bezug auf die Regelung des beschleunigten Verfahrens geänderte Beschlußempfehlung[120], die dem Bundestag am 19.09.1994 vorgelegt wurde. Der Bundestag nahm die Emp-

---

[116] Siehe *Fezer*, ZStW 106 (1994), S. 1, 13 Fn. 45.

[117] BGBl S. 3186.

[118] BT-Drucksache 12/6853.

[119] BT-Drucksache 12/7872.

[120] BT-Drucksache 12/7837. Folgende Änderungen wurden vorgenommen: (1) Der Begriff der „Eignung" in dem Entwurf von § 417 StPO wurde durch den Bezug auf einen „einfachen Sachverhalt oder einer klaren Beweislage" inhaltlich präzisiert. (2) Es wurde ein Fall der notwendigen Verteidigung bei einer Straferwartung von mindestens sechs Monaten in § 418 IV StPO eingefügt. (3) Die Bestimmung, daß das Gericht unbeschadet des § 244 II StPO den Umfang der Beweisaufnahme bestimmt (§ 420 I des Entwurfs der Koalitionsfraktion), wurde als § 420 IV StPO auf das beschleunigte Verfahren *vor dem Strafrichter* beschränkt.

fehlung am 21.09.1994 an; der Bundesrat stimmte dem Entwurf am 23.09.1994 zu. Das Verbrechensbekämpfungsgesetz wurde im Bundesgesetzblatt unter dem 28.10.1994 verkündet und trat am 01.12.1994 in Kraft.

II. Gesetzgeberisches Ziel der Neuregelung des beschleunigten Verfahrens in den §§ 417 - 420 StPO

Nach der Begründung des Entwurfes der Fraktionen CDU/CSU und FDP war es das Ziel der gesetzlichen Neuregelung des beschleunigten Verfahrens, „Staatsanwaltschaft und Amtsgerichte zu einer stärkeren Nutzung dieser Verfahrensart zu veranlassen und damit insbesondere in tatsächlich oder rechtlich einfach gelagerten Fällen eine Aburteilung zu ermöglichen, die der Tat möglichst auf dem Fuße folgt und dadurch auch zur Justizentlastung beizutragen“.[121] Da sich der Beschleunigungseffekt nach der bisherigen Rechtslage auf die Verkürzung des gerichtlichen Zwischenverfahrens beschränkt habe, solle nun darüber hinaus dem Gericht in der Hauptverhandlung die Möglichkeit gegeben werden, die Beweisaufnahme zu verkürzen und damit auch die Hauptverhandlung zu beschleunigen und zu vereinfachen.[122]

III. Systematische Stellung in der Strafprozeßordnung

Nach alter Rechtslage waren die Regeln über das beschleunigte Verfahren in den §§ 212 - 212b StPO geregelt, also im Rahmen der Vorschriften über das Eröffnungsverfahren. Bei dem beschleunigten Verfahren handelt es sich jedoch nicht um eine das Zwischenverfahren betreffende Spezialregelung, sondern das beschleunigte Verfahren stellt eine besondere Verfahrensart dar, bei der auf bestimmte, im Normalverfahren vorgeschriebene Zwischenschritte verzichtet wird.[123] Dem hat der Gesetzgeber im Verbrechensbekämpfungsgesetz von 1994 Rechnung getragen, indem er das beschleunigte Verfahren auch gesetzestechnisch im 6. Buch der StPO in den §§ 417 - 420 StPO als besondere

---

[121] Entwurf eines Gesetzes zur Änderung des Strafgesetzbuches, der Strafprozeßordnung und anderer Gesetze (Verbrechensbekämpfungsgesetz), BT-Drucksache 12/6853 S. 34.

[122] Entwurf BT-Drucksache 12/6853 S. 34, 35.

[123] So auch LR-*Rieß*, § 212 Rn. 3.

Verfahrensart aufgewertet hat.[124] Dieser Schritt war im übrigen auch unumgänglich, da die neuen Vorschriften über das beschleunigte Verfahren Sonderregeln über den Ablauf der Hauptverhandlung selbst beinhalten, vgl. § 420 StPO.

IV. Kurzer Überblick über den Ablauf des beschleunigten Verfahrens gem. §§ 417 ff StPO

Stellt sich nach Abschluß des regulären Ermittlungsverfahrens heraus, daß sich die Sache für das beschleunigte Verfahren eignet, z.B. weil der Sachverhalt einfach überschaubar oder die Beweislage eindeutig ist, so ist die Staatsanwaltschaft verpflichtet, vor dem zuständigen Amtsgericht Antrag auf Entscheidung im beschleunigten Verfahren zu stellen. In diesem Fall entfällt das Zwischenverfahren, die Hauptverhandlung wird ohne die Notwendigkeit einer Anklageerhebung entweder sofort oder in kurzer Frist durchgeführt. Eine Ladung des Beschuldigten erfolgt nur dann, wenn er sich nicht freiwillig stellt oder nicht dem Gericht vorgeführt wird. Dabei ist für den Beschuldigten, für den eine Freiheitsstrafe von mindestens sechs Monaten zu erwarten ist, ein Fall der notwendigen Verteidigung gegeben. Das Amtsgericht kann dem Antrag der Staatsanwaltschaft auf Durchführung des beschleunigten Verfahrens entsprechen, ihn aber auch noch bis zur Urteilsverkündung ablehnen, wenn sich die Nichteignung der Sache für das beschleunigte Verfahren im Verlauf der Verhandlung herausstellt. Im Falle der Ablehnung hat das Gericht die Möglichkeit, die Eröffnung der Hauptverhandlung im Normalverfahren zu beschließen, ohne daß eine Rückgabe der Akten an die Staatsanwaltschaft notwendig wäre. Die Hauptverhandlung im beschleunigten Verfahren weicht gem. § 420 StPO[125] in zweierlei Hinsicht von der im Normalverfahren ab: Zum einen können im Verfahren vor dem Strafrichter Beweisanträge auch ohne die Einschränkungen des § 244 III - V StPO abgelehnt werden, da dieser unbeschadet des § 244 II StPO den Umfang der Beweisaufnahme bestimmt. Zum zweiten sind mit Zustimmung der Verfahrensbeteiligten sowohl vor dem Strafrichter als auch vor dem Schöffengericht Einschränkungen des Unmittelbarkeitsprinzips in der Weise möglich,

---

124 Vgl. auch BT-Drucksache 12/6853 S. 34.

125 Die Vorschrift des § 420 StPO gilt gem. § 411 II 2 StPO auch für die Hauptverhandlung nach Einspruch gegen einen Strafbefehl!

daß Vernehmungsniederschriften, schriftliche Äußerungen und behördliche Erklärungen verlesen werden können. Insgesamt steht die Anwendung der möglichen Verfahrensvereinfachungen im Ermessen des Gerichts.[126] Als Rechtsfolge darf trotz der amtsgerichtlichen Rechtsfolgenkompetenz des § 24 II GVG (4 Jahre Freiheitsstrafe) im beschleunigten Verfahren keine höhere Freiheitsstrafe als Freiheitsstrafe von einem Jahr verhängt werden. Auch eine Maßregel der Besserung und Sicherung ist unzulässig. Die Entziehung der Fahrerlaubnis ist hingegen zulässig.

V. Praxis seit Erlaß des Verbrechensbekämpfungsgesetzes

Im Jahre 1995 wurden die Möglichkeiten des beschleunigten Verfahrens noch wenig genutzt. Nach Angaben des Statistischen Bundesamtes[127] lag der Anteil der abgeschlossenen beschleunigten Verfahren bei 2,4 % aller amtsgerichtlichen Verfahren. Beträchtliche Unterschiede gab es dabei im Vergleich der einzelnen Länder. Am häufigsten wurde das beschleunigte Verfahren in Hamburg durchgeführt, hier wurden 17,5 % der amtsgerichtlichen Verfahren beschleunigt verhandelt. Ebenfalls hoch, nämlich bei 14,4 %, lag der Anteil in Bremen. Es folgen Brandenburg (6,5 %), Hessen (4,3 %), Bayern (3,4 %), Berlin (2,5 %), Niedersachsen (2,4 %) und Schleswig-Holstein (2 %). In den übrigen Ländern lag der Anteil der beschleunigten Verfahren bei weniger als einem Prozent.

Im Jahre 1996 und vor allem 1997 sind jedoch in größerem Umfang Bestrebungen zu einer vermehrten Umsetzung der durch das Verbrechensbekämpfungsgesetz geschaffenen Möglichkeiten zu verzeichnen. Zwar wird das beschleunigte Verfahren an einigen Orten weiterhin nahezu überhaupt nicht durchgeführt, andererseits sind in einigen Ländern und dabei insbesondere an

---

[126] Durch § 420 StPO entstehen dadurch mehrere Kombinationsmöglichkeiten, wie die Hauptverhandlung im beschleunigten Verfahren ablaufen kann: Die Hauptverhandlung kann einerseits wie die Hauptverhandlung im Regelverfahren ohne jegliche Verfahrensverkürzungen ablaufen; sie kann aber auch unter Durchbrechung des Unmittelbarkeitsprinzips nach § 420 I – III StPO durchgeführt werden; schließlich – jedoch nur im bescheunigten Verfahren vor dem Strafrichter – können (zusätzlich) gem. § 420 IV StPO Beweisanträge mit der Begründung zurückgewiesen werden, das Gegenteil des Behaupteten sei bereits erwiesen.

[127] Zitiert nach Frankfurter Allgemeine Zeitung vom 30. April 1997 S. 5.

einzelnen Amtsgerichten besondere Modelle zur Aktivierung des beschleunigten Verfahrens ins Leben gerufen worden.[128]

Hervorzuheben ist das „Bochumer-Modell", das schon seit Mai 1995 eine beschleunigte Strafverurteilung bei bestimmten Fällen von Ladendiebstählen praktiziert.[129] Danach wurden beim Amtsgericht Bochum die organisatorischen Voraussetzungen vor allem durch örtliche Kooperation von Einzelhandel, Polizei, Staatsanwaltschaft und Gericht dafür geschaffen, daß gegen einen bei einem Ladendiebstahl im Wert von mehr als 50 DM von der Polizei festgenommenen Tatverdächtigen spätestens am darauffolgenden Tag das beschleunigte Verfahren durchgeführt werden kann.[130]

Beim Amtsgericht Berlin-Tiergarten sind für die Durchführung beschleunigter Verfahren gegen vorläufig Festgenommene die Haftabteilungen des Bereitschaftsgerichts zuständig. Hier sind vor allem Zollvergehen im Zusammenhang mit Zigarettenschmuggel oder Ladendiebstähle Gegenstand des Verfahrens, das innerhalb von ein oder zwei Tagen durchgeführt wird. Darüber hinaus wurden zum 1. Oktober 1996 und zum 2. Mai 1997 jeweils ausschließlich für beschleunigte Strafverfahren zuständige Strafabteilungen eingerichtet. Vor diesen Spezialabteilungen werden beschleunigte Verfahren innerhalb eines Zeitraumes von bis zu zwei Wochen durchgeführt, wobei den Tatverdächtigen vor allem Diebstahls-, Körperverletzungs- und Verkehrsdelikte vorgeworfen werden. Durch die Schaffung dieser Spezialabteilungen hat sich die Anzahl der beschleunigt erledigten Strafverfahren vor dem Amtsgericht Tiergarten wesent-

---

[128] Nach dem Bericht des Strafrechtsausschusses über die Anwendung des beschleunigten Verfahrens zur 68. Konferenz der Justizministerinnen und -minister am 11. und 12. Juni 1997 in Saarbrücken, S. 10, handelt es sich hierbei insbesondere um die Amtsgerichte Berlin-Tiergarten, Bochum, Cham, Duisburg, Frankfurt am Main, Potsdam, Starnberg und Stuttgart, ferner auch die Amtsgerichte Bremen, Dachau, Freiburg, Garmisch-Partenkirchen, Hamburg, Köln, Langen, Marburg, Magdeburg und Wolfratshausen. Auch in der Presse wird vermehrt über eine positive Entwicklung der praktischen Anwendung beschleunigter Verfahren berichtet; vgl. z.B. DIE WELT vom 18.08.1997 und vom 03.11.1997; FAZ vom 13.12.1997; PNP vom 16.12.1997. In Bayern wurden im übrigen im Jahr 1996 nach Angaben des Justizministers von Bayern 4379 beschleunigte Verfahren durchgeführt, nach absoluten Zahlen mehr als in jedem anderen Bundesland, vgl. Bayerische Staatszeitung vom 15.12.1997.

[129] Vgl. Pressemitteilung 52/1/97 des Justizministeriums Nordrhein-Westfalen vom 28.1.1997.

[130] Nach Angaben des Justizministeriums Nordrhein-Westfalen wird das beschleunigte Verfahren nach Art des „Bochumer Modells" nunmehr auch in Düsseldorf, Neuss, Duisburg, Wuppertal, Dortmund, Münster, Köln, Aachen und Siegburg durchgeführt, vgl. Pressemitteilung 17/10/97 vom 09.10.1997.

lich erhöht.[131] Nach den dem Senat für Justiz in Berlin für das Amtsgericht Berlin-Tiergarten vorliegenden Zahlen für den Zeitraum von Dezember 1996 bis einschließlich November 1997 ergibt sich folgendes Bild: Vor dem Bereitschaftsgericht wurden 352 beschleunigte Verfahren durchgeführt. In 25 Fällen kam es zu einer Verurteilung zu Freiheitsstrafen ohne Bewährung (ca. 7,1 %), in 48 Fällen wurde eine Freiheitsstrafe mit Bewährung verhängt (ca. 13,6 %) und in 231 Fällen kam es zu einer Geldstrafe (ca. 65,6 %); ein Angeklagter wurde freigesprochen (0,3 %). Vor den Spezialabteilungen wurden 1742 beschleunigte Verfahren durchgeführt. In 55 Fällen wurde eine Freiheitsstrafe ohne Bewährung verhängt (ca. 3,2 %), 264mal eine Bewährungsstrafe (ca. 15,2 %), Geldstrafen ergingen in 515 Fällen (ca. 29,6 %) und sonstige Strafen wurden in 271 Fällen verhängt (ca. 15,6 %). Es gab 28 Freisprüche (ca. 1,6 %); in 609 Fällen kam es weder zu einer Verurteilung noch zu einem Freispruch, sondern zu einer sonstigen Entscheidung, v.a. zur Aussetzung des Verfahrens, (ca. 35 %).

Insgesamt scheint das beschleunigte Verfahren vor allem gegen Ausländer ohne Wohnsitz im Inland, „reisende Täter“ und Personen mit ungeklärten Wohnsitzverhältnissen durchgeführt zu werden; dabei soll es sich für eine Vielzahl von Delikten eignen, nämlich Diebstahl, Unterschlagung, Hausfriedensbruch, Hehlerei, Betrug, Leistungserschleichung, Urkundenfälschung, Sachbeschädigung, Verkehrsstrafsachen, Straftaten gegen die Umwelt und Verstöße gegen das Betäubungsmittelgesetz, das Waffengesetz und das Ausländergesetz.[132] Interessant ist im übrigen, daß bei einigen Amtsgerichten beschleunigte Verfahren nur formal durchgeführt werden, ohne daß die Hauptverhandlungen in zeitlich engem Zusammenhang mit der Tat stattfinden.[133]

---

[131] Antwort der Senatorin für Justiz in Berlin auf die „Kleine Anfrage Nr. 13/2126“ des Abgeordneten Winfried *Werner* (CDU) über beschleunigte Verfahren in Strafprozessen vom 20.05.1997.

[132] So das Ergebnis einer nicht repräsentativen Umfrage bei den in Fn. 128 aufgeführten Amtsgerichten, die durch die Arbeitsgruppe „Bessere Nutzung des beschleunigten Verfahrens“ des durch die 67. Konferenz der Justizministerinnen und -minister vom 3. bis 5. Juni 1996 in Wiesbaden beauftragten Strafrechtsausschusses durchgeführt wurde, vgl. Bericht des Strafrechtsausschusses über die Anwendung des beschleunigten Verfahrens zur 68. Konferenz der Justizministerinnen und Justizminister am 11. und 12. Juni 1997 in Saarbrücken S. 12.

[133] Vgl. Fn. 132.

3. Kapitel

Das Rechtsstaatsprinzip im Strafverfahren

Da neben dem Schwerpunkt der Arbeit, Darstellung der Voraussetzungen und des Ablaufs des beschleunigten Verfahrens nach §§ 417 ff StPO, auch die rechtsstaatlichen Bedenken, die gegen dieses Verfahren erhoben werden,[1] untersucht werden sollen, ist es erforderlich, die Auswirkungen des aus der Verfassung resultierenden Rechtsstaatsprinzips[2] auf das Strafverfahren und die wesentlichen Grundsätze des Regelverfahrens kurz darzustellen, um eine Grundlage für die Bewertung der verfahrensverkürzenden Vorschriften des beschleunigten Verfahrens zu haben.

Da Strafverfahrensrecht angewandtes Verfassungsrecht ist,[3] muß auch der Strafprozeß - ausgehend vom Primat des Verfassungsrechts - nach rechtsstaatlichen Grundsätzen aufgebaut sein. Im Rechtsstaat ist die Ausübung staatlicher Macht umfassend rechtlich gebunden; Rechtsstaatlichkeit ist grundlegendes Ordnungsprinzip des Grundgesetzes; mithin ist das Rechtsstaatsprinzip auch verbindliches Organisationsprinzip des deutschen Strafverfahrens, Strafverfahrensnormen müssen mit dem Rechtsstaatsprinzip im Einklang stehen. Das Rechtsstaatsprinzip ist jedoch nicht für alle Einzelfälle definierbar, es bedarf vielmehr einer Konkretisierung je nach sachlichen Gegebenheiten, wobei fundamentale Elemente des Rechtsstaates und die Rechtsstaatlichkeit im ganzen

---

[1] Vgl. *Herzog*, ZRP 1991, S. 125; *Dahs*, NJW 1995, S. 535; *Bandisch*, StV 1994, S. 153; *Scheffler*, NJW 1994, S. 2191; *Hamm*, StV 1994, S. 456; *Wächtler*, StV 1994, S. 159; *Neumann*, StV 1994, S. 273; vgl. auch *Bernmann*, ZRP 1994, S. 329, 330; *Krüger*, Kriminalistik 1995, S. 41, 44.

[2] Das Rechtsstaatsprinzip wird allgemein zu den in Art. 20 I GG ausdrücklich erwähnten Strukturprinzipien (Demokratie, Republik, Sozialstaat und Bundesstaat) hinzugerechnet. Es ergibt sich aus einer Gesamtschau der Bestimmungen des Art. 20 III GG über die Bindung der Einzelgewalten und der Art. 1 III, 19 IV, 28 I 1 GG sowie aus der Gesamtkonzeption des Grundgesetzes, vgl. auch BVerfGE 7, 89, 92; 25, 269, 290; 28, 264, 272; 35, 41, 47; 45, 187, 246.

[3] BVerfGE 32, 373, 383.

gewahrt bleiben müssen.[4] Dabei ist nicht nur die Gesetzmäßigkeit staatlichen Handelns gefordert (formeller Rechtsstaatsbegriff), die Rechtsordnung muß auch bestimmten materiellen Grundanforderungen genügen. Da das formale Rechtsstaatsverständnis noch nichts über den Inhalt der Normen aussagt, bedarf es der Ergänzung durch das materielle Rechtsstaatsprinzip. Als materielle Wesenszüge lassen sich insbesondere die in den Grundrechten getroffenen Wertentscheidungen und allgemein die Pflicht zur Erhaltung und Verwirklichung der materiellen Gerechtigkeit nennen.

Ein wesentlicher Grundsatz ist das Recht auf ein faires Verfahren im Strafprozeß.[5] Dieses allgemeine Prozeßgrundrecht hat seine Wurzeln in den im materiell verstandenen Rechtsstaatsprinzip verbürgten Grundrechten und Grundfreiheiten des Menschen, insbesondere in dem durch ein Strafverfahren bedrohten Recht auf Freiheit der Person (Art. 2 II 2 GG), dessen freiheitssichernde Funktion auch im Verfahrensrecht Beachtung fordert; ferner in Art. 1 I GG, der es verbietet, den Menschen zum bloßen Objekt eines staatlichen Verfahrens herabzuwürdigen, und daher einen Mindestbestand an aktiven verfahrensrechtlichen Befugnissen des Angeklagten voraussetzt.[6] Jedem Verfahrensbeteiligten ist daher zu gewährleisten, daß er prozessuale Rechte und Möglichkeiten mit der erforderlichen Sachkunde selbständig wahrnehmen und Übergriffe der rechtsstaatlich begrenzten Machtausübung staatlicher Stellen und anderer Verfahrensbeteiligter angemessen abwehren kann.[7] Wesentlich ist damit, daß die Rechte der Verteidigung[8] gewahrt bleiben. Allerdings lassen sich dem Recht auf ein faires Strafverfahren keine in allen Einzelheiten bestimmte Gebote und Verbote entnehmen, an denen strafverfahrensrechtliche Normen

---

[4] BVerfGE 45, 187, 246.

[5] BVerfGE 38, 105; BGHSt 29, 109, 111; vgl. auch *Brause*, NJW 1991, S. 2865; *Hassemer*, in: FS-*Maierhofer*, S. 183 ff; *Steiner*, Das Fairneßprinzip im Strafprozeß; *Hübner*, Allgemeine Verfahrensgrundsätze. Der fair trial Grundsatz ist ebenfalls in Art. 6 I 1 MRK, der geltendes innerstaatliches Recht darstellt (durch Ratifizierung der Konvention zum Schutze der Menschenrechte und Grundfreiheiten am 7.8.1952, BGBl II S. 685, 953), enthalten; Art. 6 I 1 MRK hat aber gegenüber dem auf der Ebene des Verfassungsrechts angesiedelten Rechtsstaatsprinzips keine eigenständige Bedeutung, vgl. *Dörr*, S. 71 ff; *Heubel*, S. 30 ff; zum Rangverhältnis zwischen MRK und sonstigem Bundesrecht, *Krey*, Band 1, Rn. 129 ff.

[6] Vgl. BVerfGE 57, 250, 275.

[7] BVerfGE 38, 105, 111.

[8] Vgl. auch Art. 6 III MRK.

gemessen werden könnten; es bedarf vielmehr einer Konkretisierung jeweils nach den sachlichen Gegebenheiten.

Auf der anderen Seite darf der Rechtsstaat nicht als Einbahnstraße in Richtung auf den einseitigen Schutz des Individuums, gerichtet auf eine einseitige Maximierung der Befugnisse und Rechte des Beschuldigten, verstanden werden. Der Rechtsstaat zwingt die Staatsgewalt auch zur Anwendung und Vollziehung der Gesetze im Rahmen der Gesamtrechtsordnung gegenüber der Allgemeinheit.[9] Dies ergibt sich wiederum aus dem formellen Verständnis des Rechtsstaatsprinzips. Bezogen auf das Strafverfahren hat das Bundesverfassungsgericht[10] demgemäß anerkannt, daß die Wahrung der Rechte des einzelnen auf persönliche Freiheit und menschenwürdige Behandlung und die Bedürfnisse einer funktionstüchtigen Strafrechtspflege[11] als zwei für den Rechtsstaat gleich wichtige Prinzipien anzusehen sind. Soweit der Grundsatz der Rechtsstaatlichkeit die Idee der Gerechtigkeit als wesentlichen Bestandteil enthalte, verlange er auch die Aufrechterhaltung einer funktionstüchtigen Strafrechtspflege,[12] ohne die der Gerechtigkeit nicht zum Durchbruch verholfen werden könne.

Neben diesen unmittelbar aus dem Rechtsstaatsprinzip resultierenden Grundsätzen haben sich in langer Tradition sogenannte Prozeßrechtsgrundsätze herausgebildet, die in ihrem Zusammenwirken ein Strafverfahren gewährleisten, das rechtsstaatlichen Grundsätzen entspricht.[13] Diese Prozeßmaximen aber folgen nicht zwingend aus der Notwendigkeit eines rechtsstaatlichen Verfahrens, sondern sind nur eine Möglichkeit, ein solches Strafverfahren zu gewährleisten. Sie lassen die vom Gesetzgeber aufgrund vielfältiger Erfahrungen und im Hinblick auf bestimmte politische Einstellungen gewählten Gesichtspunkte erkennen, die für seine Methode der Gestaltung des Strafprozesses maßgebend gewesen sind.[14] Bei diesen Grundsätzen handelt es sich um das Offizialprinzip (§ 152 I StPO), das Legalitätsprinzip (§ 152 II StPO), den

---

[9] Vgl. *Gössel*, Gutachten für den 60. Deutschen Juristentag, Band I C 7, C 28.

[10] BVerfGE 19, 342, 347; 20, 45, 49; 20, 144, 147; 34, 238, 239.

[11] Hierzu auch *Hassemer*, StV 1982, S. 275.

[12] Kritisch zu aktuellen Bestrebungen zur Entlastung der Strafrechtspflege *Herzog*, StV 1995, S. 372. Vgl. auch *Schlüchter*, GA 1994, S. 396.

[13] Zu den einzelnen Prozeßmaximen vgl. *Beulke*, Rn. 15 ff.

[14] Vgl. hierzu *Eb. Schmidt*, Einl. Rn. 329 ff.

Anklagegrundsatz (§ 151 StPO), den Ermittlungsgrundsatz (§ 244 II StPO), den Grundsatz der freien richterlichen Beweiswürdigung (§ 261 StPO), den Grundsatz der Unmittelbarkeit (v.a. § 250 StPO), den Grundsatz „in dubio pro reo" (§ 261 StPO, Art. 6 II MRK), das Mündlichkeitsprinzip (§ 261 StPO), den Grundsatz der Öffentlichkeit (§ 169 S. 1 GVG), den Grundsatz des gesetzlichen Richters (Art. 101 GG) und den Grundsatz des rechtlichen Gehörs (Art. 103 I StPO).

Aus den verfassungsrechtlichen Grundsätzen des Strafverfahrens resultiert - wie dargelegt - ein Spannungsverhältnis zwischen der Pflicht des Staates zur Einrichtung einer funktionstüchtigen Strafrechtspflege und dem Interesse des Beschuldigten an der Wahrung seiner verfassungsmäßig verbürgten Rechte.[15] Dabei hat, wie auch das Bundesverfassungsgericht festgestellt hat,[16] keiner dieser Belange grundsätzlichen Vorrang vor dem anderen. Weder darf der staatliche Strafanspruch ohne Rücksicht auf die Grundrechte des Beschuldigten durchgesetzt werden, noch erfordert jede denkbare Gefährdung dieser Rechte ein Zurückweichen jenes Anspruchs. Es bedarf vielmehr jeweils einer Abwägung zwischen diesen beiden widerstreitenden Interessen,[17] wobei das Strafverfolgungsinteresse und damit der Gesellschaftsschutz Vorrang haben wird, wenn die Existenz des Staates und der funktionsfähige Fortbestand der staatlichen Institutionen als solcher auf dem Spiel stehen, da es dann um den Fortbestand von Werten geht, deren Existenz von der großen Mehrheit als selbstverständlich angesehen wird.[18]

Das beschleunigte Verfahren dient vor allem der Entlastung der Gerichte,[19] und damit letztendlich der Wahrung einer funktionstüchtigen Strafrechtspflege.

---

[15] KK-*Pfeiffer*, Einl. Rn. 23.

[16] BVerfGE 51, 324, 345 ff.

[17] Der Entwicklung durch das Bundesverfassungsgericht, die Funktionstüchtigkeit der Strafrechtspflege als Bestandteil des Rechtsstaatsprinzips neben den Individualrechten des strafverfolgten Bürgers anzuerkennen (s.o. Fn. 10), kann daher nicht entgegengehalten werden, daß dadurch das Rechtsstaatsprinzip „bis zur Perversion relativiert werde", so aber *Grünwald*, JZ 1976, S. 773, und *Müller*, Rechtsstaat, S. 29.

[18] Vgl. auch *Küng-Hofer*, S. 77; *Gössel*, Gutachten für den 60. Deutschen Juristentag, Band I C 7, C 29.

[19] Vgl. Begründung der Koalitionsfraktionen für den Entwurf des Verbrechensbekämpfungsgesetzes, BT-Drucksache 12/6853 S. 34.

Zur damit notwendigen Verfahrensverkürzung verzichtet das beschleunigte Verfahren teilweise auf die Einhaltung einiger der oben aufgeführten Prozeßmaximen, und zwar durch Regelungen, die insbesondere durch das Verbrechensbekämpfungsgesetz eingeführt worden sind. Im Rahmen der einzelnen Vorschriften des beschleunigten Verfahrens wird zu prüfen sein, ob trotz des zumindest teilweisen Verzichts auf Prozeßgrundsätze dennoch das beschleunigte Strafverfahren rechtsstaatlichen Grundsätzen entspricht. Dabei ist aber, wie das Bundesverfassungsgericht wiederholt festgestellt hat,[20] bei der Überprüfung der Verfassungsmäßigkeit wegen der Weite und Unbestimmtheit des Rechtsstaatsbegriffs mit Behutsamkeit umzugehen. Denn es ist Sache des Gesetzgebers, zwischen möglichen Alternativen bei der normativen Konkretisierung eines Verfassungsgrundsatzes zu wählen. Erst wenn sich bei Berücksichtigung aller Umstände und nicht zuletzt der im Rechtsstaatsprinzip selbst angelegten Gegenläufigkeiten unzweideutig ergibt, daß rechtsstaatlich unverzichtbare Erfordernisse nicht mehr gewahrt sind, können aus diesem selbst konkrete Folgerungen für die Ausgestaltung des Strafverfahrens im Rahmen der vom Gesetzgeber gewählten Grundstruktur des Verfahrens gezogen werden. Ansonsten kann es aber auch möglich sein, daß die Verfassungsmäßigkeit durch eine restriktive Auslegung gewahrt werden kann.

---

[20] Vgl. auch BVerfGE 70, 297, 309; 86, 288, 318.

4. Kapitel

Voraussetzungen des beschleunigten Verfahrens

A. Anwendungsbereich des beschleunigten Verfahrens

I. Amtsgerichtlicher Anwendungsbereich

1. Grundsatz

§ 417 StPO beschränkt den Anwendungsbereich des beschleunigten Verfahrens auf die zur Zuständigkeit des Strafrichters und des Schöffengerichts gehörenden Strafsachen, also Sachen, die in den amtsgerichtlichen Zuständigkeitsbereich fallen. Das Amtsgericht ist gem. § 24 I GVG zuständig, wenn nicht eine höhere Strafe als vier Jahre Freiheitsstrafe oder die Unterbringung in einem psychatrischen Krankenhaus oder in der Sicherungsverwahrung zu erwarten ist (§ 24 I Nr. 2 GVG), wenn nicht die zwingende Zuständigkeit des Schwurgerichts oder der Staatsschutzkammer oder des Oberlandesgerichts begründet ist (§ 24 I Nr. 1 GVG) und wenn nicht die Staatsanwaltschaft wegen der besonderen Bedeutung des Falles Anklage beim Landgericht erhebt (§ 24 I Nr. 3 GVG).

2. Aufteilung zwischen dem Strafrichter und dem Schöffengericht nach dem Gerichtsverfassungsgesetz

Für den Anwendungsbereich des beschleunigten Verfahrens von Bedeutung ist die Aufteilung der sachlichen Zuständigkeit nach dem Gerichtsverfassungsgesetz. Gem. § 417 StPO kann das beschleunigte Verfahren zwar sowohl vor dem Strafrichter als auch vor dem Schöffengericht durchgeführt werden; angesichts der Strafrahmenbegrenzung auf ein Jahr Freiheitsstrafe bedarf es jedoch der Untersuchung, ob in diesem Bereich wirklich beide Gerichte sachlich zuständig sein können. Schließlich ist für die sachliche Zuständigkeit nicht die Strafprozeßordnung, sondern gem. § 1 StPO das Gerichtsverfassungsgesetz maßgebend.

Zwar sind Strafrichter und Schöffengericht Spruchkörper des gleichen Gerichts, sachlich handelt es sich aber um verschiedene Gerichte.[1] Der Strafrichter ist dem Schöffengericht gegebenüber ein Gericht niederer Ordnung[2]; der Strafrichter entscheidet über leichtere, das Schöffengericht über mittlere Kriminalität. Gem. § 28 GVG sind im amtsgerichtlichen Zuständigkeitsbereich die Schöffengerichte zuständig, wenn sich nicht eine Zuständigkeit des Strafrichters aus § 25 GVG ergibt. Nach dem Wortlaut des § 25 GVG ist der Strafrichter bei Vergehen zuständig, wenn sie im Wege der Privatklage verfolgt werden oder wenn eine höhere Strafe als Freiheitsstrafe von zwei Jahren nicht zu erwarten ist. Trotz des zunächst eindeutig erscheinenden Wortlauts des durch das Rechtspflegeentlastungsgesetz von 1993 neugefaßten § 25 GVG wird der strafrichterliche Zuständigkeitsbereich in der Literatur unterschiedlich beurteilt. Hierbei werden zwei Fragen diskutiert: Erstens, ob der Strafrichter auch bei Verbrechen zuständig sein kann, wenn eine Freiheitsstrafe von unter zwei Jahren zu erwarten ist; zweitens, ob die mindere Bedeutung einer Sache - wie nach der alten Rechtslage - sich auf die Zuständigkeit des Strafrichters auswirkt.

a) Zuständigkeit des Strafrichters auch bei Verbrechen?

Obwohl der Strafrahmen im beschleunigten Verfahren auf ein Jahr begrenzt ist und die Mindeststrafandrohung bei Verbrechen ein Jahr beträgt (§ 12 I StGB), sind Fälle denkbar, in denen Verbrechen Gegenstand eines beschleunigten Verfahrens sein können, nämlich dann, wenn ein minder schwerer Fall vorliegt (z.B. §§ 249 II, 244 II StGB) oder wenn sich der Strafrahmen gem. § 49 I StGB verschoben hat. Demzufolge ist zu prüfen, ob, wie Bandemer[3] es vertritt, neben dem Schöffengericht auch der Strafrichter für Verbrechen zuständig sein kann. Dies soll dann der Fall sein, wenn eine Freiheitsstrafe von nicht mehr als zwei Jahren zu erwarten sei oder begründete Zweifel bestünden, ob eine überwiegende Verurteilungswahrscheinlichkeit als Verbrechen vorliege. Danach soll das Wort „Vergehen" in § 25 GVG untechnisch im Sinne von „Straftat" verstanden werden. Nach Ansicht von Bandemer[4] sollen auch Meyer-

---

[1] Vgl. BGHSt 18, 79, 83.

[2] BGHSt 19, 177, 178.

[3] *Bandemer,* JA 1994, S. 489, 491.

[4] *Bandemer,* JA 1994, S. 489, 490.

Goßner[5] und Kissel[6] ebenfalls der Auffassung sein, daß es allein auf die Straferwartung von zwei Jahren ankomme und nicht auf die Klassifizierung als Verbrechen oder Vergehen. Zwar sind die genannten Kommentarstellen von Meyer-Goßner und Kissel insoweit vielleicht mißverständlich; wie sich aber jeweils aus den Kommentierungen zum beschleunigten Verfahren und zum Strafbefehlsverfahren ergibt, teilen Meyer-Goßner und Kissel keineswegs die Auffassung von Bandemer; sie gehen vielmehr von der Zuständigkeit des Strafrichters allein bei Vergehen aus.

Die von Bandemer angestellten Überlegungen, daß früher einmal der Strafrichter für Verbrechen zuständig war, wenn keine höhere Strafe als Gefängnis von einem Jahr zu erwarten war und die Staatsanwaltschaft Anklage erhoben hat, und daß daraus der Grundgedanke zu ziehen sei, daß der Strafrichter immer in Fällen minderer Bedeutung zuständig sei und dieser Gedanke noch fortgelte, können nicht überzeugen. Der Wortlaut des § 25 GVG ist eindeutig.[7] Danach ist der Strafrichter nur bei Vergehen zuständig. Eine Auslegung des Wortes „Vergehen" im generellen Sinn von „Straftat" ist nicht möglich, denn gerade bei der Festlegung der sachlichen Zuständigkeit im Gerichtsverfassungsgesetz wird sich der Gesetzgeber seiner Wortwahl bewußt gewesen sein. Schließlich war es ein gesetzgeberisches Ziel des Rechtspflegeentlastungsgesetzes, für die Zuständigkeitsabgrenzung zwischen Schöffengericht und Strafrichter eine verfassungsrechtlich eindeutige Grundlage zu schaffen. Eine Zuständigkeit des Strafrichters für Verbrechen existiert somit nicht, allein das Schöffengericht ist zuständig.

b) Begrenzung der strafrichterlichen Zuständigkeit auf Sachen von minderer Bedeutung?

Umstritten ist, ob für die Zuständigkeit des Strafrichters bei Vergehen zusätzlich zu der in § 25 Nr. 2 GVG erforderlichen Straferwartung von bis zu zwei Jahren auch nach der Neufassung durch das Rechtspflegeentlastungsgesetz von 1993[8] erforderlich ist, daß die Sache von minderer Bedeutung ist.[9] Dies

---

[5] K/M-G, § 25 GVG Rn. 3.

[6] KK-*Kissel*, § 25 Rn. 5.

[7] Vgl. auch *Michel*, MDR 1995, S. 1198, 1999.

[8] Gesetz zur Entlastung der Rechtspflege vom 11.1.1993 BGBl S. 50.

nämlich hatte das Bundesverfassungsgericht[10] auf der Grundlage des § 25 Nr. 3 StPO a.F. zur Bestimmung der gesetzlichen Voraussetzung, daß die Staatsanwaltschaft Anklage zum Strafrichter erhob, festgelegt, da es im Hinblick auf das Prinzip des gesetzlichen Richters (Art. 101 I 2 GG) zur Beseitigung des scheinbaren Anklageermessens der Staatsanwaltschaft einer verfassungskonformen Auslegung bedurfte, die dann in Anlehnung an die von der besonderen Bedeutung sprechende Regelung in § 24 I 3 GVG erfolgte. Auswirkungen auf den Anwendungsbereich des beschleunigten Verfahrens könnten sich durch diesen Streit insoweit ergeben, als das Schöffengericht neben der Zuständigkeit für Verbrechen auch für Vergehen bei einer Straferwartung von bis zu zwei Jahren zuständig sein könnte, wenn die Sache nicht von minderer Bedeutung ist. Allerdings ist fraglich, ob in Fällen höherer Bedeutung das beschleunigte Verfahren überhaupt statthaft ist, ob also die besonderen Voraussetzungen des beschleunigten Verfahrens - einfacher Sachverhalt oder klare Beweislage - bei höherer Bedeutung des Falles vorliegen können. Bei Strafsachen von minderer Bedeutung iSv § 25 Nr. 3 GVG a.F. handelte es sich um Strafsachen, die sich von durchschnittlichen Strafsachen nach unten abhoben, etwa im Hinblick auf den Umfang der Sache, die Schwere des Rechtsverstoßes oder ihre Bedeutung für Täter und Verletzten.[11] Ein beschleunigtes Verfahren kommt in den Fällen größeren Umfangs und eines schwerwiegenderen Rechtsverstoßes also nicht in Betracht. Es verbleiben jedoch die Fälle, die wegen ihrer Bedeutung für Täter und Verletzten von höherer Bedeutung sind, wobei aber der Sachverhalt einfach oder die Beweislage klar ist. Für diese Konstellationen ist danach zu klären, ob der Strafrichter oder das Schöffengericht zuständig ist.

Das ist abhängig von der Frage, ob die Zuständigkeit des Strafrichters bei Vergehen bei einer Straferwartung von zwei Jahren auf solche Sachen zu beschränken ist, die von minderer Bedeutung sind. Dem Gesetzeswortlaut läßt sich eine solche einschränkende Voraussetzung nicht entnehmen. Jedoch könnte

---

[9] Für eine solche Einschränkung: *Siegismund/Wickern*, wistra 1993, S. 137; *Hohendorf*, wistra 1994, S. 294; *Hohendorf*, NJW 1995, S. 1454; *Fuhse*, NStZ 1995, S. 165; *Bachem*, NStZ 1996, S. 207; AG Höxter MDR 1994, S. 1139; ablehnend: OLG Oldenburg NStZ 1994, S. 449; LG Stuttgart wistra 1994, S. 40; OLG Hamm StV 1995, S. 182; OLG Düsseldorf StV 1995, S. 238; LG Koblenz StV 1995, S. 517; OLG Köln StV 1996, S. 298; OLG Düsseldorf NStZ 1996, S. 206; OLG Koblenz StV 1996, S. 588; *Rieß*, NStZ 1995, S. 376; *Fischer*, NJW 1996, S. 1044; KK-*Kissel*, § 25 Rn. 5; K/M-G, § 25 GVG Rn. 3.

[10] BVerfGE 22, 254.

[11] LR-*Schäfer*, § 25 GVG Rn. 5.

auf der Grundlage der oben angesprochenen Entscheidung des Bundesverfassungsgerichts eine Beibehaltung der Einschränkung auf Sachen minderer Bedeutung erforderlich sein.[12] Sinn dieser Entscheidung war die Beseitigung eines verfassungswidrigen Zustandes durch die unklare Norm des § 25 Nr. 2 c GVG a.F., nach dessen Wortlaut der Staatsanwaltschaft ein unüberprüfbares Wahlrecht zwischen der Anklage vor dem Strafrichter und der Anklage vor dem Schöffengericht zugebilligt wurde. Ziel der Gesetzesänderung im Jahre 1993 war es aber unter anderem gerade, für die Zuständigkeitsabgrenzung zwischen Strafrichter und Schöffengericht eine verfassungsrechtlich eindeutige Grundlage mit der Anknüpfung an die Rechtsfolgenerwartung zu schaffen.[13] Für eine Fortgeltung der einschränkenden Voraussetzung der minderen Bedeutung ist damit eigentlich kein Raum, eine Fortgeltung würde vor allem der Absicht des Gesetzgebers zuwiderlaufen.[14] Zu bedenken ist insbesondere, daß der Gesetzgeber in Kenntnis der Bundesverfassungsgerichtsentscheidung gehandelt und damit bewußt auf eine Einschränkung auf Sachen von minderer Bedeutung verzichtet hat. Dennoch werden von den Vertretern der gegenteiligen Auffassung gesetzessystematische Erwägungen angeführt, die die Notwendigkeit einer derartigen Einschränkung der strafrichterlichen Zuständigkeit belegen sollen.

Hierfür wird von Hohendorf und Fuhse[15] insbesondere das zeitlich nach dem Rechtspflegeentlastungsgesetz erlassene Verbrechensbekämpfungsgesetz von 1994[16] mit seinen Vorschriften über das beschleunigte Verfahren und das Strafbefehlsverfahren herangezogen. Im beschleunigten Verfahren sei das Schöffengericht gem. § 417 StPO trotz der Strafrahmenbegrenzung auf ein Jahr (vgl. § 419 I 2 StPO) weiterhin zuständig. Wegen der erweiterten Zuständigkeit des Strafrichters durch den neugefaßten § 25 GVG auf Vergehen bei einer Straferwartung von bis zu zwei Jahren sei deswegen nach dem Wortlaut eine Zuständigkeit des Schöffengerichts kaum denkbar. Dies zeige, daß der Gesetzgeber bei Erlaß des Verbrechensbekämpfungsgesetzes davon ausgegangen sei, daß das Schöffengericht auch bei Vergehen bei einer Straferwartung von bis zu zwei

---

[12] So *Siegismund/Wickern*, wistra 1993, S. 136, 137; *Hohendorf*, NJW 1995, S. 1454, 1458; *Fuhse*, NStZ 1995, S. 165, 166.

[13] Entwurfsbegründung BT-Drucksache 12/1217 S. 46 linke Spalte.

[14] Vgl. auch OLG Köln StV 1996, S. 298, 299.

[15] *Hohendorf*, NJW 1995, S. 1454, 1457; *Fuhse*, NStZ 1995, S.165, 166.

[16] Verbrechensbekämpfungsgesetz vom 28.10.1994 BGBl S. 3186.

Jahren in Sachen höherer Bedeutung zuständig sei.[17] Hierzu ist jedoch zunächst festzustellen, daß sich die sachliche Zuständigkeit der Strafgerichte gem. § 1 StPO allein nach dem Gerichtsverfassungsgesetz richtet. Außerdem ist zu berücksichtigen, daß für Verbrechen allein das Schöffengericht zuständig ist. Entgegen Hohendorf[18] und Fuhse[19] ist auch trotz des begrenzten Strafrahmens von einem Jahr und der Mindeststrafandrohung bei Verbrechen von einem Jahr eine Zuständigkeit des Schöffengerichts im beschleunigten Verfahren in nicht unerheblichem Maß denkbar, z.B. bei minder schweren Fällen von Verbrechen oder bei Strafrahmenverschiebungen nach § 49 I StGB.

Anders insoweit ist zugegebenermaßen die Situation beim Strafbefehlsverfahren; hier ist die Zuständigkeit des Schöffengerichts beinahe ausgeschlossen. Zwar ist gem. § 407 I 1 StPO das Strafbefehlsverfahren trotz der Zuständigkeitserweiterung des § 25 GVG weiterhin vor dem Schöffengericht zulässig. Da jedoch das Strafbefehlsverfahren auf Vergehen beschränkt ist und eine höhere Strafe als Freiheitsstrafe von bis zu einem Jahr bei Strafaussetzung zur Bewährung nicht verhängt werden darf, kann hier das Schöffengericht außer im Rahmen des § 408a StPO nicht mehr zuständig sein. Hieraus ableiten zu wollen, daß, um die Zuständigkeit des Schöffengerichts zu erhalten, dieses bei Vergehen in Fällen höherer Bedeutung zuständig sei, würde jedoch zu weit gehen (vgl. § 1 StPO). Denn eine durch die Novellierung eines anderen Gesetzes teilweise überflüssig gewordene Norm gibt keinen Anlaß zu einer Gesetzesauslegung, die den Nutzen der Norm völlig wiederherstellt. Damit ist für den Anwendungsbereich des Strafbefehlsverfahrens mit dem OLG Köln[20] davon auszugehen, daß die Unvereinbarkeit von § 407 I 1 StPO mit § 25 Nr. 2 GVG schlichtweg übersehen worden ist. Daß das Schöffengericht im Jahre 1979 durch das Strafverfahrensänderungsgesetz überhaupt als für das Strafbefehlsverfahren zuständig erklärt worden ist, war im übrigen ohnehin nur eine Reaktion des Gesetzgebers auf die Zuständigkeitsbegrenzung des Strafrichters durch die verfassungskonforme Auslegung des Bundesverfassungsgerichts im Jahre 1967.[21] Durch die fehlende Zuständigkeit des Schöffengerichts wird schließlich

---

[17] *Fuhse*, NStZ 1995, S. 165, 166.

[18] *Hohendorf*, NJW 1995, S. 1454, 1457.

[19] *Fuhse*, NStZ 1995, S. 165, 166.

[20] OLG Köln StV 1996, S. 298, 299.

[21] Vgl. amtliche Begründung zum Regierungsentwurf des StVÄG 1979, BT-Drucksache 8/976 S. 60, 61; diese Zuständigkeit des Schöffengerichts ist ohne praktische Bedeutung geblieben, vgl. K/M-G, § 408 Rn. 5.

aber auch nicht - wie Fuhse[22] meint - der Anwendungsbereich des Strafbefehlsverfahrens in der Weise verkürzt, daß Anklage erhoben werden müßte; vielmehr ist in diesen Sachen nur noch der Strafrichter für den Erlaß des Strafbefehls und für die Hauptverhandlung nach Einspruch zuständig.[23]

Als weiteres Argument für eine einschränkende Auslegung des § 25 Nr. 2 GVG wird die Regelung über die notwendige Verteidigung (§ 140 StPO) herangezogen.[24] Wäre das Schöffengericht tatsächlich nur bei Verbrechen und bei Vergehen ab einer Straferwartung von mindestens zwei Jahren zuständig, so wäre im schöffengerichtlichen Verfahren immer eine notwendige Verteidigung gegeben; denn bei Verbrechen ergibt sich diese aus § 140 I Nr. 2 StPO, und bei Vergehen mit einer Straferwartung von mindestens zwei Jahren wird allgemein ein Fall des § 140 II StPO (Schwere der Tat) angenommen.[25] Da der Gesetzgeber jedoch in § 140 I Nr. 1 StPO, der die Gerichte des ersten Rechtszuges mit notwendiger Verteidigung aufzählt, auf eine Hinzufügung des Schöffengerichts verzichtet habe, ergebe sich aus diesem gesetzgeberischen Unterlassen, daß das Schöffengericht auch in Fällen zuständig sein könne, in denen keine notwendige Verteidigung gegeben sei - also bei Vergehen bei einer Straferwartung von weniger als zwei Jahren in Fällen höherer Bedeutung. Abgesehen davon, daß eine solche Interpretation das gesetzgeberische Unterlassen überbewertet, spricht schon folgendes gegen einen solchen Rückschluß: Es sind Fälle denkbar, in denen vor dem Schöffengericht keine notwendige Verteidigung vorliegt, weswegen eine Aufnahme des Schöffengerichts in den Katalog des § 140 I Nr. 1 StPO unterbleiben mußte. Zusammenhängende Sachen, die jede für sich zur Zuständigkeit von Gerichten verschiedener Ordnung gehören würden, können gem. § 2 I StPO bei dem Gericht anhängig gemacht werden, dem die höhere Zuständigkeit zukommt.[26] Wird ein Verfahren gegen mehrere Angeklagte wegen eines Zusammenhangs gem. § 3 Alt. 2 StPO[27] vor dem Schöffengericht angeklagt, so ist für den Angeklagten, der sonst vor dem Strafrichter angeklagt

---

[22] *Fuhse*, NStZ 1995, S. 165.

[23] Hierzu auch *Rieß*, NStZ 1995, S. 376, 377.

[24] *Hohendorf*, NJW 1995, S. 1454, 1458; vgl. auch *Siegismund/Wickern*, wistra 1993, S. 136, 138.

[25] Allgemeine Meinung, vgl nur Bay ObLG NStZ 1990, S. 250; OLG Stuttgart NStZ 1981, S. 490.

[26] Vgl. *Beulke*, Rn. 46.

[27] Diese Form des Zusammenhanges ist dann gegeben, wenn bei einer Tat mehrere Personen als Täter, Teilnehmer oder der Begünstigung, Strafvereitelung oder Hehlerei beschuldigt werden.

worden wäre, ein Fall der notwendigen Verteidigung nicht gegeben. Allein deswegen bedurfte es keiner allein am erkennenden Spruchkörper orientierten Regelung im Rahmen des § 140 I Nr. 1 StPO.

Damit erweisen sich die für eine Einschränkung der strafrichterlichen Zuständigkeit auf die Fälle von minderer Bedeutung vorgebrachten Argumente als nicht überzeugend.[28] Daß die Zuständigkeitsaufteilung zwischen Strafrichter und Schöffengericht durch das Rechtspflegeentlastungsgesetz mit der Straferwartungsgrenze von zwei Jahren wenig geglückt ist, ist nicht zuletzt aufgrund der fehlenden Abstimmung mit der möglichen Zuständigkeit des Landgerichts in Fällen besonderer Bedeutung ohne Rücksicht auf die Straferwartung gem. § 24 I Nr. 3 GVG weitgehend anerkannt.[29] Es handelt sich aber dennoch um eine gesetzgeberisch eindeutige Entscheidung, die Zuständigkeit zwischen Strafrichter und Schöffengericht allein an der Straferwartung festzulegen. Die daraus resultierenden praktischen Nachteile erlauben es nicht, eine Interpretation gegen den eindeutigen Wortlaut und den Willen des Gesetzgebers durchzuführen. Es bleibt bei der alleinigen Zuständigkeit des Strafrichters bei Vergehen bei einer Straferwartung von bis zu zwei Jahren, auf die Bedeutung der Sache kommt es nicht mehr an. Das Schöffengericht hingegen ist für Verbrechen zuständig und für Vergehen, bei der die Straferwartung über zwei Jahren liegt; letzteres ist jedoch für das beschleunigte Verfahren nicht mehr relevant.

3. Erweitertes Schöffengericht gem. § 29 II GVG

Das erweiterte Schöffengericht iSv § 29 II GVG, bei dem ein zweiter Richter beim Amtsgericht hinzugezogen wird, hat die gleiche sachliche Zuständigkeit und Strafgewalt wie das gewöhnliche Schöffengericht.[30] Es fragt sich damit, ob das beschleunigte Verfahren auch vor dem erweiterten Schöffengericht angewendet werden kann. Dagegen aber spricht schon der Zweck des erweiterten Schöffengerichts. Hier sollen besonders umfangreiche Straftaten behandelt

---

[28] So auch *Rieß*, NStZ 1995, S. 376, 377; *Fischer*, NJW 1996, S. 1044, 1045.

[29] Insbesondere *Hohendorf* weist auf die negativen Auswirkungen auch im Hinblick auf das Verhältnis Strafrichter/Staatsanwaltschaft, drastische Verminderung der Laienrichterbeteiligung und Überlastung der Strafrichter hin, vgl. NJW 1995, S. 1454, 1455 ff; vgl. auch *Fuhse*, NStZ 1995, S. 165, 166; *Fischer*, NJW 1996, S. 1044, 1045.

[30] Vgl. nur K/M-G, § 29 GVG Rn. 2.

werden, die einen einzelnen Richter überfordern würden, was zum Beispiel dann gegeben ist, wenn es sich um zahlreiche Mitangeklagte handelt, mehrere Straftaten angeklagt sind oder Beweisschwierigkeiten zu erwarten sind.[31] In solchen Fällen werden jedoch die besonderen Voraussetzungen des beschleunigten Verfahrens wie ein einfacher Sachverhalt oder eine klare Beweislage nicht vorliegen, so daß schon aus diesem Grund ein beschleunigtes Verfahren vor dem erweiterten Schöffengericht nicht in Betracht kommt,[32] was auch im Schrifttum nur vereinzelt für theoretisch denkbar gehalten wird.[33] Es spricht zudem ein weiterer Grund gegen die Anwendung vor dem erweiterten Schöffengericht. Die Anordnung, einen zweiten Richter hinzuzuziehen, kann gem. § 29 II GVG nur bei Eröffnung des Hauptverfahrens getroffen werden. Eine Eröffnung des Hauptverfahrens findet im beschleunigten Verfahren aber gerade nicht statt, vgl. § 418 I StPO.[34] Damit kommt sowohl aus inneren als auch aus rein prozessualen Gründen ein beschleunigtes Verfahren vor dem erweiterten Schöffengericht nicht in Betracht.

II. Begrenzung durch § 419 I StPO

Begrenzt wird der Anwendungsbereich durch § 419 I 2 StPO. Danach darf im beschleunigten Verfahren keine Freiheitsstrafe von mehr als einem Jahr verhängt werden. Daraus folgt, daß für eine Zuständigkeit des Schöffengerichts wenig Raum bleibt, so daß das beschleunigte Verfahren im wesentlichen vor dem Strafrichter durchgeführt wird. Für das Schöffengericht bleibt die Verhandlung von Verbrechen, falls die Verhängung der Mindeststrafe genügt oder wegen eines eingreifenden Strafmilderungsgrundes nur eine Freiheitsstrafe bis zu einem Jahr zu erwarten ist.

---

[31] Vgl. RiStBV 113 IV; *Kissel,* § 29 Rn. 14.

[32] Vgl. auch *Zimmermann,* S. 69, 70.

[33] KMR-*Paulus,* § 212 Rn. 2 (Vorauflage); vgl. auch *Deisberg/Hohendorf,* DRiZ 1984, S. 261, 264.

[34] Vgl. auch LR-*Rieß,* § 212 Rn. 10.

III. Verhältnis zum Strafbefehlsverfahren

Im Strafbefehlsverfahren ist die Verhängung einer Freiheitsstrafe ohne Strafaussetzung zur Bewährung nicht zulässig, vgl. § 407 II StPO. Ist somit eine Freiheitsstrafe bis zu einem Jahr ohne Strafaussetzung zur Bewährung zu erwarten, so ist ausschließlich die Durchführung des beschleunigten Verfahrens möglich. Ansonsten besteht bezüglich der zulässigen Sanktionen ein gesetzlich sich überschneidender Anwendungsbereich; eine Freiheitsstrafe bis zu einem Jahr bei Strafaussetzung zur Bewährung oder die Entziehung der Fahrerlaubnis können in beiden Verfahren verhängt werden. Dabei besteht jeweils die staatsanwaltliche Pflicht, bei Vorliegen der jeweiligen Voraussetzungen entweder das Strafbefehlsverfahren oder das beschleunigte Verfahren einzuleiten, vgl. § 417 StPO bzw. § 407 I 2 StPO. Nach dem Willen des Gesetzgebers ist das Strafbefehlsverfahren gegenüber dem beschleunigten Verfahren vorrangig. Läßt sich die Sache auch durch Strafbefehl erledigen, so ist die Stellung eines Strafbefehlantrages als weniger aufwendige Verfahrensart vorzuziehen.[35] Das bedeutet, daß in diesem Sanktionsbereich das beschleunigte Verfahren dann einzuleiten ist, wenn die Staatsanwaltschaft die Durchführung einer Hauptverhandlung für erforderlich erachtet (§ 407 I 2 StPO). Nach RiStBV 175 III S. 1 können die vollständige Aufklärung aller für die Rechtsfolgenbestimmungen wesentlichen Umstände oder Gründe der Spezial- und Generalprävention die Durchführung der Hauptverhandlung geboten erscheinen lassen. In diesen Fällen und wenn der Richter sich einen persönlichen Eindruck von dem Beschuldigten verschaffen möchte,[36] ist somit das beschleunigte Verfahren gegenüber dem Strafbefehlsverfahren vorrangig. Außerdem ist das beschleunigte Verfahren dann durchzuführen, wenn nur durch eine unmittelbar folgende Hauptverhandlung die Realisierung des staatlichen Strafanspruchs ohne größere Schwierigkeiten möglich ist, so insbesondere bei solchen Tatverdächtigen, die in Deutschland keinen festen Wohnsitz haben und denen deswegen ein Strafbefehl nicht zugestellt werden kann.

---

[35] BT-Drucksache 12/6853 S. 107.

[36] Vgl. KMR-*Fezer*, § 408 Rn. 34.

IV. Ausschluß des beschleunigten Verfahrens

Das beschleunigte Verfahren kann nicht gegen Jugendliche durchgeführt werden, vgl. § 79 II JGG. An seine Stelle tritt das vereinfachte Jugendverfahren gem. §§ 76 ff JGG.[37]

Die §§ 417 ff StPO dürfen ebenfalls nicht gegen Mitglieder einer Truppe, eines zivilen Gefolges eines NATO Entsendestaates sowie gegen deren Angehörige angewendet werden, vgl. Art. 27 NTS-ZA.[38]

Die Vorschriften des beschleunigten Verfahrens können im übrigen auch im Privatklageverfahren (§§ 374 ff StPO) keine Anwendung finden. Dies ergibt sich schon daraus, daß nur der Staatsanwalt gem. § 417 StPO berechtigt ist, Antrag auf Durchführung des beschleunigten Verfahrens zu stellen. Der Privatkläger übernimmt im Privatklageverfahren prozessual nur die Klägerrolle, nicht jedoch die Kompetenz des Staatsanwaltes, über die Verfahrensart zu entscheiden.

B. Eignung für das beschleunigte Verfahren

Gem. § 417 StPO stellt die Staatsanwaltschaft den Antrag auf Entscheidung im beschleunigten Verfahren, wenn die Sache aufgrund des „einfachen Sachverhalts oder der klaren Beweislage zur sofortigen Verhandlung geeignet ist". Die Eignung ist die zentrale Voraussetzung für die Durchführung des beschleunigten Verfahrens. Nur solche Sachen dürfen im beschleunigten Verfahren verhandelt werden, bei denen die Gewähr für eine wirksame Verteidigung ebenso wie die Garantie für eine der Wahrheit und Gerechtigkeit nahekommende Entscheidung trotz der Beschleunigung besteht.[39]

Nach alter Rechtslage (§ 212 StPO a.F.) kam es auf das Vorliegen eines „einfachen Sachverhalts" und die Möglichkeit „sofortiger Aburteilung" an. Der Begriff der Eignung tauchte nur in § 212b I 1 StPO a.F. auf, wonach die Abur-

---

[37] Zum vereinfachten Jugendverfahren s. *Schaffstein/Beulke*, § 40 II.

[38] Zusatzabkommen zu dem Abkommen zwischen den Parteien des Nordatlantikvertrages über die Rechtsstellung ihrer Truppen hinsichtlich der in der Bundesrepublik Deutschland stationierten ausländischen Truppen.

[39] LR-*Rieß*, § 212b Rn. 6; AK-*Loos*, Vor § 417 Rn. 4.

teilung im beschleunigten Verfahren dann abzulehnen war, wenn sich die Sache zur Verhandlung in diesem Verfahren nicht „eignete“. Durch § 417 StPO ist nun klargestellt, daß der Begriff der Eignung der umfassende Begriff ist,[40] was auch schon nach früherer Rechtslage vorherrschende Meinung war.[41] Nach dem Gesetzesentwurf von CDU/CSU und FDP sollte auf das Merkmal des „einfachen Sachverhalts“ verzichtet werden.[42] Da der Begriff der „Eignung“ allein aber als nichtssagend kritisiert wurde,[43] wurde der Wortlaut durch den Vermittlungsausschuß näher ausgefüllt. Durch das Wort „oder“ ist ersichtlich, daß der Gesetzgeber von zwei verschiedenen für das beschleunigte Verfahren geeignete Konstellationen ausgeht, nämlich einmal bei einfachem Sachverhalt und zum anderen bei klarer Beweislage. Was unter den beiden Fallgestaltungen zu verstehen ist, soll zunächst näher ausgeführt werden, bevor auf andere Komponenten eingegangen wird, die ebenfalls für den Eignungstatbestand notwendig sind.

I. Erfordernis eines einfachen Sachverhalts oder einer klaren Beweislage

1. Eignung aufgrund eines einfachen Sachverhalts

Zu untersuchen ist im folgenden, wann eine Sache aufgrund eines einfachen Sachverhalts für die Durchführung des beschleunigten Verfahrens geeignet ist. Vereinzelt findet sich die Auffassung, daß ein einfacher Sachverhalt per se nicht existieren könne, einfache Fälle vielmehr nur durch selektive Darstellung als solche konstituiert würden.[44] Das gesamte beschleunigte Verfahren - sowohl dessen Voraussetzungen als auch dessen Durchführung - werde durch die Innenpolitik, Kriminalpolitik, Überlastung der Strafjustiz oder Opportunitätserwägungen bestimmt;[45] tatsächlich handele es sich bei dem beschleunigten Verfahren um eine rechtsstaatlich nicht hinzunehmende Verfahrensart. Dieser Auffassung kann in seiner Absolutheit nicht zugestimmt werden. Sicherlich ist

---

[40] Dies ergibt sich auch aus der Begründung zum Gesetzesentwurf, BT-Drucksache 12/6835 S. 35.

[41] Vgl. *Jerusalem*, NJW 1966, S. 1279; LR-*Rieß*, § 212 Rn. 21.

[42] BT-Drucksache 12/6853 S. 10.

[43] Vgl. auch *Neumann*, StV 1994, S. 273, 276.

[44] *Herzog*, ZRP 1991, S. 125, 129.

[45] Vgl. *Herzog*, ZRP 1991, S. 125, 129.

das beschleunigte Verfahren im Vergleich zum Normalverfahren in vielerlei Hinsicht abgekürzt, und zwar vor allem durch den Wegfall des Zwischenverfahrens, durch die Möglichkeit sofortiger Verurteilung und durch die vereinfachte Beweisaufnahme in der Hauptverhandlung, was im einzelnen noch aufzuzeigen und zu vertiefen sein wird. Hierdurch entstehen Gefahren für die Wahrheitsfindung und die angemessene Verteidigung des Beschuldigten. Dennoch darf nicht verkannt werden, daß ein dringendes Bedürfnis besteht, der Überlastung der Gerichte entgegenzuwirken. Eine solche Entlastung durch 'schneller' durchgeführte Verfahren kann aber ohne rechtsstaatliche Einbußen sicher nur im Bereich der kleineren Kriminalität erfolgen, wie es schon mit den Einstellungsmöglichkeiten der §§ 153 ff StPO und dem Strafbefehlsverfahren[46] zu erreichen versucht wird.

Für das beschleunigte Verfahren gilt es demnach Fälle zu finden, bei denen es trotz der oben genannten Verfahrensvereinfachungen nicht zu einem Verfahren kommen kann, das rechtsstaatlichen Grundsätzen widerspricht.[47] Wurden früher solche Fälle dann als geeignet für die Durchführung des beschleunigten Verfahrens angesehen, wenn eine vorläufige Festnahme oder eine freiwillige Stellung des Beschuldigten gegeben war, so geschieht dies heute durch die Voraussetzung der Eignung insbesondere aufgrund eines einfachen Sachverhaltes.[48] Bei dieser Voraussetzung pauschal zu sagen, daß es einfache Sachverhalte in diesem Sinne nicht gebe,[49] geht zu weit. Denn die hierfür vor allem gegebene Begründung, allein schon die Erforschung der Persönlichkeit und des Vorlebens des Beschuldigten sowie die generelle Notwendigkeit der Festlegung der Strafzumessungsgesichtspunkte[50] ließen einen Sachverhalt niemals als ein-

---

[46] Vgl. auch *Männlein*, Empirische und kriminalpolitische Aspekte zur Anwendung der Opportunitätsvorschriften, 1992; *Müller*, Das Strafbefehlsverfahren, 1993.

[47] Wie *Rieß* es ausgedrückt hat: „Eine sofortige Aburteilung muß nicht nur technisch möglich, sondern auch als fair-trial möglich sein.", in: FS für *Dünnebier*, S. 149, 166; hierzu auch *Dähn*, in: FS für *Baumann*, S. 349, 355; *Fezer*, ZStW 106 (1994), S. 1, 10.

[48] Vgl. hierzu die Darstellung zu der Entwicklung von den Voraussetzungen der „freiwilligen Stellung" und der „vorläufigen Festnahme" hin zu der General*klausel* der „Eignung" im 1. Kapitel.

[49] So vor allem *Herzog*, ZRP 1991, S. 125, 129; ähnlich auch *Scheffler*, NJW 1994, S. 2191, 2192.

[50] Als Strafzumessungsstatsachen kommen nach dem nicht abschließenden Katalog des § 46 II 2 StGB in Betracht die Beweggründe und die Ziele des Täters, die Gesinnung, die aus der Tat spricht, und der bei der Tat aufgewendete Wille, das Maß der Pflichtwidrigkeit, die Art der Ausführung und die verschuldeten Auswirkungen der Tat, das Vorleben des Täters, seine persönlichen und wirtschaftlichen Verhältnisse sowie sein Verhalten nach der Tat, besonders sein Bemühen, den

fach erscheinen, ist nicht stichhaltig. Richtig ist, daß Fälle, in denen diese Gesichtspunkte, z.B. die Motive des Täters, eine wichtige Rolle spielen, die Eignung aufgrund eines einfachen Sachverhaltes in Frage stellen oder verhindern.[51] Dies gilt insbesondere bei den politisch motivierten Gewalt- und Demonstrationsdelikten, wie sie in den 60er Jahren häufig Gegenstand von Anklagen im beschleunigten Verfahren waren. Bei dieser Art von Delikten ist es für das Strafmaß von entscheidender Bedeutung, ob der Beschuldigte aus ehrenhafter politischer Gesinnung, aus Spaß am Randalieren oder aus umstürzlerischen Motiven gehandelt hat.[52] In diesem Deliktsbereich hat die Erfahrung ohnehin gezeigt, daß die Gefahr besteht, Präventionszwecke (Verteidigung der Rechtsordnung) in Zeiten politischer oder wirtschaftlicher Unsicherheit zu sehr in den Vordergrund zu stellen und das beschleunigte Verfahren in rechtsstaatlich unzulässigerweise auszudehnen. Dies gilt nicht nur für die Handhabung des beschleunigten Verfahrens in den Zeiten der Studentenunruhen in den 60er Jahren, sondern vor allem für die Zeit von 1931 - 1945. Insgesamt muß deshalb festgestellt werden, daß sich das beschleunigte Verfahren generell nicht für politisch motivierte Gewalt- und Demonstrationsdelikte eignet. Aus diesem Grunde kommt das beschleunigte Verfahren auch zur Verurteilung rechtsradikaler Gewalttäter entgegen den Vorstellungen des Gesetzgebers[53] nicht in Betracht. Davon abgesehen existieren im Bereich der Kleinkriminalität durchaus Deliktsgruppen, bei denen in der Regel die Ermittlung des Sachverhaltes keine Schwierigkeiten bereitet und die Erforschung der Täterpersönlichkeit einfach ist. In diesem Zusammenhang muß daran erinnert werden, daß sich der Anwendungsbereich des beschleunigten Verfahrens mit dem des Strafbefehlsverfahrens nicht unerheblich überschneidet, dort aber wohl kaum die Täterpersönlichkeit des Beschuldigten erforscht werden kann.[54] Geeignet für das beschleunigte Verfahren ist damit insbesondere die Massenkriminalität oberhalb der Bagatellgrenze bei Diebstahls-,[55] Vermögens-[56] und leichterer Verkehrskriminalität. Körper-

---

Schaden wiedergutzumachen sowie das Bemühen des Täters, einen Ausgleich mit dem Verletzten zu erreichen. Diese Feststellungen sind jedoch nur insoweit zu erforschen, als sie anschließend bei der Bemessung der Strafe tatsächlich bewertet werden, vgl. *Huber*, Rn. 104.

[51] Vgl. hierzu auch RiStBV 146 I 2, wonach das beschleunigte Verfahren nicht in Betracht kommt, wenn Anlaß besteht, die Person des Beschuldigten und sein Vorleben genau zu erforschen. Vgl. auch *Dähn*, in: FS für *Baumann*, S. 349, 354.

[52] *Schünemann*, NJW 1968, S. 975.

[53] BT-Drucksache 12/6853 S. 18.

[54] So auch *Schmitt*, ZStW 89 (1977), S. 639, 645.

[55] Hier vor allem Ladendiebstähle.

verletzungsdelikte können vor allem dann geeignet sein, wenn sie auf spontaner Tätigkeit beruhen, wie z.B. Körperverletzungen durch Randalierer im Rahmen von Sportveranstaltungen. Delikte im Zusammenhang mit dem in der jüngeren Praxis relevanten illegalen Zigarettenhandel eignen sich in der Regel ebenfalls zur Aburteilung im beschleunigten Verfahren. Namentlich handelt es sich dabei um die Steuerhinterziehung gem. § 370 AO, wenn Zigaretten eingeführt werden, ohne Eingangsabgaben zu entrichten, und um die Steuerhehlerei gem. § 374 AO, wenn mit den unversteuerten Zigaretten Handel betrieben wird. Im Rahmen der Betäubungsmittelkriminalität können die Straftaten nach § 29 BtMG für das beschleunigte Verfahren geeignet sein; allerdings kann hier die Durchführung des beschleunigten Verfahrens im Einzelfall daran scheitern, daß ein erforderliches Wirkstoffgutachten nicht rechtzeitig vorliegen kann. Fraglich ist, ob das beschleunigte Verfahren für Verstöße gegen das Ausländergesetz und für damit zusammenhängende Urkundsstraftaten geeignet sein kann. Das Ausländerstrafrecht hat sich in den letzten Jahrzehnten zu einem differenzierten Regelwerk entwickelt, wobei jedoch nur ein begrenzter Kernbestand ausländerrechtlicher Delikte in der Praxis relevant ist, der aber gegenwärtig eine sehr wichtige Rolle spielt.[57] Hervorzuheben sind die illegale Einwanderung (§ 92 I Nr. 6 oder II Nr. 1a AuslG), das Schlepperunwesen, die illegale Erwerbstätigkeit (§ 92 I Nr. 1 oder Nr. 3 AuslG) und Verstöße gegen den asylrechtlichen Aufenthaltsbezirk (§ 85 Nr. 2 AsylVfG). Soweit in diesen Fällen eine Erforschung der Täterpersönlichkeit unproblematisch ist, kommt grundsätzlich auch hier das beschleunigte Verfahren in Betracht.[58]

Nachdem festgestellt wurde, daß sich nur solche Delikte für das beschleunigte Verfahren eignen, bei denen die Erforschung der Täterpersönlichkeit von geringerer Bedeutung ist, gilt es, sonstige Merkmale eines einfachen Sachverhaltes festzulegen. Grundsätzlich ist ein Sachverhalt dann einfach, wenn er für alle Beteiligte - insbesondere für den Beschuldigten - leicht überschaubar ist;[59] dies gilt sowohl für die tatsächlichen Voraussetzungen des Schuldspruchs als auch für die Strafzumessungstatsachen. Ein Geständnis des Beschuldigten ist

---

[56] Z.B. „Schwarzfahren".

[57] Vgl. im einzlenen *Aurnhammer*, Spezielles Ausländerstrafrecht, 1996.

[58] Vgl. aber die Ausführungen zur „Verteidigerbestellung" bei Beteiligung von nicht der deutschen Sprache mächtigen Beschuldigten, 5. Kapitel E. I. 3. c).

[59] Allg. Meinung, vgl. nur AK-*Loos*, § 417 Rn. 11; SK-*Paeffgen*, § 417 Rn. 13; KMR-*Fezer*, § 417 Rn. 11.

für die Bejahung der Einfachheit nicht erforderlich, kann aber einen Sachverhalt als einfach gestalten, sofern sich das Geständnis als glaubhaft darstellt. Schweigt der Beschuldigte, so muß die Beweislage für sich genommen einfach sein; die Überführung eines leugnenden Beschuldigten durch einen erheblichen Aufwand von Beweismitteln kommt nicht in Betracht.[60] Auch wenn eine Reihe von Beweisanträgen des Beschuldigten zu erwarten ist, kann dies gegen die Einfachheit des Sachverhaltes sprechen.[61] Hat der Beschuldigte schon Beweisanträge gestellt, so muß dies jedoch dann nicht die Einfachheit des Sachverhaltes berühren, wenn ihnen bis zur Hauptverhandlung stattgegeben werden kann. Auf einen nicht einfachen Sachverhalt kann die Notwendigkeit kommissarischer Vernehmungen vor der Hauptverhandlung gem. § 223 StPO oder komplizierterer Sachverständigengutachen hindeuten,[62] wenn also generell eine kompliziertere Beweisaufnahme erforderlich erscheint.

Fraglich ist weiter, ob rechtliche Schwierigkeiten die Einfachheit des Sachverhalts berühren. Dies wird zumeist verneint.[63] Dazu ist zunächst festzustellen, daß durch materiellrechtliche Zweifelsfragen nicht die Einfachheit eines Sachverhalts als solche beeinträchtigt werden kann, sondern lediglich die *Eignung* zur Durchführung des beschleunigten Verfahrens aufgrund eines einfachen Sachverhalts. Gegen eine Durchführung des beschleunigten Verfahrens bei rechtlichen Schwierigkeiten sprechen insbesondere zwei Aspekte. Zum einen bestehen deswegen Bedenken gegen ein beschleunigtes Verfahrens, weil infolge des Wegfalls des Zwischenverfahrens der Richter sich im allgemeinen erst in der Hauptverhandlung mit den anstehenden Rechtsfragen befassen kann; man könnte daran denken, daß das Gericht im Einzelfall überfordert ist und deswegen die Gefahr unzutreffender rechtlicher Beurteilung besteht. Dagegen spricht jedoch, daß auch im Regelverfahren das Gericht in der Hauptverhandlung unvermittelt mit schwierigen Rechtsfragen konfrontiert sein kann, z.B. wenn sich das Tatgeschehen erst in der Hauptverhandlung anders und als rechtlich kompliziert erweist. Daher rechtfertigt diese Überlegung allein noch nicht die Ungeeignetheit für das beschleunigte Verfahren.[64] Der zweite Aspekt hängt mit dem Zweck des beschleunigten Verfahrens als solchem zusammen, nämlich daß die

---

60 *Fezer*, ZStW 106 (1994), S. 1, 10.

61 Vgl. auch *Eb. Schmidt* II, § 212 Rn. 10.

62 LR-*Rieß*, § 212 Rn. 22.

63 K/M-G, § 417 Rn. 15.

64 Vgl. *Zimmermann*, S. 31.

Strafe der Tat auf dem Fuße folgen soll.[65] Soweit materiellrechtliche Streitfragen relevant sind, ist die Wahrscheinlichkeit der Einlegung von Rechtsmitteln erhöht. Wird aber der Instanzenweg beschritten, läuft dies dem Zweck, das Verfahren schnell zum Abschluß zu bringen, zuwider.[66] Daher überwiegen die Bedenken, in Fällen, in denen rechtlich komplizierte Streitfragen zu entscheiden sind, das beschleunigte Verfahren anzuwenden.

Sind mehrere Taten Gegenstand der Anklage, kann das beschleunigte Verfahren ebenfalls ungeeignet sein,[67] und zwar dann, wenn sich nach den oben dargestellten Grundsätzen die Sach- und Rechtslage als nicht einfach darstellt. Andererseits ist in diesen Fällen ein beschleunigtes Verfahren nicht von vornherein ausgeschlossen.

2. Eignung aufgrund klarer Beweislage

a) Verhältnis zur Eignungsvariante des einfachen Sachverhalts

Nach alter Rechtslage war die Aufklärbarkeit des Sachverhalts Teil der Prüfung des einfachen Sachverhalts, die Variante der klaren Beweislage existierte nicht.[68] Ein einfacher Sachverhalt war hiernach dann nicht mehr gegeben, wenn eine komplizierte Beweisaufnahme erforderlich war.[69] Es fragt sich, ob hieran die Einfügung der Variante „Eignung aufgrund klarer Beweislage" etwas geändert hat. Dabei handelt es sich um die Frage, wie die beiden Eignungsvarianten voneinander abzugrenzen sind. Wie sich der Vorbemerkung zum Gesetzesentwurf der Regierungskoalition entnehmen läßt, soll das Merkmal der eindeutigen Aufklärbarkeit nur in einzelnen Fällen Platz greifen, nämlich dann, wenn kein einfacher Sachverhalt gegeben ist.[70] Danach geht der Gesetzgeber davon aus, daß die Eignung aufgrund eines einfachen Sachverhalts den Grundfall des beschleunigten Verfahrens bildet, bei der auch die Aufklärbarkeit des Sachver-

---

65 Vgl. BT-Drucksache 12/6853 S. 35.

66 So auch *Loos/Radtke*, NStZ 1995, S. 569, 572.

67 *Schünemann*, NJW 1968, S. 975.

68 Vgl. § 212 StPO a.F.

69 Vgl. LR-*Rieß*, § 212 Rn. 22.

70 Vgl. BT-Drucksache 12/6835 S. 35.

halts zu prüfen ist.[71] Ein Geschehensablauf läßt sich dann nicht mehr leicht aufklären, es liegt also kein einfacher Sachverhalt vor, wenn schon die Staatsanwaltschaft mit einem erheblichen Aufwand an Beweismitteln arbeiten muß, der Beschuldigte zahlreiche Beweisanträge stellt oder sich in der Hauptverhandlung umfangreiche Beweiserhebungen als notwendig erweisen.[72] Auf der anderen Seite schließen sich die Notwendigkeit von Beweiserhebungen und das Vorliegen eines einfachen Sachverhalts nicht aus. Ist die Wahrheitsermittlung mit Hilfe von einfachen und überzeugenden Beweismitteln möglich, so kann ein Fall aufgrund eines einfachen Sachverhalts für das beschleunigte Verfahren geeignet sein.[73]

b) Klare Beweislage

Wie oben festgestellt wurde, kommt die Variante der Eignung aufgrund klarer Beweislage nur in Ausnahmefällen in Betracht, wenn nämlich trotz eines nicht einfachen Sachverhalts eine eindeutige Beweislage gegeben ist. Eine solche Situation wird aber höchst selten sein, da bei klarer Beweislage meistens auch ein einfacher Sachverhalt vorliegt,[74] diese Konstellation also schon der ersten Eignungsvariante unterfällt (s.o.). In Betracht kommt hier deswegen wohl allein, daß der Beschuldigte geständig ist, vgl. auch RiStBV 146 I 1. Zimmermann[75] zweifelt an der Geeignetheit eines Geständnisses für das beschleunigte Verfahren, da es sich hierbei oft nur um einen 'trügerischen Schein' handele, dessen Wahrheit es noch zu erforschen gelte. Bedarf es noch weiterer Beweiserhebungen, um das Geständnis zu verifizieren, so ist eine solche Fallgestaltung für die Durchführung eines beschleunigten Verfahrens ungeeignet. Das beschleunigte Verfahren aufgrund klarer Beweislage kommt daher nur dann in Betracht, wenn das Geständnis glaubhaft und nicht zu erwarten ist, daß es in der Hauptverhandlung widerrufen wird.

---

[71] So auch *Loos/Radtke*, NStZ 1995, S. 569, 572.

[72] Vgl. *Schultz*, DAR 1957, S. 93, 94; *Dähn*, in: Festschrift für *Baumann*, S. 349, 355; *Zimmermann*, S. 30.

[73] Vgl. *Eb. Schmidt* II, § 212 Rn. 10; LR-*Rieß*, § 212 Rn. 22.

[74] So auch K/M-G, § 417 Rn. 16.

[75] *Zimmermann*, S. 31.

II. Möglichkeit sofortiger Verhandlung

Der Begriff der Möglichkeit „sofortiger Aburteilung" (§ 212 StPO a.F.) ist in dem neugefaßten § 417 StPO durch die Möglichkeit „sofortiger Verhandlung" ersetzt worden, um damit dem Mißverständnis vorzubeugen, im beschleunigten Verfahren komme nur eine Verurteilung, nicht auch ein freisprechendes oder ein einstellendes Urteil in Betracht.[76]

Die Möglichkeit sofortiger Verhandlung besteht nur dann, wenn die Hauptverhandlung in erheblich kürzerer Zeit als im gewöhnlichen Verfahren durchgeführt werden kann.

1. Zunächst ist notwendig, daß die Beweismittel in einer kurzfristig anberaumten Hauptverhandlung zur Verfügung stehen.[77] Das Gericht muß sich trotz der Raschheit des Verfahrens zuverlässig von der Schuld des Angeklagten überzeugen können.[78] Bislang scheiterte das beschleunigte Verfahren häufig daran, daß ein erforderliches Beweismittel - z.B. ein Zeuge - erst zu einem Zeitpunkt erreichbar war, zu dem die Hauptverhandlung auch im Normalverfahren stattfinden konnte.[79] Möglicherweise kommt diesem Erfordernis der präsenten Beweismittel nach der gesetzlichen Neuregelung nun geringere Bedeutung zu, da gem. § 420 I und II iVm III StPO die gerichtliche Beweisaufnahme erleichtert werden kann.[80] Hiernach können mit Zustimmung der Verfahrensbeteiligten (§ 420 III StPO) Vernehmungsniederschriften und schriftliche Äußerungen von Zeugen, Sachverständigen oder Mitbeschuldigten (§ 420 I StPO) und behördliche Erklärungen ohne Rücksicht auf § 256 StPO verlesen werden (§ 420 II StPO). Ist also die Zustimmung der Verfahrensbeteiligten zu erwarten, so würde dann z.B. die Abwesenheit eines Zeugen in der Hauptverhandlung der Eignung zur sofortigen Verhandlung nicht unbedingt entgegenstehen, soweit seine Aussage schriftlich vorliegt. Es ist allerdings fraglich, ob das Erfordernis der Präsenz der Beweismittel so weit eingeschränkt werden darf. Hier besteht zudem das Problem, daß ein Verfahrensbeteiligter in der Hauptverhandlung erwartungswidrig die Zustimmung zu einer Verlesung verweigert.

---

[76] Vgl. Vorbemerkung zum Gesetzesentwurf, BT-Drucksache 12/6853 S. 35.

[77] *Eb. Schmidt* II, § 212 Rn. 11; *Schultz,* DAR 1957, S. 93, 94.

[78] *Gössel* I, § 14 A I.

[79] LR-*Rieß,* § 212 Rn. 24.

[80] So *Loos/Radtke,* NStZ 1995, S. 569, 573.

Dann darf die Niederschrift z.B. einer Zeugenaussage nicht mehr verlesen werden, vgl. § 420 III StPO. Das bedeutet, daß die Staatsanwaltschaft im Zeitpunkt der Antragstellung noch keine Gewißheit darüber hat, ob in der Hauptverhandlung eine vereinfachte Beweisaufnahme gem. § 420 I, II StPO stattfinden kann. Kann die erleichterte Beweisaufnahme nicht stattfinden, so verzögert sich der Ablauf der Hauptverhandlung, was ebenfalls dem Zweck des beschleunigten Verfahrens zuwiderlaufen würde. Daher darf die reine Möglichkeit einer erleichterten Beweisaufnahme gem. § 420 I, II StPO nicht bei der Beurteilung der Eignung zur sofortigen Verhandlung berücksichtigt werden. Es bleibt mithin bei dem Erfordernis, daß die erforderlichen Beweismittel präsent sein müssen.

2. Weiterhin ist für die Möglichkeit sofortiger Verhandlung erforderlich, daß es die Geschäftslage des Gerichts ermöglicht, die Hauptverhandlung sofort oder innerhalb kurzer Zeit stattfinden zu lassen,[81] vgl. auch § 418 I StPO. Kann eine Hauptverhandlung erst zu einem Zeitpunkt anberaumt werden, zu dem auch eine Terminierung bei Durchführung eines normalen Zwischenverfahrens möglich wäre, so entfällt die Möglichkeit des beschleunigten Verfahrens. Da nach alter Rechtslage eine Hauptverhandlung in „kürzester Frist" stattfinden sollte, vgl. § 212a I StPO, erhofft sich der Gesetzgeber eine Erweiterung des Anwendungsbereiches des beschleunigten Verfahrens dadurch, daß eine Hauptverhandlung in „kurzer Frist" genügt.[82] Nach den Vorstellungen des Gesetzgebers ist unter „kurzer Frist" eine Zeitspanne von einer bis zwei Wochen nach Abschluß der Ermittlungen zu verstehen.[83] Eine solche Lockerung ist vor allem deswegen zu befürworten, weil sich die Beschleunigung des Strafverfahrens seit Erlaß des Verbrechensbekämpfungsgesetzes nicht mehr auf einen möglichst kurzfristigen Beginn der Hauptverhandlung ohne Durchführung eines Zwischenverfahrens beschränkt, sondern auch die Hauptverhandlung als solche beschleunigt durchgeführt werden kann (vgl. § 420 StPO). Deswegen hängt die Verwirklichung des Verfahrensziels, das Verfahren möglichst schnell zum Abschluß zu bringen, nicht mehr ausschließlich von einer in kürzester Frist durchgeführten Hauptverhandlung ab. Insofern sollte sogar auch dann noch die Durchführung eines beschleunigten Verfahrens in Betracht kommen, wenn die

---

[81] K/M-G, § 212 Rn. 17.

[82] BT-Drucksache 12/6853 S. 35.

[83] Vorbemerkung zum Gesetzesentwurf zu § 418 StPO, BT-Drucksache 12/6853 S. 35.

Hauptverhandlung nicht innerhalb von zwei Wochen durchgeführt werden kann, aber eine verkürzte Beweisaufnahme iSv § 420 StPO möglich erscheint.

3. Denkbar ist schließlich, daß sich die Unmöglichkeit zur sofortigen Verhandlung erst während des Prozesses ergibt. Dann ist nicht mehr die Eignungsprüfung durch den Staatsanwalt betroffen, sondern die Eignungsprüfung durch das Gericht nach § 419 I 1 StPO. Namentlich handelt es sich um die Fälle der Unterbrechung und der Aussetzung der Hauptverhandlung. Hier werden unterschiedliche Auffassungen dazu vertreten, ob dann in jedem Fall die Möglichkeit zur sofortigen Verhandlung entfallen soll oder nur im Falle der Aussetzung.[84] Begründet wird die fehlende Eignung in diesen Fällen damit, daß bei einer sich nachträglich ergebenden notwendigen Unterbrechung oder Aussetzung von einer *sofortigen Verhandlung* nicht gesprochen werden könne und ein Fortfahren im beschleunigten Verfahren nicht mit dem Zweck des beschleunigten Verfahrens zu vereinbaren sei.[85] Eine solche Betrachtungsweise aber wäre zu pauschal. Zutreffend ist zwar, daß mit einer Unterbrechung oder gar einer Aussetzung der Hauptverhandlung der durch den Wegfall des Zwischenverfahrens erlangte Beschleunigungseffekt wieder aufgezehrt werden kann. Unberücksichtigt bliebe aber, daß die Hauptverhandlung als solche seit Erlaß des Verbrechensbekämpfungsgesetzes ebenfalls Beschleunigungsmöglichkeiten[86] bietet, so daß insgesamt auch nach einer Aussetzung eine schnellere Urteilsfindung möglich ist. Außerdem liefe der weitere Verfahrensverlauf bei Annahme der Nichteignung - Ablehnung des beschleunigten Verfahrens und Einleitung des Normalverfahrens eventuell durch erneute Anklageerhebung - dem Beschleunigungszweck gerade zuwider. Man sollte deswegen die wesentliche Bedeutung der Beurteilung der Möglichkeit „sofortiger Verhandlung" im Prozeßeinleitungsstadium sehen, wenn also die Staatsanwaltschaft die Eignung einer Sache für das beschleunigte Verfahren beurteilt. In der Hauptverhandlung selbst sollten dann nur noch solche Fälle die Ablehnung wegen Nichteignung zur sofortigen Verhandlung begründen, in denen das Hindernis, das eine Unterbrechung oder eine Aussetzung der Hauptverhandlung erforderlich macht, seinen Grund

---

[84] Nichteignung sowohl bei Aussetzung und Unterbrechung annehmend: KK-*Treier*, § 212 Rn. 9; KMR-*Fezer*, § 419 Rn. 2; AK-*Loos*, § 417 Rn. 12; OLG Hamburg NStZ 1983, S. 40, 41; Nichteignung nur im Falle der Aussetzung: *Schultz*, DAR 1957, S. 93, 95.

[85] Vgl. z.B. KMR-*Fezer*, § 419 Rn. 2.

[86] Insbesondere durch die Möglichkeit der vereinfachten Beweisaufnahme nach § 420 StPO.

in der Eigenart des beschleunigten Verfahrens selbst hat, z.B. wenn die Ermittlungen nicht für eine Verurteilung ausreichen. Eine Ablehnung wegen fehlender Möglichkeit zur sofortigen Verhandlung kommt damit aber nicht in Betracht, wenn in der Hauptverhandlung nur eine Einzelfrage nicht geklärt werden kann, dies aber in einer demnächst fortzusetzenden oder neu anzuberaumenden Hauptverhandlung möglich erscheint. Das gleiche gilt, wenn dem Beschuldigten, der von seinem Recht nach § 137 StPO Gebrauch machen will, Gelegenheit zu geben ist, einen Verteidiger zu wählen.[87]

III. Strafrahmenbegrenzung gem. § 419 I StPO

1. Als Bestandteil der Eignungsprüfung

Im beschleunigten Verfahren darf keine höhere Freiheitsstrafe als eine Freiheitsstrafe von einem Jahr und keine Maßregel der Besserung und Sicherung verhängt werden; die Entziehung der Fahrerlaubnis ist zulässig,[88] vgl. § 419 I StPO. Zwar ist die Strafrahmenbeschränkung nach dem Wortlaut des § 417 StPO kein ausdrücklicher Bestandteil der Eignung für das beschleunigte Verfahren, dennoch wirkt sie sich mittelbar auf die Eignungsfrage aus. Wenn von vornherein schon für den Staatsanwalt ersichtlich ist, daß trotz Vorliegens der sonstigen Voraussetzungen des § 417 StPO eine höhere Strafe als ein Jahr Freiheitsstrafe zu erwarten ist, wäre es sinnlos, die Durchführung des beschleunigten Verfahrens zu beantragen. Das Gericht wird die Entscheidung im beschleunigten Verfahren gem. § 419 II 1 StPO ablehnen, wenn es ebenfalls der Ansicht ist, daß der Strafrahmen des beschleunigen Verfahrens nicht ausreichend ist. Insofern wirkt sich die Strafrahmenbeschränkung auf die Eignung einer Sache für das beschleunigte Verfahren aus. Schon die Staatsanwaltschaft muß sich Gedanken über die voraussichtliche Strafhöhe machen, bevor sie einen Antrag auf Durchführung des beschleunigten Verfahrens stellt.

---

[87] Im Ergebnis so auch LR-*Rieß*, § 212b Rn. 9.

[88] Die Entziehung der Fahrerlaubnis unterliegt nach § 419 I 3 StPO im Gegensatz zum Strafbefehlsverfahren keiner zeitlichen Grenze.

2. Strafrahmenbegrenzung des § 419 I 2 StPO und Gesamtstrafe

Zu klären ist, inwieweit die Strafrahmenbegrenzung auf ein Jahr Freiheitsstrafe auch auf die Bildung einer Gesamtstrafe durchschlägt. Insoweit sind mehrere Fälle zu unterscheiden. Zunächst kommt eine Gesamtstrafenbildung nach §§ 53, 54 StGB in Betracht, wenn der Beschuldigte schon im beschleunigten Verfahren mehrerer Taten angeklagt ist.[89] Insoweit ist unstreitig, daß die Strafrahmenbegrenzung auch bei der Bildung der Gesamtstrafe gilt, also insgesamt auf keine höhere Strafe als auf Freiheitsstrafe von einem Jahr erkannt werden darf.[90] Problematischer ist der Fall, daß ein beschleunigtes Verfahren mit einem im Wege der zugelassenen Anklage anhängigen Verfahren verbunden wird. Dritte Variante ist schließlich die Gesamtstrafenbildung nach § 55 StGB, wonach die §§ 53, 54 StGB auch dann anzuwenden sind, wenn ein rechtskräftig Verurteilter wegen einer anderen Straftat verurteilt werden soll, die er vor der früheren Verurteilung begangen hat. Eine solche Konstellation ist praktisch nur dann denkbar, wenn das beschleunigte Verfahren rechtskräftig abgeschlossen ist, und der Verurteilte nun erneut angeklagt ist, und zwar wegen einer Straftat, die er vor der im beschleunigten Verfahren abgeurteilten Tat begangen haben soll. Bezüglich dieser letzten beiden Konstellationen ist streitig, ob sich die verhängte Gesamtstrafe im Bereich der Strafrahmenbegrenzung halten muß oder nicht.

Die herrschende Auffassung,[91] die die Limitierung der Strafgewalt auf die zu bildende Gesamtstrafe beziehen will, begründet dies folgendermaßen: Der Verzicht auf wichtige Verfahrensgrundsätze im beschleunigten Verfahren zwinge zu einer Beschränkung. Bei der Bildung der Gesamtstrafe handele es sich nicht um eine Addition von Einzelstrafen aus verschiedenen Verfahren, sondern um die Erhöhung der verwirkten höchsten Strafe, wobei die Person des Täters und die einzelnen Straftaten zusammenfassend gewürdigt würden, so daß die Lockerung der verfahrensrechtlichen Grundsätze des beschleunigten Verfahrens die zu bildende Gesamtstrafe beeinflussen könne. Deswegen müsse die „Sicherung" der Strafrahmenbegrenzung auch für die Bildung einer Gesamtstrafe gelten.

---

89 Soweit die Sache dann überhaupt noch für das beschleunigte Verfahren geeignet ist.

90 Vgl. nur KMR-*Fezer*, § 419 Rn. 4.

91 *Ranft*, § 72 C; *Schweckendieck*, NStZ 1989, S. 486; OLG Celle NStZ 1983, S. 233; OLG Hamm JMBlNRW 1979, S. 59, 60; OLG Schleswig SchlHA 1984, S. 103; LR-*Rieß*, § 212b Rn. 2; K/M-G, § 419 Rn. 1; für eine Begrenzung der Strafgewalt bei Bildung der Gesamtstrafe nur im Falle der Verbindung: KMR-*Fezer*, § 419 Rn. 4; SK-*Paeffgen*, § 419 Rn. 4.

Nach der gegenteiligen Auffassung,[92] der wohl auch der Bundesgerichtshof[93] zuneigt, bezieht sich die Strafrahmenbegrenzung immer nur auf die Einzelstrafen für diejenigen Taten, wegen derer das beschleunigte Verfahren eingeleitet worden war. Eine höhere Gesamtstrafe dürfe verhängt werden, solange die generelle Rechtsfolgenkompetenz des Amtsgerichts (§ 24 II GVG) eingehalten werde. Dies gelte nicht nur dann, wenn die im beschleunigten Verfahren verhängte Strafe in einem gewöhnlichen Strafverfahren nachträglich gem. § 55 StGB in eine Gesamtstrafe einbezogen werde, sondern auch im Falle der Verbindung von Taten, die im beschleunigten Verfahren abgeurteilt werden sollten, mit im Normalverfahren zu behandelnden Straftaten.

Zur Beantwortung der Frage, ob in diesen Fallvarianten auch bei Bildung einer Gesamtstrafe keine Freiheitsstrafe von mehr als einem Jahr verhängt werden darf, ist nach den beiden oben dargestellten Konstellationen zu differenzieren. Zunächst soll die nachträgliche Gesamtstrafenbildung gem. § 55 StGB behandelt werden, wenn die rechtskräftig festgesetzte Strafe im beschleunigten Verfahren verhängt worden ist. Würde die Strafrahmenbegrenzung des § 419 I 2 StPO nun auch bei einer Gesamtstrafenbildung, zu der das Gericht unter den Voraussetzungen des § 55 StGB verpflichtet ist, in dem folgenden normalen Verfahren gelten, so könnte das Gericht niemals eine höhere Strafe als Freiheitsstrafe von einem Jahr verhängen, auch wenn angesichts der Schwere der Tat eine wesentlich höhere Strafe tat- und schuldangemessen wäre. Eine solche Beschränkung für einen nach den Regeln des Normalverfahrens durchgeführten Strafprozeß ist nicht möglich. Außerdem spricht dagegen, daß in diesem Falle die besonderen Verfahrensvereinfachungen des beschleunigten Verfahrens sich im Folgeverfahren nicht auswirken. Bei einer nachträglich zu bildenden Gesamtstrafe darf somit die Strafbannbeschränkung nicht gelten. Schwieriger ist die Situation im Falle der Verbindung mit einem im Wege der zugelassenen Anklage anhängigen Verfahren. Der Grund für die Ausdehnung der Strafbannbeschränkung auf eine zu bildende Gesamtstrafe liegt nach der herrschenden Auffassung darin, daß bei dem Verzicht auf Verfahrensgrundsätze im beschleunigten Verfahren die Gesamtwürdigung von Täter und Tat fehleranfälliger ist als im Normalverfahren. Hierzu ist jedoch festzustellen, daß durch die Verbindung die für das beschleunigte Verfahren geltenden Vorschriften nicht auf das

---

[92] OLG Oldenburg NdsRpfl 1989, S. 13; *Köckerbauer*, NJW 1990, S. 170, 171; KK-*Treier*, § 212b Rn. 6.

[93] Vgl. BGHSt 35, 251, 254 (obiter dictum).

ganze Verfahren ausgedehnt werden. Im Gegenteil wird es vielmehr so sein, daß in diesem Falle die Hauptverhandlung als solche den Regeln des Normalverfahrens folgen wird. Verfahrensvereinfachungen nach § 420 StPO sind hier nicht denkbar. Zwar ist die Hauptverhandlung im beschleunigt angeklagten Teil ohne Zwischenverfahren eröffnet worden. Diesem Umstand wird aber schon dadurch Rechnung getragen, daß für diesen Teil die „Sicherung" der Strafrahmenbeschränkung auf ein Jahr weiterhin gilt. Eine solche Strafrahmenbeschränkung darüber hinaus auch bei der Gesamtstrafenbildung mit im Wege der zugelassenen Anklage verbundenen Straftaten zu fordern, ist deswegen unangebracht, weil das weitere Verfahren ohne Verzicht auf Verfahrensgrundsätze durchgeführt wird und demzufolge eine zuverlässige Würdigung des Täters und der von ihm begangenen Straftaten bei Bildung der Gesamtstrafe durch Erhöhung der verwirkten höchsten Strafe gewährleistet ist. Damit gilt auch im Falle der Verbindung die Strafrahmenbeschränkung des § 419 I 2 StPO bei der Bildung einer Gesamtstrafe nicht.

5. Kapitel

Ablauf des beschleunigten Verfahrens

Im folgenden soll der Gang des beschleunigten Verfahrens dargestellt werden. Dabei sollen jeweils der Bezug zum Normalverfahren hergestellt und die Verfahrensvereinfachungen herausgearbeitet werden.

A. Vorläufige Festnahme und Hauptverhandlungshaft gem. § 127b StPO

I. Grundsätzliches

Die Hauptverhandlungshaft gem. § 127b StPO ist kein notwendiges Stadium des beschleunigten Verfahrens, soll aber eine vermehrte Anwendung dieser Verfahrensart erleichtern.[1] § 127b StPO hat grundsätzlich zwei Funktionen: Zum einen ermöglicht § 127b I StPO, Täter vorläufig festzunehmen, obwohl die Voraussetzungen des § 127 I oder II StPO nicht vorliegen, und zum anderen gibt § 127b II StPO die Möglichkeit, über die Regelungen der §§ 112 ff StPO hinaus einen Haftbefehl zu erlassen.

Die Notwendigkeit der neu eingeführten Hauptverhandlungshaft für das beschleunigte Verfahren ist schon vor Erlaß des § 127b StPO wegen verfassungsrechtlicher Probleme kontrovers diskutiert worden.[2] Bereits in der letzten Legislaturperiode hatte der Gesetzgeber erfolglos versucht, die Hauptverhandlungshaft zusammen mit den neu gefaßten Vorschriften des beschleunigten Verfahrens in einem neu einzufügenden § 127b StPO im Ver-

---

[1] Vgl. Begründung des Gesetzesentwurfes zur Einführung der Hauptverhandlungshaft, BT-Drucksache 13/2576.

[2] Vgl. *Scheffler*, NJW 1994, S. 2191, 2192; *Wächtler*, StV 1994, S. 159, 160; *Neumann*, StV 1994, S. 273, 276; Stellungnahme des Strafrechtsausschusses des DAV, StraFO 1996, S. 34; *Hartenbach*, AnwBl 1996, S. 83 und ZRP 1997, S. 227: *Pofalla*, AnwBl 1996, S. 466; *Asbrock*, StV 1997, S. 43; *Herzog*, StV 1997, S. 215; zur parlamentarischen Erörterung des Gesetzesentwurfes am 11.10.1996 siehe Bundestag Plenarprotokoll 13/129 S 11647 ff.

brechensbekämpfungsgesetz von 1994 zu regeln.[3] Diese Bestimmung wurde jedoch auf Vorschlag des Vermittlungsausschusses gestrichen,[4] nachdem der Bundesrat der vom Bundestag beschlossenen Fassung des Verbrechensbekämpfungsgesetzes die gem. Art. 84 I GG erforderliche Zustimmung verweigert hatte.[5] In der 13. Legislaturperiode brachten die Regierungsfraktionen am 10.10.1995[6] in einem weiteren Anlauf einen Gesetzesentwurf zur Einführung der Hauptverhandlungshaft in § 127b StPO, der insoweit wörtlich dem Entwurf des Verbrechensbekämpfungsgesetzes von 1994 entsprach,[7] ein. Begründet wurde der Entwurf damit, daß aufgrund der bisherigen Rechtslage die Gerichte daran gehindert gewesen seien, das beschleunigte Verfahren innerhalb weniger Tage durchzuführen, wenn die Voraussetzungen eines Haftbefehls fehlten, der zunächst vorläufig festgenommene mutmaßliche Täter wieder freigelassen wurde und damit Gelegenheit erhielt, sich der späteren Hauptverhandlung zu entziehen. Die unmittelbar auf die Tat folgende Konfrontation des Täters mit den strafrechtlichen Folgen könne aber eine erhebliche erzieherische Wirkung haben und auch abschreckend wirken. Außerdem werde das Vertrauen in den Rechtsstaat gestärkt, wenn der Tat die Strafe auf dem Fuße folge. Schließlich solle mit dem Mittel der Hauptverhandlungshaft ein Anreiz für Staatsanwaltschaften und Amtsgerichte geschaffen werden, auf eine möglichst zügige Anberaumung der Hauptverhandlung zu achten.[8] Der Rechtsausschuß des Deutschen Bundestages empfahl sodann am 9.10.1996,[9] diesen Gesetzesentwurf unverändert anzunehmen. Der Bundesrat jedoch war der Auffassung, daß die vorgeschlagene Regelung mit dem Grundgesetz nicht vereinbar sei.[10] Eine Hauptverhandlungshaft stehe nicht mit dem Verhältnismäßigkeitsgrundsatz in Einklang, da das beschleunigte Verfahren in erster Linie bei Verdacht von Straftaten der kleineren und mittleren Kriminalität anzuwenden sei. Eine Anordnung von Freiheitsentziehung vor Rechtskraft der Verurteilung sei allein unter dem Gesichtspunkt der Verfahrenssicherung, ausnahmsweise unter den Voraussetzungen des § 112a StPO auch präventiv im Hinblick auf eine Wieder-

---

[3] BT-Drucksache 12/6853 Art. 4 S. 10.

[4] BT-Drucksache 12/7837 S. 2.

[5] BT-Drucksache 12/7872.

[6] BT-Drucksache 13/2576.

[7] Vgl. BT-Drucksache 12/6853 Art. 4 S. 10.

[8] Begründung des Gesetzesentwurfes der Regierungsfraktionen zur Einführung der Hauptverhandlungshaft, BT-Drucksache 13/2576.

[9] BT-Drucksache 13/5743.

[10] BR-Drucksache 738/96, BT-Drucksache 13/6084.

holungsgefahr bei schwerwiegend die Rechtsordnung beeinträchtigenden Straftaten zu rechtfertigen. Ihr Einsatz zu generalpräventiven Zwecken im Sinne einer antizipierten Bestrafung sei aus rechtsstaatlichen Gesichtspunkten unzulässig. Der Bundesrat beschloß deswegen am 8.11.1996,[11] gem. Art. 77 II GG den Vermittlungsauschuß anzurufen. Der Vermittlungsausschuß empfahl dann am 14.11.1996 die Ablehnung des Gesetzes.[12] Diese Empfehlung lehnte der Bundestag durch Beschluß vom 12.12.1996 ab, woraufhin der Bundesrat am 19.12.1996 gem. Art. 77 III GG Einspruch einlegte.[13] Diesen Einspruch wies der Bundestag mit der Mehrheit seiner Mitglieder gem. Art. 77 IV GG am 11.6.1997 zurück, wodurch das Gesetz nach Art. 78 5. Alt. GG zustandekam. Das Gesetz wurde am 23.7.1997 verkündet[14] und ist am 24.7.1997 in Kraft getreten.

Gegen die Regelung des § 127b StPO wird im wesentlichen vorgebracht,[15] die Eingriffsvoraussetzungen dieser Vorschrift seien zu unbestimmt und die Hauptverhandlungshaft verstoße gegen den Verhältnismäßigkeitsgrundsatz sowie gegen den Gleichheitsgrundsatz. Um diese Einwendungen bewerten zu können, ist der Anwendungsbereich des § 127b I und II StPO durch eine Gesetzesauslegung zu bestimmen, wobei gleichzeitig zu den erhobenen Bedenken Stellung genommen wird.

II. Die vorläufige Festnahme gem. § 127b I StPO

Gem. § 127b I StPO sind die Staatsanwaltschaft und die Beamten des Polizeidienstes zur vorläufigen Festnahme eines auf frischer Tat Betroffenen oder Verfolgten dann befugt, wenn eine unverzügliche Entscheidung im beschleunigten Verfahren wahrscheinlich ist und aufgrund bestimmter Tatsachen zu befürchten ist, daß der Festgenommene der Hauptverhandlung fernbleiben wird.

---

[11] BT-Drucksache 13/6084.

[12] BT-Drucksache 13/6143.

[13] BT-Drucksache 13/630.

[14] BGBl S. 1822.

[15] Vgl. *Scheffler*, NJW 1994, S. 2191, 2192; *Wächtler*, StV 1994, S. 159, 160; *Neumann*, StV 1994, S. 273, 276; Stellungnahme des Strafrechtsausschusses des DAV, StraFO 1996, S. 34; *Hartenbach*, AnwBl 1996, S. 83 und ZRP 1997, S. 227; *Asbrock*, StV 1997, S. 43; *Herzog*, StV 1997, S. 215.

1. Zur Festnahme berechtigter Personenkreis

Zur vorläufigen Festnahme nach § 127b I StPO sind nur die Staatsanwaltschaft und die Beamten des Polizeidienstes befugt. Insoweit entspricht dieser Personenkreis dem bei der vorläufigen Festnahme gem. § 127 II StPO.

2. Auf frischer Tat betroffen oder verfolgt

Hier kann auf die Regelung der vorläufigen Festnahme nach § 127 StPO verwiesen werden: Auf frischer Tat betroffen ist danach derjenige, der bei Verwirklichung eines Straftatbestandes oder unmittelbar danach am Tatort oder in dessen unmittelbarer Nähe gestellt wird. Auf frischer Tat verfolgt wird der Täter, wenn er sich bereits vom Tatort entfernt hat und mit seiner Verfolgung aufgrund konkreter, auf ihn hinweisender Anhaltspunkte unverzüglich begonnen wird.[16]

3. Festnahmegründe

Die Festnahmegründe enthalten § 127b I Nr.1 (unverzügliche Entscheidung im beschleunigten Verfahren zu erwarten) und Nr.2 (Befürchtung, daß der Festgenommene der Hauptverhandlung fernbleiben wird) StPO. Beide Haftgründe müssen, wie sich aus dem Wort „und“ in § 127b I Nr.1 StPO ergibt, kumulativ vorliegen.

a) § 127b I Nr. 1 StPO

Zum Zeitpunkt der vorläufigen Festnahme muß die unverzügliche Entscheidung im beschleunigten Verfahren zu erwarten sein. Fraglich ist zunächst, was unter „unverzüglich“ zu verstehen ist. Grundsätzlich kann nämlich das beschleunigte Verfahren sowohl sofort als auch in kurzer Frist durchgeführt

---

[16] Hierzu und zu der Frage, ob erforderlich ist, daß die Tat wirklich begangen wurde, oder ob es genügt, daß die erkennbaren Umstände einen dringenden Tatverdacht nahelegen, vgl. *Beulke*, Rn. 235 mwN.

werden, wobei nach der Vorstellung des Gesetzgebers[17] unter kurzer Frist an eine Zeitspanne von bis zu zwei Wochen gedacht ist. Die Regelung über die vorläufige Festnahme muß aber im Zusammenhang mit der Hauptverhandlungshaft nach § 127b II StPO gesehen werden. Danach kann gegen den Tatverdächtigen die Untersuchungshaft verhängt werden, und zwar längstens für die Dauer einer Woche, wenn die Durchführung des beschleunigten Verfahrens in diesem Zeitraum zu erwarten ist. Demzufolge kann unter einer „unverzüglichen Entscheidung" iSv § 127b I Nr. 1 StPO nur eine Durchführung des beschleunigten Verfahrens innerhalb einer Woche zu verstehen sein.[18] Des weiteren muß eine solche unverzügliche Entscheidung im beschleunigten Verfahren wahrscheinlich sein. Das bedeutet, daß die festnehmende Person (Staatsanwalt oder Beamter des Polizeidienstes) eine Prognose darüber anstellen muß, ob tatsächlich das beschleunigte Verfahren und zwar innerhalb der Wochenfrist durchgeführt werden wird. Demzufolge muß im Zeitpunkt der Festnahme sowohl die Eignung der Sache für das beschleunigte Verfahren als auch die Wahrscheinlichkeit der tatsächlichen Durchführung vorausgesagt werden. Zwar ist die Staatsanwaltschaft verpflichtet, bei Eignung der Sache Antrag auf Durchführung des beschleunigten Verfahrens zu stellen (vgl. § 417 StPO). Ob sich aber eine Sache für ein beschleunigtes Verfahren eignet, bedarf einer rechtlichen Beurteilung der Eignungsvoraussetzungen und kann unter Umständen nicht ad hoc festgestellt werden, so daß insbesondere Beamte des Polizeidienstes mit einer solchen Beurteilung überfordert sein können. Sie wird demgemäß nur in Fällen eindeutiger Geeignetheit für das beschleunigte Verfahren möglich sein. Hierfür kommen nur rechtlich einfach gelagerte Fälle, wie z.B. Ladendiebstahl, in Betracht, in denen die Beweislage z.B. aufgrund eines glaubhaften Geständnisses tatsächlich eindeutig ist. Das weitere Problem ist dann allerdings, ob die festnehmende Person abschätzen kann, daß das beschleunigte Verfahren aufgrund der Geschäftslage innerhalb der Wochenfrist tatsächlich durchgeführt werden kann.[19] Ein solcher Überblick nämlich wird im Regelfall fehlen. Möglich ist dieser nur dann, wenn die festnehmende Person von den organisatorischen Gegebenheiten bei einem Amtsgericht durch Erfahrung gesicherte Kenntnisse besitzt und weiß, daß einer kurzfristigen Durchführung eines beschleunigten Verfahrens nichts im Wege steht. Solche

---

[17] Vgl. Begründung zum Gesetzesentwurf des Verbrechensbekämpfungsgesetzes von 1994, BT-Drucksache 12/6853 S. 36.

[18] So auch K/M-G, § 127b Rn. 9.

[19] Vgl. K/M-G, § 127b Rn. 9.

Voraussetzungen sind aber zur Zeit, wenn überhaupt, nur bei einigen Amtsgerichten in Großstädten vorhanden. Daraus folgt insgesamt, daß der erste Festnahmegrund zumindest derzeit nur in seltenen Fällen gegeben sein wird.

b) § 127b I Nr. 2 StPO

Weitere Voraussetzung für eine vorläufige Festnahme gem. § 127b I StPO ist, daß aufgrund bestimmter Tatsachen zu befürchten ist, daß der Festgenommene der Hauptverhandlung fernbleiben wird. Zur Auslegung dieser Voraussetzung schweigen die Erläuterungen zum Gesetzesentwurf des § 127b StPO. Hilfreich könnte es jedoch sein, den Haftgrund der Fluchtgefahr iSv § 112 II Nr. 2 StPO zum Vergleich heranzuziehen. Fluchtgefahr besteht dann, wenn bei Würdigung des Einzelfalls die Gefahr besteht, daß der Beschuldigte sich dem Strafverfahren entziehen werde. Eine solche Gefahr ist gegeben, wenn aufgrund bestimmter Tatsachen eine höhere Wahrscheinlichkeit dafür spricht, daß sich der Beschuldigte dem Strafverfahren entziehen wird, als für die Erwartung, er werde am Verfahren teilnehmen.[20] Nach Hilger[21] soll der Begriff „Befürchtung" ebenfalls eine Prognose beinhalten, er soll deswegen letztlich nichts anderes als „Gefahr" iSv § 112 StPO bedeuten. Vom Wortverständnis her jedoch scheint für die „Befürchtung" des Fernbleibens der Hauptverhandlung im Vergleich zur „Gefahr" ein geringerer Grad der Wahrscheinlichkeit zu genügen; ansonsten hätte der Gesetzgeber sich auch des Begriffes der „Gefahr" bedienen können. Zur genaueren Bestimmung des Begriffes „Befürchtung" läßt sich aber auch die Auslegung des Begriffes „Befürchtung" in § 168c III 2 StPO[22] heranziehen.[23] § 168c III 2 StPO gibt dem Richter die Befugnis, den Beschuldigten von der Anwesenheit bei der Verhandlung auszuschließen, wenn zu befürchten ist, daß ein Zeuge in Gegenwart des Beschuldigten nicht die Wahrheit sagen werde. Verallgemeinert man die Auslegung dieses Begriffs des

---

[20] So die herrschende Meinung, vgl. nur K/M-G, § 112 Rn. 17; KK-*Boujong*, § 112 Rn. 15; *Pfeiffer/Fischer*, § 112 Rn. 6; *Beulke*, Rn. 212; *Roxin*, § 30 Rn. 9.

[21] LR-*Hilger*, 25. Auflage, § 127b Rn. 13.

[22] Nicht zutreffend ist im übrigen die Feststellung von *Hartenbach*, daß mit dem Begriff der Befürchtung ein neuer Begriff in die StPO eingeführt werde, den man „eher bei Wahrsagern suche", vgl. *Hartenbach*, AnwBl 1996, S. 83: Der Begriff der Befürchtung taucht in der StPO des öfteren auf, so z.B. in den §§ 81a I, 81c II, 168c III 2, 231b I, 247 StPO.

[23] *Hellmann*, NJW 1997, S. 2145, 2147.

§ 168a III 2 StPO,[24] so liegt die „Befürchtung“ eines Umstandes dann vor, wenn dessen Eintritt 'nach den Umständen des Einzelfalls in nicht geringem Maße zu erwarten' ist. Mit einer solchen Auslegung ist auch eine sinnvolle Abgrenzung zum Begriff der Gefahr möglich. Desweiteren ist der zu befürchtende Umstand iSv § 127b I Nr. 2 StPO, daß der Tatverdächtige der Hauptverhandlung fernbleiben wird. Auch hier bietet sich ein Vergleich mit der Fluchtgefahr iSv § 112 II Nr. 2 StPO an, dort wird die Gefahr vorausgesetzt, daß sich der Beschuldigte dem Strafverfahren entziehen werde. Das „Sich-Entziehen“ ist ein Verhalten, das zur Folge hat, daß der Fortgang des Strafverfahrens dauernd oder wenigstens vorübergehend durch Aufhebung der Bereitschaft des Beschuldigten verhindert wird, für Ladungen und Vollstreckungsmaßnahmen zur Verfügung zu stehen.[25] Ein bloßer Ungehorsam und bloße Untätigkeit genügen hierfür nicht.[26] Ein „Fernbleiben der Hauptverhandlung“ iSv § 127b I Nr. 2 StPO wird demgegenüber als rein passives Verhalten, als Nichterscheinen zur Hauptverhandlung zu verstehen sein; eine aktive Einwirkung auf das Strafverfahren ist nicht erforderlich. Insoweit besteht ein beträchtlicher Unterschied zum „Sich-Entziehen“ iSv § 112 II Nr. 2 StPO. Insgesamt liegt also die Voraussetzung des § 127b I Nr. 2 StPO vor, wenn aufgrund bestimmter Tatsachen in nicht geringem Maße zu erwarten ist, daß der Tatverdächtige rein passiv nicht zur Hauptverhandlung erscheinen wird.

Fraglich ist jedoch, auf welchen Tatsachen eine solche Befürchtung basieren kann. Die zu erwartende Strafhöhe, die häufig zur Bestimmung einer Fluchtgefahr iSv § 112 II Nr. 2 StPO herangezogen wird, kann hier für die Befürchtung des Fernbleibens von der Hauptverhandlung deswegen nicht herangezogen werden, weil das beschleunigte Verfahren nur auf Fälle kleinerer Kriminalität beschränkt ist, bei denen eine Befürchtung des Fernbleibens allein aufgrund der zu erwartenden Strafe in der Regel nicht in Betracht kommt. Ist aber der Tatverdächtige schon früher einer Hauptverhandlung ferngeblieben, so kann dies die Befürchtung des Fernbleibens auch in der Hauptverhandlung des beschleu-

---

[24] KK-*Wache*, § 168c Rn. 6; LR-*Rieß*, § 168c Rn. 15; K/M-G, § 168c Rn. 3: Die Gefährdung des Untersuchungszwecks ist zu befürchten, wenn nach dem Umständen des Einzelfalls in nicht geringem Maß zu erwarten ist, der Zeuge werde in Gegenwart eines Beschuldigten nicht die Wahrheit sagen.

[25] BGHSt 23, 380, 384; OLG Hamm NJW 1966, S. 2075; OLG Düsseldorf NJW 1986, S. 2204, 2205.

[26] OLG Koblenz StV 1992, S. 424; LG Verden StV 1986, S. 256.

nigten Verfahrens begründen,[27] zumindest dann, wenn der Tatverdächtige schon des öfteren einer Ladung nicht gefolgt ist. Des weiteren wird die Befürchtung des Fernbleibens naheliegen, wenn es sich bei dem dringend Tatverdächtigen um eine Person handelt, die in Deutschland keinen festen Wohnsitz hat, so z.B. bei den sog. „reisenden Tätern".[28] Problematisch ist allerdings, daß die Voraussetzungen des § 127b I StPO im Zeitpunkt der Festnahme vorliegen müssen. In diesem Zeitpunkt aber sind die Tatsachen, die eine berechtigte Befürchtung des Nichterscheinens in der Hauptverhandlung begründen können, in der Regel schwer feststellbar.[29] Dies schränkt zwar die praktische Anwendbarkeit der vorläufigen Festnahme weiter ein, es dürfen aber dennoch nicht zu geringe Anforderungen an die Tatsachen iSv § 127b I StPO gestellt werden.

4. Ungeschriebene Voraussetzung: Gefahr im Verzug?

Fraglich ist, ob eine vorläufige Festnahme nach § 127b I StPO wie eine vorläufige Festnahme nach § 127 II StPO voraussetzt, daß Gefahr im Verzug ist, obwohl diese Voraussetzung in § 127b I StPO nicht genannt ist.[30] Gefahr im Verzug in diesem Sinne ist gegeben, wenn das Abwarten des Erlasses eines richterlichen Haftbefehles die Festnahme gefährden würde.[31] Begründet werden könnte eine solche Annahme mit folgender Überlegung: Im Normalverfahren gibt § 127 II StPO dem Staatsanwalt und den Beamten des Polizeidienstes bei Vorliegen der Voraussetzungen eines Haftbefehls (dringender Tatverdacht und Haftgrund) eine Art Notkompetenz zur vorläufigen Festnahme, wenn ansonsten durch das Abwarten des Haftbefehlerlasses durch den Richter selbst die Festnahme gefährdet wäre. Wenn man im Rahmen des § 127b StPO das Verhältnis zwischen § 127b I und II StPO ebenso sehen würde - die vorläufige Festnahme nur als Notkompetenz - so ließe sich die Notwendigkeit einer Gefahr im Verzug damit rechtfertigen. Dafür könnte sprechen, daß die Festnahmegründe der vor-

---

[27] So auch K/M-G, § 127b Rn. 10; zweifelnd *Hellmann*, NJW 1997, S. 2145, 2147, der davon ausgeht, zumindest ein solcher Tatverdächtiger, der erst einmal einer Hauptverhandlung ferngeblieben sei, werde aus den Folgen seines Verhaltens, nämlich Erlaß eins Vorführungs- oder Haftbefehls gem. § 230 II StPO, gelernt haben.

[28] So auch die Vorstellung des Gesetzgebers, vgl. Begründung des Gesetzesentwurfes des § 127b StPO BT-Drucksache 13/2576.

[29] Vgl. auch LR-*Hilger*, 25. Auflage, § 127b Rn. 21.

[30] So *Hellmann*, NJW 1997, S. 2145, 2149.

[31] So für § 127 II StPO, vgl. nur KK-*Boujong*, § 127 Rn. 35; K/M-G, § 127 Rn. 19.

läufigen Festnahme nach § 127b I Nr.1 und Nr.2 StPO gleichzeitig den Haftgrund für eine Untersuchungshaft gem. § 127b II StPO darstellen, und insoweit §127b I StPO dem § 127 II StPO ähnelt. Gegen ein solches systematisches Verständnis zwischen § 127b I und II StPO spricht aber zunächst einmal der Wortlaut, der die Voraussetzung der Gefahr im Verzug nicht beinhaltet. Hätte der Gesetzgeber ein solches Verhältnis zwischen der vorläufigen Festnahme und der Untersuchungshaft gewollt, so hätte er diese Voraussetzung mit in § 127b I StPO aufgenommen. Der Gesetzgeber hat aber bewußt einen anderen Weg gewählt und die vorläufige Festnahme an die Voraussetzung geknüpft, daß der Tatverdächtige auf frischer Tat betroffen oder verfolgt wird. Damit hat der Gesetzgeber einen eigenständigen Fall der vorläufigen Festnahme begründet, der nicht in die bisherige Systematik der vorläufigen Festnahme iSv § 127 StPO paßt. Verständlich wird dies, wenn man den Zweck der vorläufigen Festnahme nach § 127b I StPO betrachtet. Nach Begehung einer Straftat soll das Strafverfahren möglichst schnell durchgeführt und zu einem Abschluß gebracht werden können. Das bedeutet, daß die vorläufige Festnahme im unmittelbaren Anschluß an die Tatbegehung stattfinden muß. Es geht hier nicht primär darum, daß eine Verzögerung der Festnahme vermieden werden soll, wie es bei § 127 II StPO der Fall ist, sondern darum, daß die Anwesenheit eines auf frischer Tat Betroffenen oder Verfolgten in einer sofort oder in kurzer Frist durchgeführten Hauptverhandlung im beschleunigten Verfahren gewährleistet ist.

III. Die Hauptverhandlungshaft gem. § 127b II StPO

§ 127b II StPO erweitert die §§ 112 ff StPO um einen neuen Haftgrund. Systematisch sinnvoller wäre es deswegen gewesen, diese neu geschaffene Hauptverhandlungshaft den §§ 112 ff StPO anzufügen.

1. Voraussetzungen

Gem. § 127b II 1 StPO darf ein Haftbefehl aus den Gründen des § 127b I StPO gegen den dringend der Tat Verdächtigen nur ergehen, wenn die Durchführung der Hauptverhandlung binnen einer Woche nach der Festnahme zu erwarten ist.

a) Dringender Tatverdacht

Erste Voraussetzung ist wie sonst auch für den Erlaß eines Haftbefehls das Vorliegen eines dringenden Tatverdachtes. Dieser besteht, wenn nach dem aktuellen Stand der Ermittlungen die hohe Wahrscheinlichkeit besteht, daß der Beschuldigte Täter oder Teilnehmer einer strafbaren Handlung ist.[32]

b) Haftgrund

Für den Erlaß eines Haftbefehls nach § 127b II StPO ist ein Haftgrund nach §§ 112 ff StPO nicht erforderlich. Vielmehr wird dem Haftrecht durch § 127b StPO ein neuer Haftgrund hinzugefügt.[33] Der Haftgrund des § 127b II StPO besteht aus den zwei Festnahmegründen des § 127b I StPO, also aus der Wahrscheinlichkeit einer unverzüglichen Entscheidung im beschleunigten Verfahren und der durch bestimmte Tatsachen begründeten Befürchtung, der Beschuldigte werde der Hauptverhandlung fernbleiben. Insoweit kann auf die oben gemachten Ausführungen bei der vorläufigen Festnahme verwiesen werden. Die Beurteilung des Vorliegens dieser Voraussetzungen ist hier weniger problematisch als zum Zeitpunkt der vorläufigen Festnahme. Denn über den Erlaß des Haftbefehls soll gem. § 127b III StPO der für die Durchführung des beschleunigten Verfahrens zuständige Richter entscheiden. Dieser kann beurteilen, ob sich die Sache für das beschleunigte Verfahren eignet und ob das Verfahren innerhalb einer Woche durchgeführt werden kann. Außerdem wird er in der Regel eine erhöhte Kenntnis über solche Tatsachen besitzen, die befürchten lassen, daß der Festgenommene der Hauptverhandlung fernbleiben wird, er wird z.B. gesichert feststellen können, ob der Tatverdächtige in Deutschland einen festen Wohnsitz hat oder ob er schon in früheren Strafverfahren Ladungen nicht gefolgt ist.

Weiter verlangt § 127b II 1 StPO, daß die Durchführung der Hauptverhandlung binnen einer Woche[34] nach der Festnahme zu erwarten sein muß, was zur

---

32 *Beulke*, Rn. 210.

33 So auch Entwurfsbegründung zu § 127b StPO, BT-Drucksache 13/2576.

34 Die Fristberechnung richtet sich nach § 43 I StPO, wonach der Anfangstag - also in diesem Falle der Tag der Festnahme - bei der Fristberechnung nicht mitgerechnet wird; vgl. hierzu K/M-G, § 127b Rn. 18.

Konsequenz hat, daß der Haftbefehl auf höchstens eine Woche ab dem Tage der Festnahme zu befristen ist, vgl. § 127 II 2 StPO.

c) Verhältnismäßigkeitsprinzip

Gegen § 127b II StPO wird geltend gemacht, daß die Anordnung einer Hauptverhandlungshaft gegen den Verhältnismäßigkeitsgrundsatz verstoße.[35] Da das beschleunigte Verfahren in der Regel nur bei Straftaten aus dem Bereich der Klein- und Massenkriminalität angewendet werde, die überwiegend mit Geldstrafen und nur in Ausnahmefällen mit kurzen Freiheitsstrafen zwischen sechs Monaten und einem Jahr (meist bei Strafaussetzung zur Bewährung) geahndet würden, würde eine Hauptverhandlungshaft in der Mehrzahl der Fälle zu einem freiheitsbeschränkendem Vorwegvollzug der Geldstrafen oder von nicht zu vollstreckenden Freiheitsstrafen führen und damit unverhältnismäßig sein. Das rühre daher, daß der Gesetzgeber bei § 127b II StPO im Gegensatz zu den §§ 112 I 2, 113 StPO auf eine gesetzliche Normierung der Verhältnismäßigkeit der Untersuchungshaft verzichtet habe.

Zutreffend ist, daß der Verhältnismäßigkeitsgrundsatz in § 127b II StPO nicht ausdrücklich erwähnt wird. Seine Geltung innerhalb des Haftrechts ist jedoch unbestritten. So hat das Bundesverfassungsgericht festgestellt, daß bei Anordnung und Vollzug der Untersuchungshaft der Grundsatz der Verhältnismäßigkeit, der verfassungsrechtlichen Rang habe, zu beachten sei.[36] Der Eingriff in die persönliche Freiheit ist nur gerechtfertigt, wenn und soweit der legitime Anspruch der staatlichen Gemeinschaft auf vollständige Aufklärung und rasche Bestrafung des Täters nicht anders gesichert werden kann als durch Inhaftierung eines Verdächtigen.[37] So gehen auch die Erläuterungen zum Gesetzesentwurf des § 127b StPO[38] davon aus, daß der bei allen hoheitlichen Eingriffsmaßnahmen zu beachtende Verhältnismäßigkeitsgrundsatz auch bei

---

[35] Vgl. *Asbrock*, StV 1997, S. 43, 44; Stellungnahme des Strafrechtsausschusses des DAV, StraFO 1996, S. 34; *Hartenbach*, AnwBl 1996, S. 83; *Herzog*, StV 1997, S. 215, 216; HK-*Lemke*, § 127b Rn. 13.

[36] BVerfGE 19, 342, 348; BVerfG NJW 1991, S. 2821.

[37] BVerfGE 20, 144, 147; BVerfG NJW 1991, S. 689 und S. 2821; BVerfG NJW 1992, S. 1750.

[38] BT-Drucksache 13/2576.

Erlaß eines Hauptverhandlungshaftbefehls gelte. Zu untersuchen ist, wie sich dieser Grundsatz auswirkt.

Eine Untersuchungshaft darf nur verhängt werden, wenn sie verhältnismäßig, also geeignet, erforderlich und angemessen ist. Die Anordnung einer Hauptverhandlungshaft ist geeignet, die Anwesenheit des Beschuldigten in der Hauptverhandlung zu sichern. Erforderlich ist der Erlaß eines Haftbefehls aber nur dann, wenn die Durchführung der Hauptverhandlung nicht auch mit gleichermaßen geeigneten, aber milderen Zwangsmitteln erreicht werden kann. Zu denken ist an die Vorführung des Beschuldigten. Ausdrücklich ist die Vorführung in § 127b II StPO nicht als alternatives Mittel zur Haft genannt. Zum Vergleich kann jedoch die gesetzliche Regelung für den Fall herangezogen werden, daß ein geladener Beschuldigter unentschuldigt nicht zum Hauptverhandlungstermin erscheint. In diesem Fall kann das Gericht gem. § 230 II StPO entweder die Vorführung anordnen oder einen Haftbefehl erlassen. Hier gebietet nach allgemeiner Meinung der Verhältnismäßigkeitsgrundsatz, daß der Vorführungsbefehl als weniger einschneidende Maßnahme Vorrang vor dem Haftbefehl haben muß.[39] Wenn aber schon in dem Fall, daß der Beschuldigte tatsächlich nicht erschienen ist, die Vorführung vorrangig ist, so muß dies erst recht im Rahmen des § 127b II StPO gelten, wenn das Fernbleiben der Hauptverhandlung lediglich zu befürchten ist. Fraglich ist allerdings, ob eine solche sofortige Vorführung ohne besondere Rechtsgrundlage möglich ist, denn in den §§ 133 II, 134, 230 II StPO ist die Vorführung jeweils ausdrücklich gestattet. Wenn aber schon die Voraussetzungen der belastenderen Maßnahme vorliegen, eine weniger einschneidende Maßnahme aber möglich ist, darf die Nichtregelung sich nicht zu Lasten des Tatverdächtigen auswirken.[40] Eine sofortige Vorführung zum Hauptverhandlungstermin ist damit grundsätzlich auch ohne ausdrückliche Regelung im Rahmen des § 127b StPO möglich, aber auch nur dann, wenn sie wie die Haft als solche das Erscheinen des Beschuldigten in der Hauptverhandlung zu sichern vermag. Es ist deshalb vor Erlaß eines Haftbefehls nach § 127b II StPO jeweils zunächst zu prüfen, ob nicht eine Vorführung als milderes Mittel in Betracht kommt. Nicht der Fall ist dies in den Fällen, in denen der Tatverdächtige in Deutschland keinen festen Wohnsitz hat, von dem aus eine Vorführung möglich ist. In diesem Fall ist die Haftanordnung das erforderliche Zwangsmittel. Es gibt aber noch eine zweite Gruppe von

---

[39] BVerfGE 32, 87, 93; OLG Düsseldorf NStZ 1990, S. 295, 296; LG Zweibrücken NJW 1996, S. 737.

[40] Vgl. OLG Celle NStZ 1991, S. 598, 599.

Tatverdächtigen, bei denen das Fernbleiben der Hauptverhandlung zu befürchten ist, weil sie in früheren Verfahren Ladungen nicht gefolgt sind, aber über einen festen Wohnsitz verfügen. Hier eignet sich grundsätzlich auch die Vorführung als Mittel, um die Anwesenheit des Beschuldigten in der Hauptverhandlung zu gewährleisten.[41] Insgesamt kommt damit unter Erforderlichkeitsgesichtspunkten die Hauptverhandlungshaft grundsätzlich nur bei wohnsitzlosen Tatverdächtigen in Betracht.

Die Anordnung muß aber auch verhältnismäßig im engeren Sinn sein. Was hierunter im Rahmen der Untersuchungshaft zu verstehen ist, kann der ausdrücklichen Regelung des § 112 I 2 StPO für die schon bisher existierenden Fälle der Untersuchungshaft entnommen werden. Danach darf eine Untersuchungshaft dann nicht angeordnet werden, wenn sie zu der Bedeutung der Sache und der zu erwartenden Strafe außer Verhältnis steht. Geltend gemacht wird gegen § 127b II StPO, daß eine Untersuchungshaft bei den im beschleunigten Verfahren zu verhängenden Strafen unverhältnismäßig sei.[42] Tatsächlich wird in der Literatur die Auffassung vertreten, bei nur kurzfristiger oder nicht zu vollstreckender Freiheisstrafe oder zu erwartender Geldstrafe sei die Verhängung der Untersuchungshaft generell nicht möglich.[43] Schon aus § 113 I StPO ergibt sich aber, daß eine Untersuchungshaft auch in Fällen einer zu erwartenden Freiheitsstrafe von bis zu sechs Monaten oder Geldstrafe nicht grundsätzlich ausgeschlossen ist. Es bedarf vielmehr einer Abwägung im konkreten Fall, bei der die Art und Schwere der Grundrechtsbeeinträchtigung unter Berücksichtigung der sozialen Verhältnisse, insbesondere der persönlichen Verhältnisse des Beschuldigten, nebst der aus dem Eingriff resultierenden Folgen jeder Art, die Bedeutung der Sache, die möglicherweise zu erwartende Entscheidung, die Bedürfnisse der Strafverfolgungspraxis, die Dauer der Maßnahme und das mit ihr regelmäßig steigende Gewicht des Freiheitsanspruches mit einzubeziehen sind.[44] Die Untersuchungshaft darf zwar nicht das Maß der zu erwartenden Freiheitsstrafe überschreiten. Jedoch beträgt das Mindeststrafmaß der geringsten zu erwartenden Strafe, der Geldstrafe, fünf Tagessätze (§ 40 I StGB), was gem. § 43 StGB einer Ersatzfreiheitsstrafe von fünf Tagen entspricht. Eine

---

[41] Vgl. *Hellmann*, NJW 1997, S. 2145, 2148.

[42] Vgl. *Asbrock*, StV 1997, S. 43, 44; Stellungnahme des Strafrechtsausschusses des DAV, StraFO 1996, S. 34; *Hartenbach*, AnwBl 1996, S. 83; *Herzog*, StV 1997, S. 215, 216; HK-*Lemke*, § 127b Rn. 13.

[43] *Roxin*, § 30 Rn. 3; *Wolter*, ZStW 93 (1981), S. 452, 469.

[44] Vgl. LR-*Hilger*, 25. Auflage, Vor § 112 Rn. 31.

höchstens eine Woche dauernde Untersuchungshaft ist damit unter diesem Aspekt nicht grundsätzlich unverhältnismäßig. Eine Untersuchungshaft sollte jedoch dann nicht angeordnet werden, wenn angesichts einer geringen zu erwartenden Strafe die nachteiligen Folgen für die soziale Stellung des Beschuldigten überwiegen. Nicht verkannt werden sollte aber auch, daß ein schnell zum Abschluß gebrachtes Strafverfahren auch im Interesse des Beschuldigten liegen kann; ein über einen längeren Zeitraum schwebendes Verfahren und die damit verbundenen Belastungen können sich nämlich ebenfalls auf die persönliche Situation und die soziale Stellung negativ auswirken. Erstrebenswert ist damit insoweit eine möglichst bald, wenn nicht sogar eine sofort durchgeführte Hauptverhandlung im beschleunigten Verfahren. Ist eine solche nicht möglich, so muß dennoch die Haftdauer bei einer angeordneten Untersuchungshaft möglichst gering gehalten werden. Bleiben im übrigen Zweifel an der Verhältnismäßigkeit, so gilt - genau wie bei der Untersuchungshaft nach §§ 112 ff StPO - der Grundsatz „in dubio pro reo" nicht; vielmehr muß die Unverhältnismäßigkeit der Anordnung der Untersuchungshaft feststehen. Dies folgt schon daraus, daß das Prinzip „in dubio pro reo" ein zunächst für die Beweiswürdigung in der Hauptverhandlung gültiges Prinzip darstellt, das nicht auf eine Entscheidung übertragen werden kann, die in der Regel auf der Würdigung von Verdachtsmomenten aufbaut und sich in Prognosen erschöpft.[45]

2. Verstoß gegen den Gleichheitsgrundsatz?

Gegen die Hauptverhandlungshaft wird weiter geltend gemacht,[46] sie verletze den Gleichheitsgrundsatz; § 127b II StPO führe dazu, daß der wegen eines vergleichsweise geringeren Delikts Beschuldigte leichter inhaftiert werden könne, als der einer schwerwiegenderen Straftat Verdächtige, für den das beschleunigte Verfahren nicht in Betracht komme und für den die strengen Voraussetzungen der klassischen Haftgründe gelten. Eine so pauschale Aussage, allein unter dem Aspekt der Tatschwere eine unterschiedliche Behandlung als gegen den Gleichheitsgrundsatz verstoßend zu qualifizieren, ist jedoch nicht möglich. Denn auch im Rahmen der Untersuchungshaft gem. § 112 StPO sind

---

[45] Vgl. SK-*Paeffgen*, § 112 Rn. 10; *Eb. Schmidt*, Nachtr. I, § 112 Rn. 10; K/M-G, § 112 Rn. 8; LR-*Hilger*, 25. Auflage, Vor § 112 Rn. 33.

[46] Vgl. *Asbrock*, StV 1997, S. 43, 44; Stellungnahme des Strafrechtsausschusses des DAV, StraFO 1996, S. 34; *Hartenbach*, AnwBl 1996, S. 83; *Herzog*, StV 1997, S. 215, 216.

„Ungleichbehandlungen" möglich. Da die Beurteilung der Fluchtgefahr unter Berücksichtigung aller Umstände des Falles und nicht nur nach der zu erwartenden Strafe erfolgt,[47] kann es auch bei den klassischen Haftgründen dazu kommen, daß die Fluchtgefahr bei einem einer weniger schwerwiegenden Straftat Verdächtigen vorliegen kann, wenn sonstige, die Fluchtgefahr begründende Umstände vorliegen und demgegenüber bei einem einer schwerwiegenderen Straftat Verdächtigen nicht. Insoweit vergleichbar können vielmehr nur gleiche Personenkreise sein. Festgestellt wurde, daß für eine Hauptverhandlungshaft im Regelfall nur solche Personen in Betracht kommen, die in Deutschland keinen festen Wohnsitz haben. Insofern dürfen nur wohnsitzlose Personen miteinander verglichen werden. Nimmt man aber dann wieder den Vergleichsmaßstab der Qualität der vermeintlich begangenen Straftat, so wird man davon ausgehen müssen, daß bei einer wohnsitzlosen Person, die einer schwerwiegenden Straftat verdächtig ist, Fluchtgefahr vorliegt, und damit die Voraussetzungen für eine Untersuchungshaft gegeben sind. Man kann sogar noch einen Schritt weitergehen. Ganz unabhängig von der Schwere der Straftat liegt bei wohnsitzlosen Personen die Gefahr des Sichentziehens des Strafverfahrens ohnehin besonders nahe.[48] Eine solche Annahme läßt sich auch mit der Regel des § 113 II Nr. 2 StPO belegen, nach der Untersuchungshaft bei leichteren Straftaten ausnahmsweise dann angeordnet werden darf, wenn der Beschuldigte im Geltungsbereich der Strafprozeßordnung keinen festen Wohnsitz oder Aufenthalt hat. Dies führt zu der Feststellung, daß bei dem Personenkreis, der nach der hier vorgenommenen Auslegung für die Hauptverhandlungshaft in Betracht kommt, regelmäßig auch der Haftgrund der Fluchtgefahr anzunehmen ist. Damit aber ist ein Fall der Ungleichbehandlung nicht gegeben. Der entscheidende Unterschied zwischen der neugeregelten Hauptverhandlungshaft und der bisher schon existierenden Untersuchungshaft wegen Fluchtgefahr liegt vielmehr darin, daß der in § 127b II StPO geforderte geringere Grad der Wahrscheinlichkeit eines rein passiven Fernbleibens der Hauptverhandlung in der Praxis leichter nachzuweisen ist als die Gefahr, der Beschuldigte werde sich dem Strafverfahren insgesamt entziehen. Dieser Unterschied ist aber mit dem Ziel der Hauptverhandlungshaft, eine vermehrte Anwendung des beschleunigten Verfahrens zu unterstützen, und damit insgesamt dazu beizutragen, daß die Gerichte entlastet und die Funktionstüchtigkeit der Strafrechtspflege unterstützt wird, zu rechtfertigen. Ob jedoch eine solche

---

[47] LR-*Hilger*, 25. Auflage, § 112 Rn. 34; K/M-G, § 112 Rn. 19.

[48] So auch KK-*Boujong*, § 112 Rn. 19; LR-*Wendisch*, § 112 Rn. 39.

Regelung tatsächlich das vom Gesetzgeber erstrebte Ziel, das beschleunigte Verfahren zu einer vermehrten Anwendung zu bringen, zu erreichen vermag, sei dahingestellt und wird abzuwarten sein. In Frage steht hier nur, ob ein Haftbefehl nach § 127b II StPO noch rechtsstaatlichen Grundsätzen entspricht. Dies ist bei der oben vorgenommenen restriktiven Auslegung der Vorschrift der Fall.

3. Erlaß, Vollstreckung und Vollzug

Der weitere Verlauf der Untersuchungshaft folgt grundsätzlich den allgemeinen Vorschriften der §§ 114 ff StPO.[49]

Eine Sonderregel beinhaltet § 127b III StPO für die Zuständigkeit des Haftbefehlserlasses: Danach soll der für die Durchführung des beschleunigten Verfahrens zuständige Richter für den Erlaß des Haftbefehles zuständig sein. Dies soll eine schnelle Verfahrensdurchführung durch die Sachnähe des in der Hauptverhandlung entscheidenden Richters ermöglichen.[50] Diese Regelung kann sich aber auch negativ auf die Verfahrensbeschleunigung auswirken. Denn nach § 127b III StPO ist der für die Hauptverhandlung des beschleunigten Verfahrens zuständige Richter nicht nur für den Erlaß des Haftbefehls, sondern nach § 126 I StPO auch für weitere Entscheidungen zuständig. Er entscheidet über die Aufrechterhaltung des Haftbefehls (§ 115 IV StPO), die Außervollzugsetzung (§ 116 StPO) und die Aufhebung des Haftbefehls (§ 120 StPO). Vor allem ist der Haftrichter aber auch für gegen den Haftbefehl eingelegte Rechtsbehelfe wie die Haftbeschwerde gem. § 304 I StPO und den Antrag auf Haftprüfung gem. § 117 I StPO zuständig. Die hiermit verbundenen aufwendigen Zwischenverfahren können einer zügigen Durchführung des beschleunigten Verfahrens entgegenstehen.[51]

Eine weitere Besonderheit stellt § 127b II 2 StPO dar. Danach ist der Haftbefehl auf höchstens eine Woche ab dem Tage der Festnahme zu befristen. Aus dem Verhältnismäßigkeitsprinzip ergibt sich aber, daß die Hauptverhandlung im

---

[49] Im einzelnen vgl. *Beulke*, Rn. 219 ff.

[50] BT-Drucksache 13/2576, diese Zuständigkeit gilt jedoch nicht zwingend; die Ausgestaltung als Soll-Vorschrift soll in begründeten Ausnahmen Abweichungen gestatten, um im Rahmen der dem Präsidium bei den Amtsgerichten obliegenden Aufstellung des Geschäftsverteilungsplanes sachgerechte Lösungen für den Einzelfall unter Berücksichtigung örtlicher Besonderheiten zu ermöglichen.

[51] So auch K/M-G, § 127b Rn. 3.

beschleunigten Verfahren so bald wie möglich anzuberaumen ist, so daß damit gleichzeitig der Haftbefehl entsprechend auf eine möglichst kurze Frist beschränkt werden kann. Der Haftbefehl als solcher wird mit Ablauf der Frist gegenstandslos.

Eine Außervollzugsetzung des Haftbefehls gem. § 116 StPO, die nach seinem Wortlaut nur auf solche Haftbefehle beschränkt ist, die wegen Fluchtgefahr (§ 112 II Nr. 2 StPO), Verdunkelungsgefahr (§ 112 II Nr. 3 StPO) oder Wiederholungsgefahr (§ 112a StPO) gerechtfertigt sind,[52] ist nach dem erklärten Willen des Gesetzgebers[53] bei der Hauptverhandlungshaft gem. § 127b II StPO ebenso möglich. Begründet werden kann dies damit, daß § 116 StPO ohnehin nur eine besondere Ausprägung des Verhältnismäßigkeitsprinzipes ist, wonach der Vollzug eines Haftbefehls ausgesetzt werden muß, wenn der Zweck der Untersuchungshaft auch durch weniger einschneidende Maßnahmen erreicht werden kann.[54] Dabei muß es sich um solche Maßnahmen handeln, die die Durchführung der Hauptverhandlung im beschleunigte Verfahren ebenso sichern wie die Haft als solche. In Betracht kommen dafür vor allem die Anweisungen oder Sicherheitsleistungen, die § 116 I StPO für den Fall einer durch Verdunkelungsgefahr gerechtfertigten Untersuchungshaft vorsieht, nämlich die Meldepflicht gem. § 116 I Nr. 1 StPO, die Aufenthaltsbeschränkungen gem. § 116 I Nr. 2 StPO und die Sicherheitsleistung gem. § 116 I Nr. 4 StPO.[55] Eine Wiederinvollzugsetzung der Untersuchungshaft ist unter den Voraussetzungen des § 116 IV StPO möglich.

B. Das Ermittlungsverfahren

Das Ermittlungsverfahren als solches iSv §§ 158 ff StPO wird von den Vorschriften über das beschleunigte Verfahren nicht berührt.

---

[52] Zur Aussetzung im Falle der Schwere der Tat vgl. BVerfGE 19, 342.

[53] BT-Drucksache 13/2576.

[54] BVerfGE 19, 342, 347 ff.

[55] Bei der Weisung, die Wohnung nur unter Aufsicht zu verlassen, handelt es sich schon generell um eine wenig geeignete Maßnahme (vgl. K/M-G, § 116 Rn. 9); da aber die Hauptverhandlungshaft in erster Linie gegen Wohnsitzlose verhängt werden kann, kommt diese Form der Weisung ohnehin nicht in Betracht.

C. Antrag auf Durchführung des beschleunigten Verfahrens

I. Grundsätzliches

Im Normalverfahren erhebt die Staatsanwaltschaft öffentliche Klage, wenn die Ermittlungen dazu genügenden Anlaß bieten, also der Beschuldigte einer Straftat hinreichend verdächtig iSv § 203 StPO erscheint.[56] Die Anklageerhebung geschieht durch Einreichung einer Anklageschrift bei dem zuständigen Gericht, vgl. § 170 I StPO. Handelt es sich aber um eine Sache, die in den Zuständigkeitsbereich des Amtsgerichts gehört, so hat die Staatsanwaltschaft jetzt zunächst zu prüfen, ob sich die Sache für das beschleunigte Verfahren eignet. Ist dies nach den oben aufgestellten Voraussetzungen der Fall, so stellt die Staatsanwaltschaft Antrag auf Entscheidung im beschleunigten Verfahren.[57] Lag die Antragstellung nach alter Rechtslage bei Vorliegen der Voraussetzungen des beschleunigten Verfahrens noch im freien Ermessen der Staatsanwaltschaft,[58] so ist sie nun verpflichtet, den Antrag zu stellen, vgl. § 417 StPO. Dies gilt nur dann nicht, wenn sich die Sache auch durch Strafbefehl erledigen läßt, da diese als weniger aufwendige Erledigungsart vorzuziehen ist.[59]

II. Prozessuale Bedeutung des Antrags nach § 417 StPO

Zunächst könnte man daran denken, in der Antragstellung die Anklageerhebung als solche zu sehen. Jedoch ergibt sich mittelbar aus § 418 III StPO, der noch von der Anklageerhebung spricht, daß zwischen Antragstellung und Anklageerhebung zu differenzieren ist.[60] Der Antrag nach § 417 StPO ist damit eine Prozeßhandlung, die zunächst nur erwirken will, daß die Hauptverhandlung alsbald durchgeführt wird.[61] Für die Durchführung des beschleunigten Verfahrens stellt der Antrag eine besondere Prozeßvoraussetzung dar. Im übrigen ist

---

[56] *Roxin*, PdW, Fall 182.

[57] Dem Beschuldigten steht weder ein eignes Antragsrecht noch ein Widerspruchsrecht gegen die Durchführung des beschleunigten Verfahrens zu.

[58] Obwohl die Staatsanwaltschaft nach Nr. 146 I 1 RiStBV gehalten war, in „allen geeigneten Fällen" den Antrag zu stellen.

[59] Vgl. BT-Drucksache 12/6853 S. 35; vgl. auch *König/Seitz*, NStZ 1995, S. 1, 4.

[60] Vgl. auch *Eb. Schmidt* II, § 212 Rn. 8.

[61] *Zimmermann*, S. 83.

das beschleunigte Verfahren mit der Antragstellung nach allgemeiner Meinung[62] bei Gericht anhängig.[63]

III. Zeitpunkt der Antragstellung

Wie schon oben festgestellt wurde, kann der Antrag auf Entscheidung im beschleunigten Verfahren frühestens nach Abschluß des Ermittlungsverfahrens gestellt werden. Nach allgemeiner Meinung ist eine Antragstellung bei dem mit der Anklage befaßten Gericht auch noch nach Erhebung der öffentlichen Anklage iSv § 199 II 1 StPO möglich.[64] Dies kommt z.B. im Fall eines zwischenzeitlichen Geständnisses und der Gestellung zur sofortigen Verhandlung in Betracht. In diesem Fall liegt in der Antragstellung nach § 417 StPO zugleich die Rücknahme des Antrags auf Eröffnung des Hauptverfahrens.[65] Die durch das beschleunigte Verfahren mit dem Wegfall des Zwischenverfahrens beabsichtigte Verfahrensverkürzung kann aber dann nicht mehr erreicht werden, wenn der gerichtliche Eröffnungsbeschluß schon erlassen worden ist. Vor allem aber ergibt § 156 StPO, daß nach Eröffnung des Hauptverfahrens die öffentliche Klage nicht mehr zurückgenommen werden kann und damit eine Antragstellung auf Durchführung des beschleunigten Verfahrens nicht mehr möglich ist.[66] Einen Sonderfall betrifft die Entscheidung des OLG Oldenburg.[67] Dort hatte der Richter vergessen, den Eröffnungsbeschluß zu erlassen, was sich nach der Vernehmung des Beschuldigten zur Person herausstellte. Ein Nachholen des Eröffnungsbeschlusses in der Hauptverhandlung war damals noch nicht anerkannt.[68] Hier konnte der Fortgang der Verhandlung nur dadurch ermöglicht

---

[62] OLG Hamburg NJW 1966, S. 2179; LR-*Rieß*, § 212a Rn. 2.

[63] Im Unterschied zum Normalverfahren, in dem die Sache mit Anklageerhebung anhängig ist, vgl. nur BGHSt 20, 219; jedoch können im beschleunigten Verfahren Antragstellung und Anklageerhebung zusammenfallen.

[64] OLG Oldenburg NJW 1960, S. 352.

[65] LR-*Rieß*, § 212 Rn. 18.

[66] BayObLGSt 87, 55; K/M-G, § 417 Rn. 12; LR-*Rieß*, § 212 Rn. 19; *Eb. Schmidt* II, § 212 Rn. 9.

[67] OLG Oldenburg NJW 1960, S. 352.

[68] Zur heute nach hM bestehenden Möglichkeit, den fehlenden Eröffnungsbeschluß noch in der Hauptverhandlung nachzuholen vgl. BGHSt 29, 224, 228 ff; *Schroeder*, Fälle, S. 5; *Pfeiffer/Fischer*, § 207 Rn. 11. Zutreffend gegen die Nachholbarkeit des Eröffnungsbeschlusses: *Beulke*, Rn. 284; *Meyer-Goßner*, JR 1981, S. 215.

werden, daß die Staatsanwaltschaft einen Antrag auf Entscheidung im beschleunigten Verfahren stellte. Da sich der Beschuldigte hiermit einverstanden erklärte, konnte er als freiwillig Erschienener angesehen und die Hauptverhandlung durchgeführt werden.

IV. Rücknahme des Antrags

Aus § 156 StPO ergibt sich, daß im Normalverfahren die Anklage bis zur Eröffnung des Hauptverfahrens zurückgenommen werden kann. Ist aber die Klagerücknahme möglich, so muß auch der Antrag, der selbst noch keine Klage darstellt, zurückgenommen werden können. Da aber im beschleunigten Verfahren kein Eröffnungsbeschluß erlassen wird, ist für das beschleunigte Verfahren ein entsprechender Zeitpunkt zu suchen, ab dem die Sache der staatsanwaltlichen Dispositionsbefugnis entzogen wird. Bei der Suche nach diesem Zeitpunkt handelt es sich gleichzeitig um die Frage, wann das beschleunigte Verfahren bei Gericht rechtshängig wird.

Im Normalverfahren tritt die Rechtshängigkeit mit Erlaß des Eröffnungsbeschlusses ein.[69] Ab diesem Zeitpunkt verliert die Staatsanwaltschaft ihre Dispositionsbefugnis über die Klage, vgl. § 156 StPO.[70] Im beschleunigten Verfahren aber ergeht kein Eröffnungsbeschluß, vgl. § 418 I StPO. Damit ist für das beschleunigte Verfahren ein anderer Zeitpunkt für die Annahme der Rechtshängigkeit zu suchen. Hierfür könnte der Beginn der Vernehmung des Angeklagten zur Sache in Betracht kommen.[71] Allerdings sind das OLG Celle[72] und wohl auch der Bundesgerichtshof[73] anderer Auffassung.[74] Da es im beschleunigten Verfahren an einem Eröffnungsbeschluß fehle, trete überhaupt keine endgültige Bindung der Staatsanwaltschaft im Sinne des § 156 StPO jedenfalls bis zur Verkündung des erstinstanzlichen Urteils ein. Dies ergebe

---

[69] BGHSt 29, 341, 343; *Beulke*, Rn. 279; aA *Roxin*, § 38 Rn. 9: Beginn der Rechtshängigkeit mit Erhebung der öffentlichen Klage.

[70] Vgl. BGHSt 29, 224, 229.

[71] Befürwortend OLG Oldenburg NJW 1961, S. 1127; BayObLGSt 1987, 55, 57; *Meyer-Goßner*, JR 1984, S. 74, 76; *Treier*, NStZ 1983, S. 234, 235; LR-*Rieß*, § 212a Rn. 2; KK-*Treier*, § 212a Rn. 6; *Eb. Schmidt* II, § 212a Rn. 16; K/M-G, § 418 Rn. 4.

[72] OLG Celle NStZ 1983, S. 233.

[73] BGHSt 15, 314, 316; vgl. auch KK-*Pfeiffer*, § 12 Rn. 2.

[74] So auch LR-*Wendisch*, § 12 Rn. 13; SK-*Paeffgen*, § 417 Rn. 11.

sich auch aus der Möglichkeit des Gerichts, die Verurteilung im beschleunigten Verfahren bis zur Verkündung des Urteils abzulehnen, wodurch die Staatsanwaltschaft ihre völlige Entschließungsfreiheit wiedererlange. Hiergegen ist jedoch zunächst einzuwenden, daß die Möglichkeit der Ablehnung des beschleunigten Verfahrens durch das Gericht nicht als Beleg dafür angesehen werden kann, daß eine Bindung iSv § 156 StPO nicht eintrete. Vielmehr zeigt dies gerade, daß nur das Gericht, nicht mehr aber die Staatsanwaltschaft die Durchführung des beschleunigten Verfahrens verhindern kann. Daß das Gericht diese Möglichkeit hat, ist lediglich ein Ausgleich dafür, daß es in diesem Verfahren ein förmliches Eröffnungsverfahren mit dem ihm eigenen Prüfungsmöglichkeiten nicht gibt. Desweiteren aber läßt sich dem § 156 StPO der Grundgedanke entnehmen, daß mit Übernahme der Untersuchung die Verfügungsgewalt über das Verfahren auf das unabhängige Gericht übergehen und nicht bei der weisungsgebundenen Staatsanwaltschaft verbleiben soll.[75] Daher erscheint es gerechtfertigt, daß die Staatsanwaltschaft nur bis zu dem Zeitpunkt den Antrag nach § 417 StPO zurücknehmen kann, in dem das Gericht die Übernahme der Verfügungsmacht über das Verfahren zu erkennen gibt. Das ist der Beginn der Vernehmung des Angeklagten zur Sache. Allerdings ist die Rechtshängigkeit auflösend bedingt; sie entfällt, wenn das Gericht nach § 419 I 1, II 1 StPO die Entscheidung im beschleunigten Verfahren ablehnt und kein Eröffnungsbeschluß gem. § 419 III StPO ergeht.[76]

V. Form und Inhalt

Der Antrag kann gem. § 417 StPO sowohl schriftlich als auch mündlich gestellt werden. Je mehr Zeit bis zur Durchführung der Hauptverhandlung bleibt, desto eher wird der Antrag schriftlich gestellt werden. Die Möglichkeit mündlicher Antragstellung vereinfacht die staatsanwaltliche Tätigkeit jedoch erheblich in den Fällen, in denen der Beschuldigte dem Gericht vorgeführt wird oder sich freiwillig zur Hauptverhandlung stellt.[77] Vom Inhalt her muß der Antrag erken-

---

[75] Vgl. auch *Treier*, NStZ 1983, S. 234.

[76] S.u. 5. Kapitel D. II .3.

[77] LR-*Rieß*, § 212 Rn. 17. Vor allem in Großstädten, wo die Gerichte auf sofort durchgeführte Verhandlungen im beschleunigten Verfahren vorbereitet sind, besteht z.B. die Möglichkeit, Beschuldigte nach vorläufiger Festnahme unmittelbar dem verhandlungsbereiten Gericht vorzuführen. Auf diese Weise erübrigt sich auch eine Haftentscheidung gem. § 128 StPO.

nen lassen, daß die Durchführung des beschleunigten Verfahrens begehrt wird.[78]

Ist nach Einschätzung des Staatsanwaltes eine Freiheitsstrafe von mindestens sechs Monaten zu erwarten und liegt damit ein Fall der notwendigen Verteidigung nach § 418 IV StPO vor, so kann der Staatsanwalt mit dem Antrag nach § 417 StPO den Antrag auf Verteidigerbestellung verbinden.

VI. Anklageerhebung

Die Anklageerhebung ist eine von der Antragstellung isoliert zu betrachtende Prozeßhandlung. Eine schriftliche Anklageerhebung durch Einreichung einer Klageschrift ist nach § 418 III 1 StPO nicht erforderlich. Wenn jedoch der Antrag auf Entscheidung im beschleunigten Verfahren schriftlich gestellt wird, können Antrag und Anklageschrift miteinander verbunden werden. Der Inhalt der Anklageschrift entspricht dann dem im Normalverfahren. Sie muß den Beschuldigten, die ihm zur Last gelegte Tat, Zeit und Ort ihrer Begehung, die gesetzlichen Merkmale der Straftat und die anzuwendenden Strafvorschriften bezeichnen, vgl. § 200 I 1 StPO. Wird keine Anklageschrift eingereicht, so wird die Klage mündlich bei Beginn der Verhandlung erhoben, vgl. § 418 III 2 StPO. Dabei muß das mündliche Vorbringen ebenfalls den Erfordernissen des § 200 I 1 StPO entsprechen. Die Richtlinien für das Straf- und Bußgeldverfahren, die vor allem dem Staatsanwalt als Anleitung für seine Tätigkeiten dienen, besagen für diesen Fall, daß der Staatsanwalt die Anklage dennoch nach Möglichkeit schriftlich niederlegen, sie in der Hauptverhandlung verlesen und dem Gericht einen Abdruck als Anlage für die Niederschrift übergeben soll, vgl. RiStBV 146. II. Diese schriftliche Fixierung soll sowohl dem Staatsanwalt als auch dem Gericht zur weiteren Erleichterung und Vereinfachung dienen. Schließlich ist auch der Fall denkbar, daß eine mündliche Anklageerhebung unterblieben ist. Liegt jedoch ein schriftlicher Antrag auf Entscheidung im beschleunigten Verfahren vor, so kommt es darauf an, ob er für sich gesehen den Anforderungen

---

[78] Die Worte „Antrag auf Entscheidung im beschleunigten Verfahren“ müssen nicht ausdrücklich gebraucht werden. Es genügt ein Antrag auf sofort oder in kurzer Frist durchgeführte Hauptverhandlung ohne Entscheidung über die Eröffnung des Hauptverfahrens. Im übrigen entspricht der Antrag auf Durchführung des beschleunigten Verfahrens dem im Normalverfahren erforderlichen Antrag auf Eröffnung des Hauptverfahrens, vgl. *Fezer*, ZStW 106 (1994), S. 1, 12.

des § 200 I 1 StPO genügt. Wenn dem so ist, ist allgemein anerkannt, daß der Antrag als Anklageschrift gewertet werden kann.[79]

D. Prüfungskompetenz des Gerichts

Die gerichtliche Prüfungskompetenz durchzieht das gesamte beschleunigte Verfahren von der Antragsstellung durch die Staatsanwaltschaft bis hin zur Verkündung des erstinstanzlichen Urteils. Für diesen Zeitraum ist zu untersuchen, worauf sich die Prüfungskompetenz im einzelnen bezieht, inwieweit Prüfungsrechte oder Prüfungspflichten bestehen und in welcher Form gerichtliche Entscheidungen bei Nichtvorliegen beispielsweise einer der besonderen Voraussetzungen des beschleunigten Verfahrens ergehen. Insoweit ist zu differenzieren zwischen der Situation vor der eigentlichen Hauptverhandlung, wenn Prüfungsgegenstand der staatsanwaltliche Antrag ist, und der innerhalb der Hauptverhandlung bis hin zur Urteilsverkündung. Zäsurwirkung hat insofern der schon oben festgestellte Zeitpunkt der Rechtshängigkeit der Sache bei Gericht, der mangels Eröffnungsbeschlusses im Beginn der Vernehmung des Angeklagten zur Sache zu sehen ist.

Nach Antragstellung durch die Staatsanwaltschaft folgt die Hauptverhandlung unmittelbar ohne ein formelles Zwischenverfahren, vgl. § 418 I StPO. Dabei kann die Hauptverhandlung sofort oder in kurzer Frist stattfinden. In jedem Fall muß das Gericht zunächst prüfen, ob das beschleunigte Verfahren überhaupt durchgeführt werden kann. Als Grundlage hierfür können zu diesem Zeitpunkt nur der Akteninhalt, der Antrag (der zumeist auch einige Angaben über Tat und Täter enthält) und gegebenenfalls die Anklageschrift dienen. Die richterliche Prüfung wird hier ausführlicher in den Fällen sein können, in denen die Hauptverhandlung in kurzer Frist durchgeführt werden soll, wohingegen bei sofort durchgeführter Hauptverhandlung der Richter unmittelbar mit dem Antrag auf ein beschleunigtes Verfahren konfrontiert und kaum Zeit haben wird, sich detaillierte Gedanken über die Voraussetzungen des beschleunigten Verfahrens zu machen. Nach Rechtshängigkeit und vor allem im Verlauf der Verhandlung gewinnt der Richter ein genaueres Bild über die Sach- und Rechtslage und wird das Vorliegen dieser Voraussetzungen besser einschätzen können.

---

[79] OLG Hamburg NJW 1966, S. 2179.

I. Überprüfung der Geeignetheit für das beschleunigte Verfahren

1. Besondere Voraussetzungen des beschleunigten Verfahrens

a) Inhalt

Zunächst einmal hat das Gericht das Vorliegen der besonderen Voraussetzungen des beschleunigten Verfahrens zu überprüfen. Dazu gehört vor allem, daß der Sachverhalt einfach oder die Beweislage klar ist, aber auch, daß die Möglichkeit sofortiger Verhandlung gegeben ist. Insgesamt müssen eine angemessene Verteidigung des Beschuldigten und eine umfassende Sachverhaltsaufklärung im beschleunigten Verfahren gewährleistet sein.[80] Des weiteren wird das Gericht untersuchen, ob die begrenzte Rechtsfolgenkompetenz für eine Verurteilung in der konkreten Sache ausreichend ist.

b) Art der Entscheidung bei Fehlen der besonderen Eignungsvoraussetzungen

aa) Vor Rechtshängigkeit

Die besonderen Voraussetzungen des beschleunigten Verfahrens machen die Eignung der Sache für das beschleunigte Verfahren im engeren Sinn aus. Ist das Verfahren nicht geeignet, so lehnt das Gericht die Verhandlung im beschleunigten Verfahren ab. Hierfür kann aber nicht auf die Vorschrift des § 419 II 1 StPO zurückgegriffen werden, weil sich aus dem Wort „auch" ergibt, daß hiermit nur die Ablehnung in der Hauptverhandlung selbst gemeint ist. Für die Ablehnung vor der Hauptverhandlung, also nach Antragstellung bis hin zum Beginn der Vernehmung des Angeklagten zur Sache, fehlt es somit an einer ausdrücklichen Regelung. Jedoch kann hierfür § 419 I 1 StPO herangezogen werden, wonach das Gericht dem Antrag der Staatsanwaltschaft zu entsprechen hat, wenn sich die Sache zur Verhandlung im beschleunigten Verfahren eignet. Aus dem Gegenschluß ergibt sich, daß dann das Gericht auch eine Ablehnungsbefugnis bezüglich des staatsanwaltlichen Antrags besitzen muß. Die Ablehnung vor Rechtshängigkeit beruht daher auf § 419 I 1 StPO e contrario.

---

[80] Vgl. nur AK-*Loos*, § 419 Rn. 4.

bb) Nach Rechtshängigkeit

Stellt das Gericht das Fehlen der besonderen Voraussetzungen im Zeitraum nach Beginn der Vernehmung des Angeklagten zur Sache bis hin zur Urteilsverkündung fest, so ergeht ein Ablehnungsbeschluß gem. § 419 II 1 StPO.

c) Konsequenz der Ablehnungsentscheidung

Nach alter Rechtslage hatte die gerichtliche Ablehnungsentscheidung zur Folge, daß die Rechtshängigkeit beseitigt wurde und die Staatsanwaltschaft ihre volle Entschlußfreiheit zurückerhielt, unter dem Vorbehalt, daß eine erneute Antragstellung auf Durchführung des beschleunigten Verfahrens nicht möglich war. Nach neuer Rechtslage muß das Gericht nach Ablehnung der Durchführung des beschleunigten Verfahrens gem. § 419 III StPO entscheiden, ob das reguläre Hauptverfahren zu eröffnen ist. Der Ablauf dieses neu geschaffenen „vereinfachten Zwischenverfahrens" wird unter D II. dargestellt werden.

d) Beschwerde gegen die Ablehnungsentscheidung?

Die Beschwerde, mit der der Beschwerdeführer die Aufhebung oder die Vornahme einer Entscheidung begehrt, ist gegen alle Beschlüsse und Verfügungen iSv § 304 I StPO statthaft, soweit nicht das Gesetz diese Beschlüsse und Verfügungen ausdrücklich einer Anfechtung entzieht.[81] Letzteres gilt gem. § 419 II 2 StPO bezüglich der das beschleunigte Verfahren ablehnenden Entscheidung; ein solcher Beschluß ist nicht anfechtbar. Fraglich ist lediglich, ob sich der Anfechtungsausschluß des § 419 II 2 StPO systematisch nur auf die in der Hauptverhandlung bis hin zur Urteilsfindung vorgenommene Ablehnungsentscheidung iSv § 419 II 1 StPO bezieht. Diese Auffassung hat das Landgericht Berlin[82] in einer älteren Entscheidung vertreten, und zwar damals auf Grundlage des § 212b II StPO, der insoweit dem heutigen § 419 II StPO entspricht. Danach wäre eine Beschwerde gegen die vor der Hauptverhandlung ergangene Ablehnungsentscheidung iSv § 419 I 1 StPO e contrario zulässig. Aus der Entstehungsgeschichte des § 419 StPO aber ergibt sich, daß sich der

---

[81] Vgl. im einzelnen *Beulke*, Rn. 577 ff.

[82] LG Berlin DAR 1957, S. 190, 191.

Anfechtungsausschluß auch auf die Ablehungsentscheidung vor der Hauptverhandlung bezieht. Die Regelung über die Ablehnung des beschleunigten Verfahrens des § 419 StPO hat ihren Ursprung in § 30 I der Zuständigkeitsverordnung von 1940.[83] Dort aber bezog sich der Anfechtungsausschluß des § 30 I 3 auch systematisch auf die in § 30 I 1 und 2 genannten Ablehnungsmöglichkeiten vor und in der Hauptverhandlung. Damit ist eine Beschwerde gegen die das beschleunigte Verfahren ablehnende Entscheidung generell nicht zulässig.[84]

Im übrigen ist nach allgemeiner Meinung auch eine Beschwerde gegen die Durchführung des beschleunigten Verfahrens nicht zulässig.[85]

2. Allgemeine Prozeßvoraussetzungen

a) Prüfungspflicht

Die Verfahrensvoraussetzungen sind grundsätzlich in jedem Stadium des Verfahrens von Amts wegen zu prüfen, da mit ihnen die Zulässigkeit des gesamten Strafverfahrens steht und fällt.[86] Daher ist es auch allgemeine Meinung, daß das Gericht sowohl vor als auch während der Hauptverhandlung im beschleunigten Verfahren das Vorliegen der negativen und positiven Prozeßvoraussetzungen zu überprüfen hat.[87]

b) Art der Entscheidung

Für den Fall des Fehlens einer Prozeßvoraussetzung ist fraglich, welcher Natur die ablehnende Entscheidung ist. Im Normalverfahren beschließt das Gericht die Nichteröffnung des Hauptverfahrens, wenn es an einer Prozeßvoraussetzung fehlt, wobei für die fehlende gerichtliche Zuständigkeit wiederum

---

[83] Zuständigkeitsverordnung vom 21.2.1940, RGBl S. 405; § 30 I: „Der Amtsrichter lehnt die Aburteilung im beschleunigten Verfahren ab, wenn sich die Sache zur Verhandlung in diesem Verfahren nicht eignet. Dies kann auch in der Hauptverhandlung bis zur Verkündung des Urteils geschehen. Der Beschluß ist unanfechtbar.".

[84] Allg. Meinung, vgl. nur *Zimmermann*, S. 177; K/M-G, § 419 Rn. 11.

[85] Vgl. *Giesler*, S. 265; LR-*Rieß*, § 212b Rn. 19.

[86] Vgl. *Beulke*, Rn. 273 ff.

[87] Vgl. nur LR-*Rieß*, § 212a Rn. 12.

Sonderregeln existieren. Insoweit ist für das beschleunigte Verfahren zu untersuchen, ob hier die allgemeinen Regeln gelten oder ob im Fall des Fehlens von Prozeßvoraussetzungen die Verhandlung im beschleunigten Verfahren wegen Ungeeignetheit für das beschleunigte Verfahren abgelehnt wird, mithin also die Prozeßvoraussetzungen unter den Eignungsbegriff des § 419 I 1 StPO zu subsumieren sind.

aa) Sachliche Zuständigkeit

Zunächst betrifft diese Frage die sachliche Zuständigkeit. Gem. § 6 StPO ist die sachliche Zuständigkeit, die eine Prozeßvoraussetzung darstellt,[88] in jeder Lage des Verfahrens von Amts wegen zu prüfen.

(1) Zuständigkeit des Amtsgerichts

Die sachliche Zuständigkeit betrifft zunächst die Frage, welches Gericht für die Strafsache in erster Instanz zuständig ist. Hierbei handelt es sich aber gleichzeitig um die Festlegung des Anwendungsbereiches des beschleunigten Verfahrens, das nur vor dem Amtsgericht stattfindet. Ist im Zwischenverfahren des Normalverfahrens bei fehlender sachlicher Zuständigkeit des Amtsgerichts eine Vorlage an das zuständige Gericht möglich, vgl. § 209 II StPO, so ergeht im beschleunigten Verfahren nach allgemeiner Meinung ein Ablehnungsbeschluß wegen Nichteignung für das beschleunigte Verfahren nach § 419 I 1 StPO e contrario. Denn hier geht es nicht um die durch Verweisung behebbare fehlende sachliche Zuständigkeit, sondern um das beantragte beschleunigte Verfahren selbst. Würde man eine Verweisung an das Landgericht für zulässig erachten, so wäre, da vor dem Landgericht das beschleunigte Verfahren nicht durchgeführt werden kann, die Sache wegen fehlender Eignung abzulehnen. Demzufolge hat schon das Amtsgericht den Nichteignungsbeschluß für das beschleunigte Verfahren zu erlassen.[89]

---

[88] BGHSt 18, 79, 81 (GSSt).

[89] LR-*Rieß*, § 212a Rn. 14; K/M-G, § 417 Rn. 2; *Eb. Schmidt* II, § 212a Rn. 2; KK-*Treier*, § 212a Rn. 1.

(2) Zuständigkeit des Strafrichters oder des Schöffengerichts

Zur sachlichen Zuständigkeit gehört auch die Frage, welcher von mehreren Spruchkörpern innerhalb eines Gerichts zuständig ist. Im beschleunigten Verfahren kann entweder der Strafrichter die Zuständigkeit des Schöffengerichts für gegeben halten oder umgekehrt. Hier ist die Problematik nicht die gleiche wie bei der Frage, ob das Amtsgericht oder das Landgericht zuständig ist, denn das beschleunigte Verfahren kann sowohl vor dem Strafrichter als auch vor dem Schöffengericht stattfinden. Fraglich ist, wie in diesem Fall zu verfahren ist, da auch diesbezüglich eine spezielle Regelung in den §§ 417 ff StPO fehlt. Im Normalverfahren gilt in diesem Verfahrensstadium ebenfalls § 209 StPO. Eine spezielle Regelung findet sich für das Strafbefehlsverfahren in § 408 I StPO. Hält danach der Vorsitzende des Schöffengerichts die Zuständigkeit des Strafrichters für begründet, so gibt er die Sache durch Vermittlung der Staatsanwaltschaft an den Strafrichter ab, vgl. § 408 I 1 StPO. Ebenso könnte im umgekehrten Fall gem. § 408 I 3 StPO verfahren werden, wenn der Strafrichter das Schöffengericht für zuständig hält.[90] Für das beschleunigte Verfahren stellt sich nun mangels ausdrücklicher Regelung die Frage, ob die §§ 209, 408 I StPO in analoger Anwendung herangezogen werden können, oder ob auch in diesem Falle eine Ablehnungsentscheidung nach § 419 I 1 StPO e contrario ergehen muß.

Schon vor der Neufassung der §§ 209, 408 StPO durch das Strafverfahrensänderungsgesetz von 1979[91] wurde die Auffassung vertreten, daß in dem Fall, in dem der Strafrichter die Zuständigkeit des Schöffengerichts für gegeben hält, § 209 III StPO a.F.[92] entsprechend herangezogen werden müsse, da nicht das beschleunigte Verfahren als solches abgelehnt, sondern nur ihre Durchführung beim höheren Gericht für geboten erachtet werde.[93] Nach den Änderungen

[90] Im Strafbefehlsverfahren kann es aber nach Änderung des § 25 GVG durch das Rechtspflegeentlastungsgesetz vom 11.1.1993, BGBl S. 50, eine Zuständigkeit des Schöffengerichts nicht mehr geben, da der Strafrichter bei Vergehen nunmehr immer zuständig ist, wenn eine höhere Freiheitsstrafe als zwei Jahre nicht zu erwarten ist; auf die Bedeutung der Sache kommt es nicht mehr an (s.o. 4 Kapitel A. I. 2.). Im Strafbefehl aber darf höchstens eine Freiheitsstrafe von einem Jahr verhängt werden, vgl. § 407 II 2 StPO.

[91] StVÄG 1979 vom 5.10.1978, BGBl 1978 S. 1645.

[92] Gem. § 209 III StPO a.F. war nur eine Vorlage an ein Gericht höherer Ordnung möglich, also im beschleunigten Verfahren vom Strafrichter an das Schöffengericht.

[93] Vgl. *Roestel*, NJW 1966, S. 1952; *Zimmermann*, S. 73.

durch das Strafverfahrensänderungsgesetz von 1979 hat sich auch Rieß[94] aufgrund der erkennbar lückenhaften Regelung des beschleunigten Verfahrens dieser Auffassung angeschlossen. Der Vorsitzende des Schöffengerichts könne die Sache grundsätzlich mit insoweit bindender Wirkung an den Strafrichter zur Entscheidung über den Antrag auf Durchführung des beschleunigten Verfahrens abgeben, der Strafrichter die Sache dem Vorsitzenden des Schöffengerichts vorlegen.

Diese Auffassung wird von der ganz herrschenden Meinung[95] ohne weitergehende Begründung abgelehnt. Es müsse bei Zuständigkeitskonflikten innerhalb des Amtsgerichts ein Ablehnungsbeschluß nach § 419 I 1 StPO e contrario ergehen. Es bedarf daher einer Untersuchung der für beide Auffassungen sprechenden Argumente. Gegen die Auffassung von Rieß könnte zunächst geltend gemacht werden, daß es einer ausdrücklichen Regelung bedurft hätte, wie sie auch im Strafbefehlsverfahren existiert, und sich deshalb eine entsprechende Anwendung der §§ 209, 408 I StPO verbietet. Da das beschleunigte Verfahren in den §§ 417 ff StPO aber ohnehin zum Teil recht lückenhaft geregelt ist und diese Lücken häufig nur durch die Heranziehung anderer Vorschriften geschlossen werden können, kann aus der fehlenden ausdrücklichen Regelung nicht zwingend der Schluß gezogen werden, daß eine Abgabe an den Strafrichter bzw. eine Vorlage an das Schöffengericht im beschleunigten Verfahren per se ausgeschlossen ist. Weiterhin könnte gegen eine analoge Anwendung von §§ 209, 408 I StPO sprechen, daß es bei der Frage, ob der Strafrichter oder das Schöffengericht zuständig ist, sich um eine Frage der sachlichen Zuständigkeit genau wie bei dem Verhältnis Amtsgericht – Landgericht handelt, bei der nach allgemeiner Meinung eine Ablehnung des beschleunigten Verfahrens nach § 419 I 1 StPO e contrario erfolgt. Doch auch dieses Argument überzeugt nicht. Denn vor dem Landgericht kann das beschleunigte Verfahren nicht durchgeführt werden (vgl. § 417 StPO) und für das Regelverfahren fehlt der dort notwendige Eröffnungsbeschluß. Vor dem Strafrichter und dem Schöffengericht aber ist das beschleunigte Verfahren gerade statthaft. Gegen die Auffassung kann schließlich noch sprechen, daß in diesem Falle die Voraussetzungen des beschleunigten Verfahrens nicht mehr gegeben sind, da es an der Möglichkeit sofortiger Verhandlung fehlt, wenn die Sache zunächst an das zuständige Gericht weitergeleitet werden muß. Zu be-

---

94 LR-*Rieß*, § 212a Rn. 15.

95 KMR-*Paulus*, § 212a Rn. 3 (Vorauflage); K/M-G, § 418 Rn. 2; KK-*Treier*, § 212a Rn. 1; einschränkend jetzt AK-*Loos*, § 418 Rn. 6.

achten ist jedoch, daß die Hauptverhandlung auf zwei Arten durchgeführt werden kann, nämlich entweder sofort oder in kurzer Frist. Stellt der Strafrichter oder der Vorsitzende des Schöffengerichts bei sofort durchgeführter Hauptverhandlung fest, daß das Schöffengericht bzw. der Strafrichter zuständig ist, führt eine daraus resultierende Verzögerung zur Ungeeignetheit der Sache für das beschleunigte Verfahren, so daß ein Ablehnungsbeschluß gem. § 419 I 1 StPO e contrario ergehen muß. Anders könnte sich dies im Falle der in kurzer Frist durchzuführenden Hauptverhandlung darstellen. Ist der Antrag der Staatsanwaltschaft frühzeitig gestellt, so kann grundsätzlich noch genug Zeit vor der Hauptverhandlung sein, um die Sache an den Strafrichter bzw. an den Vorsitzenden des Schöffengerichts weiterzuleiten. Dies gilt insbesondere, wenn man die Änderungen des Verbrechensbekämpfungsgesetzes berücksichtigt. War nach alter Rechtslage noch von einer in „kürzester Frist" durchzuführenden Hauptverhandlung die Rede (vgl. § 212a I StPO a.F.), so genügt jetzt eine Durchführung der Hauptverhandlung in kurzer Frist (vgl. § 418 I StPO), wobei als Richtlinie an eine Zeitspanne von ungefähr zwei Wochen zu denken ist.[96] Insbesondere wenn die Amtsgerichte besondere organisatorische Voraussetzungen für die Durchführung beschleunigter Verfahren getroffen haben, wie es den Vorstellungen des Gesetzgebers entspricht und wohl vor allem in Großstädten z.T. schon realisiert ist, kann innerhalb eines solchen Zeitraums das dann nach Weiterleitung zuständige Gericht eine Hauptverhandlung in kurzer Frist durchführen.

Es bleibt damit letztendlich eine Frage des konkreten Falles, ob bei einer in kurzer Frist durchzuführenden Hauptverhandlung eine Weiterleitung an den Strafrichter oder das Schöffengericht zu einer derartigen Verzögerung führen würde, daß die Sache für das beschleunigte Verfahren ungeeignet wird. Grundsätzlich aber sind die Regeln der §§ 209, 408 I StPO entsprechend heranzuziehen. Hat die Staatsanwaltschaft beim Schöffengericht einen Antrag auf Durchführung des beschleunigten Verfahrens gestellt, so gibt der Vorsitzende des Schöffengerichts, wenn er die Zuständigkeit des Strafrichters für begründet hält, die Sache durch Vermittlung der Staatsanwaltschaft an diesen ab. Dabei bedarf die Abgabe der Beschlußform.[97] Der Abgabebeschluß ist für den Strafrichter bindend, der Staatsanwaltschaft steht die sofortige Beschwerde an das Landgericht zu, vgl. §§ 209 I, 210 II, 408 I 1 StPO analog. Im umge-

---

[96] Der Gesetzgeber denkt an eine Zeitspanne von ein bis zwei Wochen, vgl. BT-Drucksache 12/6853 S. 108.

[97] Vgl. LR-*Gössel*, zu § 408 Rn. 10.

kehrten Fall, in dem der Strafrichter der Auffassung ist, daß das Schöffengericht zuständig sei, hat er die Sache durch Vermittlung der Staatsanwaltschaft dem Schöffengerichtsvorsitzenden vorzulegen, vgl. §§ 209 II, 408 I 2 StPO analog. Dieser wird auch ohne förmlichen Übernahmebeschluß für das beschleunigte Verfahren zuständig, wenn er die Auffassung des Strafrichters teilt. Ansonsten gibt er die Sache mit bindender Wirkung an den Strafrichter zurück.

bb) Örtliche Zuständigkeit

(1) Umfang der Prüfungspflicht

Die sich aus den §§ 7 ff StPO ergebende örtliche Zuständigkeit betrifft die Auswahl unter mehreren räumlich nebeneinander liegenden Gerichten gleicher Art nach örtlichen Gesichtspunkten (Tatort, Wohnsitz usw.).[98] Im Regelverfahren ist die örtliche Zuständigkeit bis zur Eröffnung des Hauptverfahrens von Amts wegen zu prüfen; danach darf das Gericht nur auf Einwand des Angeklagten, bis zum Beginn seiner Vernehmung zur Sache in der Hauptverhandlung, seine Unzuständigkeit aussprechen, vgl. § 16 StPO. Damit handelt es sich bei der örtlichen Zuständigkeit um eine befristete Verfahrensvoraussetzung. Sind die Prüfungsmöglichkeiten versäumt, und hat das Gericht seine Unzuständigkeit nicht erkannt, dann wird das an sich unzuständige Gericht von Rechts wegen zuständig.[99] Fraglich ist, wann im beschleunigten Verfahren die Pflicht zur Prüfung von Amts wegen endet, da eine Entscheidung über die Eröffnung des Hauptverfahrens nicht stattfindet. Nach Wendisch[100] dauert hier die Pflicht zur Prüfung der örtlichen Zuständigkeit bis hin zur Urteilsverkündung. Eröffnungsverfahren, Hauptverfahren und Urteil seien im beschleunigten Verfahren vereinigt, auch könne die Staatsanwaltschaft die Klage bis zur Urteilsverkündung zurücknehmen. Dieser Auffassung kann aber nicht gefolgt werden. Denn wie oben schon untersucht wurde, existiert auch im beschleunigten Verfahren ein der Eröffnung des Hauptverfahrens entsprechender Zeitpunkt mit der Wirkung des § 156 StPO, nämlich der Beginn der Vernehmung des Angeklagten zur Sache. Ab diesem Zeitpunkt kann die Staatsanwaltschaft die Klage nicht mehr zurücknehmen. Dementsprechend endet mit dem Beginn der Vernehmung

---

98 *Roxin*, § 8 Rn. 1.

99 KK-*Pfeiffer*, § 17 Rn. 3; K/M-G, § 16 Rn. 1.

100 LR-*Wendisch*, § 12 Rn. 13.

des Angeklagten zur Sache die gerichtliche Pflicht zur Überprüfung der örtlichen Zuständigkeit.[101] Das Rügerecht des Angeklagten, das gem. § 16 StPO ebenfalls nur bis zum Beginn der Vernehmung des Angeklagten zur Sache existiert, kann damit keine selbständige Bedeutung mehr haben.

(2) Art der Entscheidung bei Feststellung der örtlichen Unzuständigkeit

Zu prüfen ist, wie bei Feststellung der örtlichen Unzuständigkeit zu verfahren ist. Außerhalb des beschleunigten Verfahrens kommt eine Abgabe oder Verweisung an ein örtlich zuständiges Gericht, wie dies im Falle fehlender sachlicher Zuständigkeit möglich ist, nicht in Betracht; vielmehr spricht das Gericht seine Unzuständigkeit aus.[102] Für eine Unzuständigkeitserklärung im beschleunigten Verfahren haben sich auch Eb. Schmidt, Zimmermann und ursprünglich Meyer-Goßner ausgesprochen.[103] Dabei solle aber nicht etwa ein Beschluß nach § 204 StPO mit der Rechtskraftwirkung des § 211 StPO erfolgen, da ein Beschluß nach § 204 StPO nur dann ergehen könne, wenn sich das Gericht sachlich mit der Sache befaßt habe.[104] Die reine Unzuständigkeitserklärung aber bedeute gerade, daß das Gericht eine Entscheidung über die Sache ablehne. Gegen diese Unzuständigkeitserklärung könne die Staatsanwaltschaft mit der einfachen Beschwerde des § 304 StPO vorgehen. Heute ist Meyer-Goßner[105] mit der ganz herrschenden Auffassung[106] der Ansicht, daß nicht ein Unzuständigkeitsbeschluß, sondern ein das beschleunigte Verfahren ablehnender Beschluß gem. § 419 I 1 StPO e contrario ergehen muß. Dem ist zuzustimmen. Da die reine Unzuständigkeitserklärung gesetzlich nicht vorgesehen ist, sollte auf sie nur dann zurückgegriffen werden, wenn gesetzlich fixierte Vorschriften nicht existieren. Im beschleunigten Verfahren besteht aber gerade die Möglichkeit der

---

[101] So auch K/M-G, § 418 Rn. 2; LR-*Rieß*, § 212a Rn. 13.

[102] Hierbei ist im Verfahrensstadium vor Eröffnung des Hauptverfahrens streitig, ob damit die Eröffnung des Hauptverfahrens abgelehnt wird, so KK-*Pfeiffer*, § 16 Rn. 4, oder nur ein die Unzuständigkeit ausdrückender Beschluß erfolgt, so RGSt 32, 50; SK-*Rudolphi*, § 16 Rn. 6; K/M-G, § 16 Rn. 4; LR-*Wendisch*, § 16 Rn. 8.

[103] *Eb. Schmidt* II, § 212a Rn. 2; *Zimmermann*, S. 90; LR-*Meyer-Goßner*, 23. Auflage, § 212a Rn. 2.

[104] Das Reichsgericht hat insoweit von einer „meritorischen Würdigung der Sach- und Rechtslage" gesprochen, vgl. RGSt 32, 50, 51.

[105] K/M-G, § 419 Rn. 2.

[106] LR-*Rieß*, § 212a Rn. 13; AK-*Loos*, § 418 Rn. 4; KMR-*Paulus*, § 212a Rn. 4 (Vorauflage); SK-*Paeffgen*, § 418 Rn. 7.

Ablehnung des beschleunigten Verfahrens nach § 419 I 1 StPO e contrario, eine Entscheidung, gegen die zudem keine Beschwerde zulässig ist (vgl. § 419 II 2 StPO), die dem Zweck des beschleunigten Verfahrens entgegensteht.

Im übrigen scheidet eine Übertragung nach § 12 II StPO im beschleunigten Verfahren aus, wonach die Sache einem anderen von mehreren zuständigen Gerichten durch das gemeinschaftliche obere Gericht übertragen werden kann, wenn gewichtige Gründe dafür sprechen.[107] Dies hat schon der Bundesgerichtshof[108] festgestellt, es vor allem damit begründet, daß es mangels Eröffnungsbeschlusses und deswegen fehlender Bindung der Staatsanwaltschaft im beschleunigten Verfahren an der Voraussetzung der vorherigen Eröffnung für § 12 II StPO fehle. Dieser Begründung kann zwar nicht zugestimmt werden, da es im beschleunigten Verfahren mit Beginn der Vernehmung des Angeklagten zur Sache sehr wohl einen Zeitpunkt gibt, der der Eröffnung des Hauptverfahrens gleichzusetzen ist und eine staatsanwaltliche Bindung herbeiführt. Entscheidend gegen die Unanwendbarkeit des § 12 II StPO ist jedoch, wie im übrigen auch der Bundesgerichtshof sagt,[109] daß ein solcher Streit über die örtliche Zuständigkeit dem Zweck des beschleunigten Verfahrens, der Tat die Strafe möglichst auf dem Fuße folgen zu lassen, zuwiderläuft. Genauer gesagt entfällt bei einem solchen Streit die Möglichkeit sofortiger Verhandlung iSv § 417 StPO und damit die Eignung für das beschleunigte Verfahren. Die Durchführung des beschleunigten Verfahrens ist gem. § 419 II 1 StPO abzulehnen.

cc) Sonstige allgemeine Prozeßvoraussetzungen

Problematisch ist auch die Art der Entscheidung, wenn das Fehlen sonstiger Prozeßvoraussetzungen festgestellt wird. Zum Teil wird vertreten,[110] daß in diesem Fall nicht ein das beschleunigte Verfahren ablehnender Beschluß erlassen werden solle, sondern ein Beschluß nach § 204 I StPO, wie er normalerweise im Zwischenverfahren bei Nichtvorliegen der Verfahrensvoraussetzungen erlassen werden würde. Dies wird damit begründet, daß in diesen

---

[107] Z.B. wenn eine Vielzahl von Zeugen an dem Ort des anderen Gerichts wohnt, Prozeßbeteiligte reiseunfähig sind oder der Angeklagte an dem anderen Ort inhaftiert ist.

[108] BGHSt 15, 314, 315.

[109] BGHSt 15, 314, 316.

[110] *Werner*, DRZ 1947, S. 146, 147; *Zimmermann*, S. 93, 103 ff.

Fällen eine Sachentscheidung generell und nicht nur eine Entscheidung im beschleunigten Verfahren nicht möglich sei. Deswegen handele es sich inhaltlich um eine Entscheidung, die den Eintritt in die sachliche Prüfung als solches ablehne, genau wie dies bei der Entscheidung nach § 204 I StPO der Fall sei. Allerdings übersieht diese Auffassung einen wesentlichen Aspekt, nämlich die Rechtskraftwirkung des § 211 StPO. § 211 StPO führt zu einer begrenzten Sperrwirkung für eine weitere Strafverfolgung; nur bei Vorliegen neuer Tatsachen oder Beweismittel kann die Klage erneut aufgenommen werden. Im beschleunigten Verfahren jedoch hat das Gericht in diesem Verfahrensstadium nur sehr begrenzte Möglichkeiten, das Vorliegen der Prozeßvoraussetzungen zu überprüfen. Ihm steht häufig nur der staatsanwaltliche Antrag hierfür zur Verfügung. Auf dieser Grundlage der begrenzten Kognitionsmöglichkeiten eine Entscheidung zu treffen, die die oben genannten Rechtskraftwirkungen des § 211 StPO nach sich ziehen würde, erscheint nicht sachgerecht. Desweiteren wäre, da die Entscheidung nach § 204 I StPO analog beschwerdefähig ist, im beschleunigten Verfahren ein Zwischenstreit über das Vorliegen einer allgemeinen Prozeßvoraussetzung denkbar. Ein solcher Zwischenstreit aber ist mit dem Zweck des beschleunigten Verfahrens nicht vereinbar, da auch bei Stattgeben der Beschwerde aufgrund der zeitlichen Verzögerung das Verfahren aufgehalten würde. Daher muß auch in dem Fall des Fehlens einer allgemeinen Prozeßvoraussetzung ein (unanfechtbarer) Ablehnungsbeschluß wegen Ungeeignetheit für das beschleunigte Verfahren ergehen.[111] Bezüglich des Umfangs des Eignungsbegriffs des § 419 I StPO läßt sich damit feststellen, daß er auch das Vorliegen sonstiger Verfahrensvoraussetzungen erfaßt.

3. Hinreichender Tatverdacht

a) Prüfungsrecht oder Prüfungspflicht

Im Normalverfahren beschließt das Gericht nur dann die Eröffnung des Hauptverfahrens, wenn der Angeschuldigte einer Straftat hinreichend verdächtig erscheint, vgl. § 203 StPO. Ein solcher Eröffnungsbeschluß existiert im beschleunigten Verfahren nicht (vgl. § 418 I StPO). Es fragt sich, ob damit auch

---

[111] So auch KK-*Treier*, § 212a Rn. 1; K/M-G, § 418 Rn. 2; KMR-*Paulus*, § 212a Rn. 2 (Vorauflage); *Eb. Schmidt* II, § 212a Rn. 2; *Lüttger*, GA 1957, S. 207; LR-*Rieß*, § 212a Rn. 17.

die Prüfung des hinreichenden Tatverdachts vor Beginn der Hauptverhandlung entfällt.

Als Extremposition wird vertreten, daß das Gericht überhaupt nicht das Recht habe, den hinreichenden Tatverdacht zu überprüfen.[112] Begründet wird diese Auffassung zum einen damit, daß es wegen des Wortlauts des § 418 I StPO (§ 212a I StPO a.F.) keiner Entscheidung über die Eröffnung des Hauptverfahrens bedürfe, also aus Gründen der Beschleunigung die §§ 203 ff StPO nicht mehr angewandt werden dürften. Damit entfiele auch das Recht auf Prüfung des hinreichenden Tatverdachtes. Dünnebier[113] begründet das fehlende Prüfungsrecht des hinreichenden Tatverdachts darüber hinaus mit der Entstehungsgeschichte des beschleunigten Verfahrens. Ursprünglich hatte das Gericht gar keine Möglichkeit, das beschleunigte Verfahren aus sachlichen Gründen abzulehnen. Erst durch die Verordnung vom 6.10.1931[114] wurde das Gericht ermächtigt, solange noch kein Urteil ergangen war, die Sache an die Staatsanwaltschaft zurückzuverweisen, wenn sich im beschleunigten Verfahren zeigte, daß die Sache zur Verhandlung in ihm nicht geeignet war. Hieraus folgert Dünnebier, daß im beschleunigten Verfahren jede Sachprüfung vor dem Verfahren unzulässig sein solle.

Dieser Auffassung ist entgegenzuhalten, daß der Wortlaut des § 418 I StPO einem Prüfungsrecht nicht entgegensteht. Es wird lediglich bestimmt, daß eine Entscheidung über die Eröffnung des Hauptverfahrens nicht stattfindet; damit wird aber eine materielle Prüfung des Tatverdachts nicht ausgeschlossen.[115] Da somit keine Gründe gegen ein Prüfungsrecht des Gerichts sprechen, stellt sich nun die Frage, ob nicht sogar der Richter verpflichtet ist, das Bestehen eines hinreichenden Tatverdachts vor der Hauptverhandlung zu überprüfen.

Verbreitet ist die Auffassung, daß das Gericht zwar ein Prüfungsrecht, aber keine Prüfungspflicht habe.[116] Gegen eine Prüfungspflicht wenden die Vertreter dieser Auffassung ein, daß sie im Ergebnis zweckwidrig zur Durchführung des

---

[112] OLG Oldenburg GA 1961, S. 187, 188; *Schultz*, DAR 1957, S. 93, 95; *Dünnebier*, GA 1959, S. 272, 275; *Eb. Schmidt* II, § 212a Rn. 5.

[113] *Dünnebier*, GA 1959, S. 272, 275.

[114] § 4 II des 6. Teils der Dritten VO des Reichspräsidenten zur Sicherung von Wirtschaft und Finanzen und zur Bekämpfung politischer Ausschreitungen, RGBl S. 537, 563.

[115] So auch *Zimmermann*, S. 96, 97.

[116] *Meyer-Goßner*, JR 1984, S. 53; K/M-G, § 418 Rn. 3; KK-*Treier*, § 212a Rn. 1; *Zimmermann*, S. 102; *Lüttger*, GA 1957, S. 207.

gerade durch § 418 I StPO ausgeschlossenen Zwischenverfahrens führe. Innerhalb dieser Auffassung ist wiederum streitig, in welcher Form das Gericht nach Wahrnehmung seines Prüfungsrechts bei negativem Prüfungsergebnis zu entscheiden hat.[117]

Der Grundstruktur des deutschen Strafverfahrens entspricht es, daß eine Hauptverhandlung nur nach vorheriger Verdachtsprüfung durchgeführt werden soll. Das muß auch für das beschleunigte Verfahren gelten. Ansonsten besteht die Gefahr, daß im Bereich der kleineren Kriminalität nicht hinreichend verdächtige Personen der Belastung einer Hauptverhandlung ausgesetzt werden. Dies ist auch aus prozeßökonomischer Sicht nicht sinnvoll, da nicht hinreichend verdächtige Personen freigesprochen werden und daher der Aufwand der Hauptverhandlung ein unnötiger ist. Dem Gericht nur ein Prüfungsrecht zuzubilligen, ist wenig sinnvoll; diesem Recht muß notwendigerweise dem Beschuldigten gegenüber die Pflicht entsprechen, ihn vor einer unberechtigten Hauptverhandlung zu bewahren.[118] Die Pflicht zur Verdachtsprüfung führt auch nicht zur Durchführung des durch § 418 I StPO ausgeschlossenen Zwischenverfahrens. Da die §§ 210, 202 StPO, die der Vorbereitung des Eröffnungsbeschlusses dienen, unanwendbar sind, ist allein der Akteninhalt Grundlage für die Tatverdachtsprüfung.[119] Diesen Akteninhalt hat das Gericht im Rahmen der Prüfung der Verfahrensvoraussetzungen zur Kenntnis zu nehmen. Es handelt sich somit um eine Art 'abgeschwächte' Verdachtsprüfung, die dem Beschleunigungszweck der §§ 417 ff StPO nicht entgegensteht. Durch den durch das Verbrechensbekämpfungsgesetz neu geschaffenen § 419 III StPO ist ein weiterer Aspekt hinzugetreten, der für eine Pflicht zur Prüfung des hinreichenden Tatverdachts vor der Hauptverhandlung spricht. § 419 III StPO ermöglicht einen neuartigen Übergang vom beschleunigten in das Normalverfahren, wenn das Gericht die Sache zur Verhandlung im beschleunigten Verfahren für ungeeignet hält, aber der Angeschuldigte einer Straftat hinreichend verdächtig erscheint. Wird der hinreichende Tatverdacht nicht schon vor der Hauptverhandlung geprüft, so kann es zu peinlichen Verfahrenssituationen kommen. Stellt sich in der Hauptverhandlung ein sonstiger Eignungsmangel heraus, so muß das Gericht jedenfalls über den hinreichenden Tatverdacht entscheiden, um

---

[117] Für Verneinung der Entscheidung im beschleunigten Verfahren nach § 419 I 1 StPO: *Meyer-Goßner*, JR 1984, S. 53; K/M-G, § 418 Rn. 3; *Lüttger*, GA 1957, S. 207; für einen Ablehnungsbeschluß gem. § 204 StPO mit der Rechtskraftwirkung des § 211: *Zimmermann*, S. 103, 104.

[118] LR-*Rieß*, § 212a Rn. 9.

[119] AK-*Loos*, § 418 Rn. 3.

dann gegebenenfalls das Hauptverfahren im Regelverfahren zu eröffnen. Besteht jedoch kein hinreichender Tatverdacht, macht das Nichtergehen des vereinfachten Eröffnungsbeschlusses manifest, daß der Angeklagte materiell zu Unrecht einer Hauptverhandlung ausgesetzt worden ist.[120] Nach alledem ist von einer Pflicht des Gerichts zur Prüfung des hinreichenden Tatverdachts schon vor der Hauptverhandlung auszugehen.

b) Art der Entscheidung bei fehlendem hinreichenden Tatverdacht

Wie schon oben bei den allgemeinen Prozeßvoraussetzungen angesprochen, kann ein solcher Ablehnungsbeschluß sowohl ein (unanfechtbarer) Beschluß gem. § 419 I 1 StPO e contrario als auch ein (anfechtbarer) Beschluß im Sinne von § 204 I StPO sein. Dabei spricht auf den ersten Blick hier einiges für eine Annahme eines Beschlusses nach § 204 I StPO, da mit der Prüfung des hinreichenden Tatverdachts inhaltlich genau das geprüft wird, was im Zwischenverfahren den sachlichen Gehalt ausmacht. Dennoch wurde bisher allgemein davon ausgegangen, daß auch im Falle fehlenden hinreichenden Tatverdachts ein (unanfechtbarer) Ablehnungsbeschluß wegen Ungeeignetheit für das beschleunigte Verfahren ergehen muß.[121] Die Änderungen des Verbrechensbekämpfungsgesetzes geben jedoch Anlaß, diese Auffassung erneut zu überdenken. Gemäß dem neu eingeführten § 419 III StPO besteht nämlich nach Ablehnung einer Entscheidung im beschleunigten Verfahren für das Gericht nun die Pflicht, das Hauptverfahren zu eröffnen, wenn der Angeschuldigte einer Straftat hinreichend verdächtig iSv § 203 StPO erscheint. Mit dieser Möglichkeit der vereinfachten Eröffnung im Regelverfahren, auf die inhaltlich hier zunächst noch nicht eingegangen werden soll, ist zu überprüfen, ob aufgrund dieser Gesetzeslage nun doch eine Ablehnung der Eröffnung des Hauptverfahrens bei fehlendem hinreichenden Tatverdacht gem. § 204 I StPO analog in Betracht kommt. Dies wäre dann der Fall, wenn Tatverdachts- und Eignungsprüfung voneinander unabhängig wären. Hierfür könnte der systematische Zusammenhang § 419 I 1 und III HS 1 StPO sprechen. Denn in § 419 I 1 StPO wird von der Eignung der Sache zur Verhandlung im beschleunigten Verfahren gesprochen, wohingegen der hinreichende Tatverdacht in § 419 III HS 1 StPO ausdrücklich als Voraussetzung für eine Eröffnung im Regelverfahren ange-

---

[120] *Loos/Radtke*, NStZ 1995, S. 569, 573.

[121] Vgl. nur LR-*Rieß*, § 212a Rn. 17.

sprochen wird. Insbesondere könnte aus der Formulierung „beschließt das Gericht die Eröffnung des Hauptverfahrens, wenn der Angeschuldigte einer Straftat hinreichend verdächtig erscheint“ der Gegenschluß gezogen werden, daß bei Fehlen des hinreichenden Tatverdachts analog § 204 I StPO die Nichteröffnung im Regelverfahren beschlossen werden muß. Gegen eine solche Auslegung kann aber zunächst § 419 III HS 2 StPO herangezogen werden. Danach kann von der Einreichung einer neuen Anklageschrift abgesehen werden, wenn die Entscheidung im beschleunigten Verfahren abgelehnt und nicht die Hauptverhandlung eröffnet wird. Sinn dieser Vorschrift ist zunächst einmal eine verfahrenstechnische Erleichterung zugunsten der Staatsanwaltschaft, wenn sie dennoch im Normalverfahren Anklage wegen derselben Tat erheben will.[122] Aus dem Wortlaut „nicht eröffnet“ ergibt sich aber auch, daß nach Ablehnungsbeschluß gem. § 419 I 1 StPO bei fehlendem hinreichenden Tatverdacht „nur“ nicht eröffnet wird, nicht aber zusätzlich ein Nichteröffnungsbeschluß analog § 204 I StPO in Betracht kommt. Es bleibt vielmehr bei der reinen Ablehnung des beschleunigten Verfahrens ohne einen Beschluß mit der Rechtskraftwirkung des § 211 StPO. Denn ansonsten könnte die Staatsanwaltschaft nicht erneut Anklage erheben, wie es § 419 III HS 2 StPO voraussetzt. Im übrigen erfaßt die Eröffnungsmöglichkeit des § 419 III HS 1 StPO auch nur eine bestimmte Konstellation, in der der Ablehnungsbeschluß nach § 419 I 1 StPO auf dem Nichtvorliegen der besonderen Voraussetzungen des beschleunigten Verfahrens beruht, ansonsten aber nach der Prüfung bis zu diesem Zeitpunkt vom Vorliegen der allgemeinen Prozeßvoraussetzungen und des hinreichenden Tatverdachts ausgeht.[123] Nur in diesem Fall hat sich das Gericht weitere Gedanken darüber zu machen, ob das Hauptverfahren zu eröffnen ist. Dies geschieht im Rahmen einer Art 'vereinfachten Zwischenverfahren', dessen Ablauf später noch zu klären sein wird. Kommt das Gericht daraufhin zu dem Ergebnis, daß das Hauptverfahren insbesondere mangels fehlendem hinreichenden Tatverdacht nicht zu eröffnen ist, so verbleibt es bei der bisherigen Ablehnungsentscheidung in Bezug auf das beschleunigte Verfahren. Daraus folgt, daß unabhängig von § 419 III StPO der ablehnende Beschluß bei fehlendem hinreichenden Tatverdacht nur die Ablehnungsentscheidung nach § 419 I 1 StPO e contrario sein kann. Denn aufgrund der eingeschränkten Beurteilungsgrundlage, die dem Gericht gegebenenfalls aufgrund der Akten und des staatsanwaltlichen Antrags zur Verfügung steht, würde ein die Rechtskraft des § 211 StPO nach sich ziehender

---

[122] Vgl. BT-Drucksache 12/6853 S. 36.

[123] Vgl. auch *Loos/Radtke*, NStZ 1996, S. 1, 8.

Beschluß nach § 204 I StPO analog, der zusätzlich der sofortigen Beschwerde unterliegt, zu weit gehen. Insofern kann auf die Argumentationen bezüglich der ablehnenden Entscheidung bei Fehlen allgemeiner Prozeßvoraussetzungen verwiesen werden. Damit stellt auch nach neuer Rechtslage der fehlende hinreichende Tatverdacht einen Bestandteil der Eignung der Sache für die Durchführung eines beschleunigten Verfahrens dar, bei dessen Nichtvorliegen ein nicht anfechtbarer Ablehnungsbeschluß nach § 419 I 1 StPO e contrario ergeht.

II. Eröffnung der Hauptverhandlung im Regelverfahren gem. § 419 III StPO

Nach alter Rechtslage fiel die Sache nach Ablehnung der Entscheidung im beschleunigten Verfahren an die Staatsanwaltschaft zurück, wodurch die Rechtshängigkeit bei Gericht beseitigt wurde.[124] Nach dem neu eingeführten § 419 III StPO hat nun das Gericht im Falle der Ungeeignetheit zusätzlich darüber zu entscheiden, ob es das Hauptverfahren im Normalverfahren eröffnen will. Es wird also durch diese Vorschrift ein neuartiger Übergang vom beschleunigten in das Regelverfahren ermöglicht. Der Gesetzgeber beabsichtigt mit dieser Regelung eine weitere Vereinfachung; aus Gründen der Verfahrensökonomie soll eine Rückgabe der Akten an die Staatsanwaltschaft vermieden werden, wenn hinreichender Tatverdacht besteht.[125] Dadurch entfällt auch das ansonsten mit der Ablehnung einhergehende Erfordernis der Begründung des Ablehnungsbeschlusses, vgl. § 34 StPO.

Wird die Entscheidung im beschleunigten Verfahren abgelehnt, so beschließt das Gericht die Eröffnung des Hauptverfahrens, wenn der Angeschuldigte einer Straftat hinreichend verdächtig erscheint, § 419 III HS 1 StPO. Erforderlich ist zunächst ein Ablehungsbeschluß infolge der Ungeeignetheit für das beschleunigte Verfahren, § 419 I 1 StPO e contrario bzw. § 419 II 1 StPO. Dabei muß die Ungeeignetheit auf dem Nichtvorliegen der besonderen Voraussetzungen des beschleunigten Verfahrens (Eignung zur sofortigen Verhandlung aufgrund eines einfachen Sachverhaltes oder einer klaren Beweislage) oder darauf beruhen, daß der gem. § 419 I 2 StPO begrenzte Strafrahmen nicht ausreicht, um

---

124 Vgl. BGHSt 15, 314, 316.

125 Vorbemerkung zum Gesetzesentwurf der Regierungskoalition, BT-Drucksache 12/6853 S. 36.

eine tat- und schuldangemessene Strafe zu verhängen. In den anderen Fällen (fehlende sachliche oder örtliche Zuständigkeit des Amtsgerichts, Fehlen einer sonstigen Prozeßvoraussetzung oder fehlender hinreichender Tatverdacht) ist auch eine Verhandlung im Regelverfahren nicht möglich.

Mit Erlaß des Ablehnungsbeschlusses ist das eigentliche beschleunigte Verfahren 'abgeschlossen' und die Sache nimmt ihren Fortgang im Regelverfahren.[126] Fraglich ist, ob und welche Vorschriften des Zwischenverfahrens (§§ 199 ff StPO) bei dem 'beschleunigten Zwischenverfahren' des § 419 III StPO zumindest entsprechend anzuwenden sind. Im Zwischenverfahren iSv §§ 199 ff StPO sind nach der Anklageerhebung durch die Staatsanwaltschaft in den §§ 201, 202 StPO weitere Verfahrensschritte vorgesehen, bevor das Gericht endgültig über die Eröffnung des Hauptverfahrens entscheidet.

1. Gewährung rechtlichen Gehörs

Zunächst wird dem Angeschuldigten die Anklageschrift mitgeteilt, wobei der Angeschuldigte aufgefordert wird, innerhalb einer bestimmten Frist zu erklären, ob er Beweisanträge stellen oder Einwendungen vorbringen will, § 201 I StPO. Diese Vorschrift dient der Gewährung rechtlichen Gehörs vor Eröffnung des Hauptverfahrens.[127] Im Rahmen des § 419 III StPO kann dann aber nichts anderes gelten, da es auch hier um die Eröffnung des Hauptverfahrens geht. Diese Auffassung wird auch vom Gesetzgeber geteilt.[128] Dem Angeschuldigten muß rechtliches Gehör gewährt werden.[129] Hierbei muß zweierlei beachtet werden. Zum einen fehlt es an einer formellen Anklageschrift, die dem Beschuldigten mitgeteilt werden kann. Zum anderen ist zu beachten, daß es zu der Eröffnungsentscheidung gem. § 419 III StPO nicht nur vor der Hauptverhandlung kommen kann, sondern auch innerhalb der Hauptverhandlung im Falle einer Ablehnungsentscheidung gem. § 419 II 1 StPO. Kommt es zu einer Entscheidung nach § 419 III StPO vor der Hauptverhandlung, so ist dem Beschuldigten der Antrag der Staatsanwaltschaft auf Durchführung des beschleunigten Verfahrens und der gerichtliche Ablehnungsbeschluß mitzuteilen. Bei Anwendung des § 419 III StPO in der Hauptverhandlung ist die Gewährung rechtlichen Gehörs

---

[126] So auch *Loos/Radtke*, NStZ 1995, S. 569, 572.

[127] K/M-G, § 201 Rn. 1.

[128] Vorbemerkung zum Gesetzesentwurf BT-Drucksache 12/6853 S. 36.

[129] So auch K/M-G, § 419 Rn. 9.

von geringerer Bedeutung. Denn hier ist dem Zweck des § 201 StPO schon durch die mündliche Anklageerhebung bzw. durch die Verlesung des Anklagesatzes (vgl. RiStBV Nr. 146 II) Genüge getan. Außerdem soll zumindest dem unverteidigten Angeklagten im Hinblick auf das Recht, sich zur Anklage erklären zu können, ein Exemplar der ggf. vorhandenen Antragsschrift, andernfalls des Protokolls der Hauptverhandlung mit der mündlichen Anklageerhebung übergeben werden, um die Möglichkeit der Beratung mit einem Verteidiger als Grundlage sachgerechter Entscheidung zu gewährleisten.[130]

2. Zusätzliche Beweiserhebungen

Fraglich ist, ob es im Rahmen des § 419 III StPO noch zu Beweiserhebungen vor Eröffnung des Hauptverfahrens kommen kann. In Betracht kommen einerseits Beweiserhebungsanträge des Beschuldigten gem. § 201 I HS 2 StPO, andererseits hat das Gericht im normalen Zwischenverfahren gem. § 202 StPO selbst die Möglichkeit, zur besseren Aufklärung der Sache einzelne Beweiserhebungen anzuordnen.

§ 419 III HS 1 StPO verweist bezüglich des hinreichenden Tatverdachts auf § 203 StPO. Gem. § 203 StPO sind für die Feststellung des hinreichenden Tatverdachts die Ergebnisse des vorbereitenden Verfahrens entscheidend. Dazu gehören auch die Resultate aus evtl. durchgeführten Beweiserhebungen iSv §§ 201, 202 StPO.[131] Systematisch konsequent wäre demnach die Zulassung von Beweiserhebungen auch im Rahmen des vereinfachten Zwischenverfahrens nach § 419 III StPO. Zu berücksichtigen ist weiter, daß mit der Ablehnung der Durchführung des beschleunigten Verfahrens dieses grundsätzlich abgeschlossen ist und in das Regelverfahren übergangen wurde. Gleichwohl entspricht es dem Ziel des Gesetzgebers, das Zwischenverfahren vereinfacht durchzuführen. Die Begründungen zum Gesetzesentwurf[132] geben keinen genauen Aufschluß, was im einzelnen unter diesen Vereinfachungen zu verstehen ist; ausdrücklich wird nur von der Vermeidung der Rückgabe der Akten an die Staatsanwaltschaft gesprochen. Wenn man aber den Sinn der Regelung des § 419 III StPO betrachtet, geht es um einen mit möglichst geringem Aufwand verbundenen

---

[130] *Loos/Radtke*, NStZ 1995, S. 569, 572.

[131] LR-*Rieß*, § 203 Rn. 5.

[132] BT-Drucksache 12/6853 S. 36.

Übergang vom beschleunigten Verfahren in das Regelverfahren, damit die ansonsten anfallende zeitaufwendige Prozedur einer erneuten Anklageerhebung vermieden wird. Würden aber vor dem Gericht einzelne Beweiserhebungen mit dem Ziel der Verfahrenseröffnung durchgeführt, so würde dies dem Beschleunigungszweck zuwiderlaufen. Hier zeigt sich im übrigen die Schwäche der Regelung des § 419 III StPO. Einerseits erhofft sich der Gesetzgeber, daß organisatorische Maßnahmen getroffen werden, die zu einer breiteren Anwendung des beschleunigten Verfahrens führen sollen, was unter anderem bedeutet, daß einzelne Strafrichter oder Schöffengerichte ausschließlich mit der Durchführung beschleunigter Verfahren betraut sind. Andererseits wird dann ein solches Gericht durch § 419 III StPO gezwungen, einzelne Sachen bei Ungeeignetheit für das beschleunigte Verfahren wieder im Regelverfahren zu behandeln. Angesichts der Tatsache, daß die Hauptverhandlung im beschleunigten Verfahren nach anderen Grundsätzen als im Regelverfahren abläuft (vgl. § 420 StPO), kann dies bei der Wahl der anzuwendenden Vorschriften im Einzelfall zu Unsichterheiten führen. Davon abgesehen aber gilt es die Vorschrift des § 419 III StPO so auszulegen, daß zumindest der Übergang in das Normalverfahren möglichst unkompliziert abläuft. Einem solch reibungslosen vereinfachten Übergang aber stünden weitere Beweiserhebungen zur Festellung des hinreichenden Tatverdachts entgegen, auch wenn sie systematisch berechtigt wären. Da aber der Beschuldigte auch nicht unberechtigterweise der Hauptverhandlung im Normalverfahren ausgesetzt werden soll, darf die Eröffnung des Hauptverfahrens nach § 419 III StPO nur dann in Betracht kommen, wenn nach dem bisherigen Verfahrensstand[133] das Vorliegen des hinreichenden Tatverdachts mit Bestimmtheit bejaht werden kann. Sind zu diesem Zeitpunkt weitere Beweiserhebungen erforderlich, so kommt die Eröffnung der Sache im Regelverfahren nach § 419 III StPO nicht in Betracht, die Eröffnung im Regelverfahren muß abgelehnt werden.[134] Auf diese Weise wird ein einfacher, dem Beschleunigungszweck entsprechender Übergang geschaffen, ohne daß dabei die Gefahr besteht, den Beschuldigten unzulässigerweise den Belastungen einer Hauptverhandlung auszusetzen.

---

[133] Die Beurteilungsgrundlage hängt von dem Verfahrensstadium ab, in dem die Durchführung des beschleunigten Verfahrens abgelehnt wird und eine Entscheidung nach § 419 III StPO erforderlich ist: Bei Ablehnung vor Beginn der Hauptverhandlung im beschleunigten Verfahren beschränkt sich die Beurteilungsgrundlage nur auf den Inhalt der Akten und den staatsanwaltliche Antrag; bei Ablehnung in der Hauptverhandlung selbst ist der bisherige Verhandlungsstand maßgeblich.

[134] Im Ergebnis so auch *Loos/Radtke*, NStZ 1995, S. 569, 572.

3. Verfahrensweise bei fehlendem hinreichenden Tatverdacht

Fehlt es am hinreichenden Tatverdacht und ergeht kein Eröffnungsbeschluß gem. § 419 III HS 1 StPO, so verbleibt es bei der die Durchführung des beschleunigten Verfahrens ablehnenden Entscheidung. Die Rechtshängigkeit der Sache bei Gericht entfällt, die Akten sind an die Staatsanwaltschaft zurückzugeben.[135] Grundsätzlich erlangt damit die Staatsanwaltschaft die Dispositionsbefugnis über die Sache wieder. Ein erneuter Antrag auf Durchführung des beschleunigten Verfahrens kann jedoch nach allgemeiner Meinung nicht gestellt werden.[136] Die Staatsanwaltschaft hat die Möglichkeit, die erhobene Anklage wieder zurückzunehmen und das Verfahren entweder nach § 170 II StPO oder nach den §§ 153 ff StPO einzustellen. Andererseits ist es der Staatsanwaltschaft auch nicht verwehrt, das Verfahren fortzusetzen. Die Staatsanwaltschaft muß hierfür bei Gericht den Antrag auf Eröffnung des Hauptverfahrens stellen und die Akten vorlegen. Für die Notwendigkeit der Einreichung einer Klageschrift enthält § 419 III HS 2 StPO eine Verfahrenserleichterung für den Fall, daß die Anklage im beschleunigten Verfahren schon schriftlich erhoben worden war. Dann nämlich kann von der Einreichung einer neuen Anklageschrift abgesehen werden. War die Anklage im beschleunigten Verfahren hingegen nur mündlich erhoben worden, so muß jetzt eine Anklageschrift eingereicht werden, vgl. § 199 II StPO. Gem. § 203 StPO entscheidet das Gericht über die Eröffnung des Hauptverfahrens.

E. Verteidigerbestellung[137]

Gem. § 137 StPO kann sich der Beschuldigte in jeder Lage des Verfahrens des Beistandes eines Verteidigers bedienen,[138] vgl. auch Art. 6 III c MRK. In bestimmten gesetzlich festgelegten Fällen ist die Verteidigung notwendig, was bedeutet, daß ein Verteidiger mitwirken muß. Dies geschieht in dem Interesse, das der Rechtsstaat an einem prozeßordnungsgemäßen Strafverfahren und zu

---

[135] Vgl. nur SK-*Paeffgen*, § 418 Rn. 16, § 419 Rn. 11.

[136] OLG Hamburg NJW 1964, S. 2123, 2124; AK-*Loos*, § 419 Rn. 8; LR-*Rieß*, § 212b Rn. 18; SK-*Paeffgen*, § 419 Rn. 11; K/M-G, § 419 Rn. 9; KMR-*Fezer*, § 419 Rn. 11.

[137] Generell zur Aufgabe und Rechtsstellung des Verteidigers: *Beulke*, Der Verteidiger im Strafverfahren, 1980.

[138] Es handelt sich dabei um ein aus dem Grundsatz des fairen Verfahrens verfassungsrechtlich verbürgtes Recht, vgl. BVerfGE 39, 156, 163; 39, 238, 243.

diesem Zweck nicht zuletzt an einer wirksamen Verteidigung des Beschuldigten hat.[139] Deshalb wird in diesen Fällen der notwendigen Verteidigung für den Beschuldigten ein Pflichtverteidger bestellt, wenn er keinen Wahlverteidiger hat.

I. Fälle der notwendigen Verteidigung im beschleunigten Verfahren

Im beschleunigten Verfahren ist eine notwendige Verteidigung grundsätzlich in dreierlei Hinsicht denkbar:

1. § 418 IV StPO

§ 418 IV StPO beinhaltet einen Fall der notwendigen Verteidigung speziell für das beschleunigte Verfahren, der dann gegeben ist, wenn eine Freiheitsstrafe von mindestens sechs Monaten zu erwarten ist. Diese Reglung wurde erst auf Empfehlung des Vermittlungsausschusses[140] aufgenommen und soll eine angemessene Verteidigung des Angeklagten sichern. Damit ergibt sich ein Unterschied zum Normalverfahren, da dort bei einer Freiheitsstrafenerwartung von mindestens sechs Monaten nicht notwendigerweise ein Verteidiger mitwirken muß.[141] Die Beteiligung eines Verteidigers kann sich negativ auf die Verfahrensbeschleunigung auswirken. Ein Verteidiger benötigt Einarbeitungszeit, damit er seine Verteidigung vorbereiten kann; außerdem können sich Terminschwierigkeiten ergeben, die vom Gericht berücksichtigt werden müssen; desweiteren hat der Verteidiger (im Gegensatz zum unverteidigten Angeklagten) gem. § 147 StPO ein Akteneinsichtsrecht. Vor allem aber wird ein Verteidiger in weiterem Umfang von prozessualen Rechten Gebrauch machen als ein unverteidigter Angeklagter. Da es durch die Beteiligung eines Verteidigers im Gegensatz zum unverteidigten Angeklagten zu einer längeren Verhandlungsdauer kommen kann, kann dies im Extremfall dazu führen, daß ein Gericht bei einer Straferwartung von mindestens sechs Monaten von der

---

[139] BVerfGE 46, 202, 210; 65, 171, 174; 68, 237, 254; BGHSt 3, 395, 398.

[140] Vgl. BT-Drucksache 12/7837 S. 4.

[141] Zur notwendigen Verteidigung aufgrund der Schwere der Tat gem. § 140 II 1. Alt. StPO s. u. unter 3. a).

Durchführung des beschleunigten Verfahrens absieht.[142] Im Freiheitsstrafenbereich wird wegen § 47 I StGB eine Freiheitsstrafe von unter sechs Monaten nur in Ausnahmefällen verhängt. Gerade im Freiheitsstrafenbereich aber scheint das beschleunigte Verfahren schon vor Erlaß des Verbrechensbekämpfungsgesetzes in der Praxis von Bedeutung gewesen zu sein.[143] Zwar paßt damit die Regelung des § 418 IV StPO nicht in das normale Verfahrensgefüge und kann dem vom Gesetzgeber verfolgten Ziel,[144] Staatsanwaltschaft und Gerichte zu einer stärkeren Nutzung des beschleunigten Verfahrens zu veranlassen, zuwiderlaufen. Dennoch gebietet der Schutz der Verteidigungsinteressen gerade des von einer Freiheitsstrafe bedrohten Beschuldigten, daß ihm im Hinblick auf die Verfahrensverkürzungen im beschleunigten Verfahren und vor allem für die Erteilung seiner Zustimmung zu den Verlesungsmöglichkeiten des § 420 I und II StPO ein Verteidiger notwendig beigeordnet werden muß.

2. § 140 I Nr. 2 StPO

Denkbar ist auch im beschleunigten Verfahren eine notwendige Verteidigung nach § 140 I Nr. 2 StPO, dann, wenn dem Beschuldigten ein Verbrechen zur Last gelegt wird. Zwar wird in der Regel dann schon ein Fall des § 418 IV StPO vorliegen, dennoch muß § 140 I Nr. 2 StPO als allgemeine Regelung über die notwendige Verteidigung auch im beschleunigten Verfahren anwendbar bleiben. Ohnehin kommt ein Fall des § 140 I Nr. 2 StPO nur im beschleunigten Verfahren vor dem Schöffengericht in Betracht, da nur dort Verbrechen Gegenstand des Verfahrens sein können. Da, wie schon festgestellt worden ist, bei Vergehen eine Zuständigkeit des Schöffengerichts im beschleunigten Verfahren nicht möglich ist,[145] liegt damit bei beschleunigten Verfahren vor dem Schöffengericht immer ein Fall der notwendigen Verteidigung iSv § 140 I Nr. 2 StPO vor.

---

[142] So auch SK-*Paeffgen*, Vor § 417 Rn. 7.

[143] Eine Auswertung in Hamburg hat die Tendenz angedeutet, daß Freiheitsstrafen und Geldstrafen in etwa gleichem Umfang verhängt wurden, vgl. *Fezer*, ZStW 106 (1994), S. 14 Fn. 47. Demgegenüber ergeben die Zahlen des Amtsgerichts Berlin-Tiergarten für den Zeitraum von Dezember 1996 bis November 1997, daß dort im beschleunigten Verfahren wesentlich weniger Freiheitsstrafen als Geldstrafen verhängt wurden, vgl. oben 2. Kapitel D. V.

[144] Siehe die Begründung des Gesetzesentwurfes der Regierungskoalition, BT-Drucksache 12/6853 S. 34.

[145] S.o. 4. Kapitel A. II.

3. § 140 II StPO

Fraglich ist, ob im beschleunigten Verfahren eine notwendige Verteidigung nach der Generalklausel des § 140 II StPO in Betracht kommt. Danach ist grundsätzlich bei Vergehenssachen vor dem Amtsgericht und dem Berufungsgericht (vgl. § 140 I Nr. 1 und Nr. 2 StPO) ein Fall notwendiger Verteidigung dann gegeben, wenn wegen der Schwere der Tat oder der Schwierigkeit der Sach- und Rechtslage die Mitwirkung eines Verteidigers geboten erscheint oder wenn der Beschuldigte sich nicht selbst verteidigen kann. Dabei liegt die Entscheidung im pflichtgemäßen Ermessen des Vorsitzenden.[146]

a) Schwere der Tat

Hierbei ist primär nicht auf die Schwere der Rechtsgutsverletzung, sondern auf die zu erwartende Strafe abzustellen.[147] Eine Tat ist schwer, wenn die zu erwartende Rechtsfolge einschneidend ist.[148] Wann eine Rechtsfolge einschneidend in diesem Sinne ist, wird unterschiedlich beurteilt. Bei den vorgeschlagenen Rechtsfolgengrenzen handelt es sich aber keineswegs um starre Grenzen,[149] sondern lediglich um Anknüpfungspunkte, bei denen in der Regel eine notwendige Verteidigung aufgrund der Schwere der Tat gegeben ist. Zum Teil wird erst bei einer Straferwartung von mindestens zwei Jahren[150] oder einem Jahr und sechs Monaten[151] eine Pflichtverteidigerbestellung nach § 140 II StPO bejaht. Überwiegend wird diese jedoch schon bei einer zu erwartenden-den Mindeststrafe von einem Jahr angenommen.[152] Nach beiden Auffassungen kommt eine notwendige Verteidigung wegen der Schwere der Tat iSv § 140 II

---

[146] OLG Düsseldorf AnwBl 1984, S. 262.

[147] Vgl. BGHSt 6, 199; KG StV 1983, S. 186; OLG Celle MDR 1986, S. 164; OLG Hamburg NStZ 1984, S. 281; *Oellerich,* StV 1981, S. 434, 437.

[148] BGHSt 6, 199; OLG Düsseldorf AnwBl 1978, S. 355; OLG Celle wistra 1986, S. 233.

[149] Vgl. OlG Celle MDR 1985, S. 164; OLG Celle StV 1986, S. 184; OLG Zweibrücken NStZ 1986, S. 135.

[150] So z.B. OLG Stuttgart StV 1981, S. 611; OLG Frankfurt StV 1983, S. 497; OLG Zweibrücken MDR 1986, S. 163; OLG Celle MDR 1986, S. 164; KMR-*Müller,* § 140 Rn. 21.

[151] So OLG Celle StV 1986, S. 142.

[152] So auch KG StV 1982, S. 412; OLG Nürnberg StV 1987, S. 191; BayObLG NStZ 1990, S. 142; OLG Karlsruhe StV 1992, S. 23; OLG München wistra 1992, S. 237; K/M-G, § 140 Rn. 23; KK-*Laufhütte,* § 140 Rn. 21; vgl. auch BayObLG NJW 1995, S. 2738; OLG Köln StV 1993, S. 402.

StPO aufgrund der Strafrahmenbegrenzung auf ein Jahr Freiheitsstrafe gem. § 419 I 2 StPO im beschleunigten Verfahren nicht in Betracht. Teilweise wird aber vertreten, daß jede zu erwartende Freiheitsstrafe wegen der äußerst einschneidenden Folgen für den beruflichen und persönlichen Lebensbereich des Beschuldigten Anlaß zur Beiordnung eines Verteidigers gebe, und zwar auch dann, wenn die Freiheitsstrafe zur Bewährung ausgesetzt wird.[153] Da gem. § 47 I StGB eine Freiheitsstrafe unter sechs Monaten nur in Ausnahmefällen in Betracht kommt,[154] betrifft diese Meinung in der Regel den Freiheitsstrafenbereich ab sechs Monaten. Diese Ansicht nähert sich der Auffassung von Roxin,[155] der die Notwendigkeit einer Verteidigung dann annimmt, wenn eine Freiheitsstrafe von mehr als sechs Monaten ohne Strafaussetzung zur Bewährung (vgl. § 56 III StGB) zu erwarten ist.[156] Unter Zugrundelegung dieser beiden Auffassungen wäre eine notwendige Verteidigung wegen der Schwere der Tat iSv § 140 II StPO auch im beschleunigten Verfahren möglich. Gegen diese Meinungen spricht jedoch der durch das Verbrechensbekämpfungsgesetz[157] neu eingefügte § 418 IV StPO, der für das beschleunigte Verfahren einen Fall der notwendigen Verteidigung dann annimmt, wenn eine Freiheitsstrafe von mindestens sechs Monaten zu erwarten ist. Dieser Regelung hätte es nicht bedurft, wenn der Gesetzgeber davon ausgegangen wäre, daß in diesem Bereich bzw. dem Freiheitsstrafenbereich generell schon eine notwendige Verteidigung nach § 140 II StPO vorläge. Damit ist vielmehr in der Regel erst dann von einer notwendigen Verteidigung wegen der Schwere der Tat auszugehen, wenn eine Freiheitsstrafe von mindestens einem Jahr zu erwarten ist, ansonsten würde auch die Generalklausel des § 140 II StPO zu sehr ausgeweitet. Im beschleunigten Verfahren ist somit wegen der Strafrahmenbegrenzung des § 419 I 2 StPO eine notwendige Verteidigung gem. § 140 II 1. Alt. StPO ohne das Hinzutreten besonderer Umstände nicht denkbar.

---

[153] *Beulke*, Rn. 167; vgl. auch *Beulke*, Jugendverteidigung, S. 170 ff; *Oellerich*, StV 1981, S. 434, 437; *Peters*, § 29 III 3; *Herrmann*, StV 1996, S. 396, 400.

[154] Nur dann, wenn besondere Umstände, die in der Tat oder der Persönlichkeit des Täters liegen, die Verhängung einer Freiheitsstrafe zur Einwirkung auf den Täter oder zur Verteidigung der Rechtsordnung unerläßlich machen, vgl. § 47 I StGB.

[155] *Roxin*, § 19 Rn. 16.

[156] So auch OLG Köln StV 1986, S. 238; *Ranft*, § 21 D II 2. a).

[157] Verbrechensbekämpfungsgesetz vom 28.10.1994, BGBl S. 3186.

b) Schwierigkeit der Sach- und Rechtslage

Die Sachlage ist schwierig, wenn die Feststellungen zur Täterschaft oder Schuld entweder eine umfangreiche, voraussichtlich länger dauernde Beweisaufnahme erfordern[158] oder trotz voraussichtlich kurzer Beweisaufnahme besondere Probleme auftreten. Eine schwierige Rechtslage liegt vor, wenn es bei der Anwendung des materiellen oder des formellen Rechts auf die Entscheidung nicht ausgetragener Rechtsfragen ankommt oder die Subsumtion voraussichtlich aus sonstigen Gründen Schwierigkeiten bereiten wird.[159] Dabei ist der Begriff „Schwierigkeit" relativ.[160] Denn sie beurteilt sich aus der Sicht des Beschuldigten; es kommt entscheidend auf seine persönlichen Fähigkeiten und Kenntnisse an, die Tragweite des gegen ihn erhobenen Tatvorwurfs sowohl in tatsächlicher als auch in rechtlicher Hinsicht zu erfassen und sich gegen ihn wirksam zu verteidigen.[161] Als Fälle schwieriger Sachlage sind von der Rechtsprechung[162] solche angesehen worden, in denen sich die Notwendigkeit der Würdigung widersprechender Zeugenaussagen ergab,[163] Zweifel an der Schuldfähigkeit des Angeklagten bestanden,[164] die Auseinandersetzung mit Sachverständigengutachten notwendig war[165] oder wenn die Hauptverhandlung ohne Aktenkenntnis nicht umfassend vorbereitet werden konnte.[166] Eine schwierige Rechtslage liegt aber auch dann vor, wenn entscheidungserhebliche Rechtsfragen von der Rechtsprechung kontrovers beurteilt werden,[167] oder über komplizierte Irrtumsprobleme entschieden werden muß.[168] Bezogen auf das beschleunigte Verfahren ist zu sagen, daß die Voraussetzungen für die Durch-

---

[158] OLG Stuttgart StV 1987, S. 8.

[159] Vgl. BayObLG StV 1991, S. 294; OLG Celle StV 1986, S. 142; OLG Celle StV 1987, S. 239.

[160] OLG Celle NJW 1964, S. 877.

[161] *Beulke*, Jugendverteidigung, S. 170, 178; vgl. auch *Molketin*, S. 62; *Oellerich*, StV 1981, S. 434, 437; OLG Düsseldorf AnwBl 1984, S. 262, 263.

[162] Vgl. auch die Rechtsprechungsübersichten von *Molketin*, AnwBl 1989, S. 19; AnwBl 1991, S. 615; AnwBl 1994, S. 15; AnwBl 1995, S. 527.

[163] OLG Hamm StV 1985, S. 447.

[164] LG Hamburg StV 1983, S. 99; OLG Düsseldorf StV 1993, S. 237; diese Fälle können auch der Schwierigkeit der Rechtslage zugeordnet werden.

[165] OLG Hamm StV 1987, S. 192; OLG Karlsruhe StV 1991, S. 199.

[166] Vgl. z.B. OLG Karlsruhe StV 1987, S. 518; OLG Köln StV 1991, S. 294; BayObLG StV 1991, S. 294.

[167] OLG Frankfurt NJW 1983, S. 1208; LG Bonn StV 1986, S. 246.

[168] OLG München StV 1986, S. 422.

führung des beschleunigten Verfahrens - Eignung der Sache aufgrund eines einfachen Sachverhalts oder einer klaren Beweislage (vgl. § 417 StPO) - in den genannten Fällen nach den oben aufgestellten Grundsätzen kaum vorliegen können. Es könnte sich der Schluß aufdrängen, daß im beschleunigten Verfahren eine notwendige Verteidigung wegen schwieriger Sach- und Rechtslage iSv § 140 II StPO nicht vorkommen kann. Dann aber bliebe unberücksichtigt, daß es im Gegensatz zu den Voraussetzungen des beschleunigten Verfahrens, die objektiv vorliegen müssen, bei der Beurteilung der notwendigen Verteidigung auf die Sicht des Beschuldigten ankommt, damit dessen wirksame Verteidigung im Interesse des Rechtsstaates an einem prozeßordnungsgemäßen Strafverfahren[169] gesichert ist.

Für das beschleunigte Verfahren ist im übrigen vereinzelt die Auffassung vertreten worden, daß dort immer ein Fall notwendiger Verteidigung gegeben sei, denn nur so könne dem Rechtsstaatsgebot auf ein faires Verfahren sowie der Waffengleichheit Genüge getan werden.[170] Übertragen auf die Voraussetzungen des § 140 II StPO kann dies nur bedeuten, daß die schwierige Rechtslage für den Beschuldigten aus den im Vergleich zum Normalverfahren gegebenen prozessualen Besonderheiten des beschleunigten Verfahrens, die eine schnellere Urteilsfindung bezwecken, resultiert. Insofern sind durch die eingeführten Neuerungen des Verbrechensbekämpfungsgesetzes[171] sogar weitere Argumente für die Notwendigkeit der Verteidigung im beschleunigten Verfahren hinzugetreten. Denn nunmehr beziehen sich die Verfahrenserleichterungen auch auf die Hauptverhandlung als solche. Namentlich handelt es sich dabei um die Einschränkungen des Beweisantragsrechts (§ 420 IV StPO) und die Möglichkeit, bei der Beweisaufnahme die Vernehmung von Zeugen, Sachverständigen und Mitbeschuldigten in weit größerem Umfang als im gewöhnlichen Verfahren durch die Verlesung ihrer Äußerungen zu ersetzen (vgl. § 420 I - III StPO). Insbesondere das Zustimmungserfordernis für die Einschränkungen der Unmittelbarkeit der Beweisaufnahme gem. § 420 III StPO stellt den Angeklagten vor eine Entscheidung, dessen Konsequenzen für den

---

[169] Vgl. auch BVerfGE 39, 238, 241; 65, 171, 174; 68, 237, 254; BGHSt 3, 395, 398; deswegen ist im übrigen auch anerkannt, daß über den Wortlaut des § 140 II StPO hinaus die Verteidigerbestellung auf Antrag auch dann erforderlich ist, wenn ohne die Beiordnung eines Verteidigers der Anspruch des Angeklagten auf ein faires Verfahren verletzt werden würde, vgl. BVerfGE 56, 185; 63, 380, 391.

[170] *Molketin*, Die Schutzfunktion des § 140 II StPO S. 97; *Siegert*, GerS (102) 1933, S. 30, 49; *Schmitt*, ZStW 89 (1977), S. 639, 646; vgl. auch *Deumeland*, NStZ 1983, S. 41.

[171] Verbrechensbekämpfungsgesetz vom 28.10.1994, BGBl S. 3186.

weiteren Verlauf der Verhandlung er meist nicht abschätzen kann. Dies könnte für die Annahme einer für den Angeklagten schwierigen Rechtslage iSv § 140 II StPO in allen beschleunigten Verfahren sprechen. Der gesetzgeberische Wille geht jedoch in eine andere Richtung. Im Verfahren zum Erlaß des Verbrechensbekämpfungsgesetzes wurde für das beschleunigte Verfahren durch den Vermittlungsauschuß nur ein Sonderfall der notwendigen Verteidigung eingefügt. Gem. § 418 IV StPO ist die Verteidigung dann notwendig, wenn eine Freiheitsstrafe von mindestens sechs Monaten zu erwarten ist. Diese Spezialregelung, die gerade wegen der Verfahrensvereinfachungen in der Hauptverhandlung geschaffen wurde, kann nicht durch die Annahme einer notwendigen Verteidigung aufgrund der Generalklausel des § 140 II StPO unterlaufen werden. Eine generelle Annahme der notwendigen Verteidigung im beschleunigten Verfahren wegen Schwierigkeit der Rechtslage gem. § 140 II 2. Alt. StPO unter Berücksichtigung des Grundsatzes des fairen Verfahrens ist damit nicht möglich.

c) Der Beschuldigte kann sich nicht selbst verteidigen

Gem. § 140 II 3. Alt. StPO ist eine Verteidigung dann notwendig, wenn sich der Beschuldigte nicht selbst verteidigen kann. Insoweit ist grundsätzlich unbhängig von der Tatschwere oder der Schwierigkeit der Sach- und Rechtslage auf die persönlichen Fähigkeiten des Beschuldigten abzustellen.[172] Damit kann dieser Fall der notwendigen Verteidigung im beschleunigten Verfahren durchaus von Bedeutung sein kann, die Spezialregelung des § 418 IV StPO wird nicht unterlaufen. Einem Beschuldigten fehlt die Fähigkeit, sich selbst zu verteidigen, wenn aus Gründen, die in seiner Person (geistige Fähigkeiten oder Gesundheitszustand) liegen oder die sich aus sonstigen Umständen ergeben, nicht sicher gewährleistet ist, daß er in der Lage ist, der Verhandlung zu folgen, seine Interessen zu wahren und alle seiner Verteidigung dienenden Handlungen vorzunehmen.[173] Für das beschleunigte Verfahren ist besonders die Frage relevant, ob bei Ausländern, die der deutschen Sprache nicht mächtig sind, immer ein Fall der notwendigen Verteidigung gegeben ist. In der Literatur ist die Auffassung verbreitet, daß schon die Sprachunkenntnis an sich einen Fall der

---

[172] Vgl. LR-*Lüderssen*, § 140 Rn. 72.

[173] KK-*Laufhütte*, § 140 Rn. 24.

notwendigen Verteidigung iSv § 140 II 3. Alt. StPO begründet.[174] Von der Rechtsprechung wird diese Ansicht nur in einzelnen Entscheidungen geteilt.[175] Dabei wird die mangelnde Sprachkenntnis teilweise nur im Zusammenhang mit der Schwere der Tat[176] berücksichtigt. Auch besteht die Tendenz, daß es bei der Frage, ob einem Ausländer ein Verteidiger beigeordnet werden muß, auf den jeweiligen Einzelfall ankomme,[177] da zum Teil die Mitwirkung des Dolmetschers während der Hauptverhandlung (die gem. § 185 GVG erforderlich ist, wenn unter Beteiligung von Personen verhandelt wird, die der deutschen Sprache nicht mächtig sind) genüge, um die sprachlichen Defizite auszugleichen.[178]

Fraglich ist, ob unter Berücksichtigung der prozessualen Besonderheiten des beschleunigten Verfahrens generell von der Notwendigkeit der Verteidigung bei der Beteiligung von Ausländern im beschleunigten Verfahrens auszugehen ist. Zu den ausländerspezifischen Problemen der Verteidigung gehören die Unkenntnis der deutschen Sprache und der auch für deutsche Laien schwer nachvollziehbaren Begriffe der Gerichtssprache und die Unkenntnis des deutschen Rechtssystems, insbesondere des Gerichtsverfahrens, sehr oft infolge Sozialisation in einem völlig anderen Kulturkreis.[179] Führen diese Probleme im Normalverfahren schon regelmäßig zur Bejahung der notwendigen Verteidigung, so muß dies angesichts der Verfahrensverkürzungen im beschleunigten Verfahren erst recht gelten. Wird beispielsweise die Hauptverhandlung sofort durchgeführt, so besteht die Gefahr der Überrumpelung des der deutschen Sprache nicht mächtigen Angeklagten. Der nur in der Hauptverhandlung als solcher hinzugezogene Dolmetscher vermag hier dem Angeklagten keine ausreichende Hilfe zu bieten. Da es dann in der Hauptverhandlung außerdem zu den schon oben angesprochenen Verfahrenserleichterungen gem. § 420 StPO kommen kann, ist der unverteidigte ausländische Angeklagte endgültig überfordert. Daher ist im beschleunigten Verfahren im Hinblick auf das Gebot fairer Verhandlungsführung als Ausfluß des Rechtsstaatsprinzipes erforderlich, einem

---

[174] *Molketin,* AnwBl 1980, S. 442, 448; *Oellerich,* StV 1981, S. 434, 437; *Strate,* StV 1981, S. 46.

[175] OLG Zweibrücken StV 1988, S. 379; LG Freiburg StV 1990, S .458; LG Köln StV 1990, S. 59.

[176] LG Baden-Baden StV 1983, S. 236.

[177] OLG Düsseldorf StV 1992, S. 363; BayObLG StV 1990, S. 103.

[178] Vgl. OLG Hamm NStZ 1990, S. 143. Vgl. auch zu einzelnen von der Rechtsprechung entschiedenen Fällen *Molketin,* AnwBl 1995, S. 527, 533.

[179] Vgl. *Oellerich,* StV 1981, S. 434, 438 f.; *Molketin,* S. 97 ff; LR-*Lüderssen,* § 140 Rn. 79.

Angeklagten, der die deutsche Sprache nicht oder nur unzulänglich beherrscht, einen Verteidiger gem. § 140 II 3. Alt. StPO beizuordnen. Nur so kann gewährleistet werden, daß der Angeklagte angesichts des stark abgekürzten Verfahrensablaufs in der Lage ist, der Verhandlung zu folgen, die seiner Verteidigung dienenden Handlungen vorzunehmen und insbesondere die Tragweite einer Zustimmungserklärung für die Einschränkungen des Unmittelbarkeitsgrundsatzes (vgl. § 420 I - III StPO) zu erfassen.

II. Durchführung der Verteidigerbestellung

Liegt eine notwendige Verteidigung iSv § 140 StPO vor, so richtet sich die Bestellung und die Auswahl des Verteidigers nach §§ 141 ff StPO. Danach wird, wenn der Beschuldigte keinen Wahlverteidiger hat, der Pflichtverteidiger durch den Vorsitzenden bestellt, vgl. § 141 IV StPO. Wesentlich ist, daß der Beschuldigte bei der Auswahl des Verteidigers ein Mitspracherecht hat; gem. § 142 I 2 StPO soll ihm Gelegenheit gegeben werden, sich zur Person des zu bestellenden Verteidigers zu äußern, der Vorsitzende ist verpflichtet, den vorgeschlagenen Rechtsanwalt zu bestellen, wenn nicht wichtige Gründe entgegenstehen.[180] Fraglich ist nun, inwieweit diese Regelungen der §§ 141 ff StPO auch bei der Verteidigerbestellung gem. § 418 IV StPO gelten. Dies ist insofern von Bedeutung, als vor allem die Vorschlagsmöglichkeit des Beschuldigten zeitaufwendig und damit nicht mit dem Beschleunigungszweck konform ist.

Meyer-Goßner[181] will deswegen § 141 I 2 StPO nicht auf § 418 IV StPO anwenden und vielmehr den Kreis auswählbarer Verteidiger auf diejenigen beschränken, die zur Teilnahme an der kurzfristig anzusetzenden Hauptverhandlung bereit und in der Lage sind. Demgegenüber sind Loos/Radtke[182] der Ansicht, daß es in § 418 IV StPO keines ausdrücklichen Verweises auf die §§ 141 ff StPO bedurfte, da die Regelung des § 418 IV StPO systematisch zu den Regelungen der notwendigen Verteidigung gehöre und damit die allgemeinen Regeln anwendbar seien. Der Ausschluß der Vorschlagsmöglichkeit sei nicht mit dem Sinn und Zweck der Einfügung des § 418 IV StPO zu vereinba-

---

180 Vgl. auch BVerfGE 9, 36, 38.

181 K/M-G, § 418 Rn. 14; auch KMR-*Fezer*, § 418 Rn. 15.

182 *Loos/Radtke*, NStZ 1996, S. 1, 10.

ren. Der Beschuldigte solle rechtskundigen Beistand insbesondere zur sachgerechten Ausübung des Zustimmungsrechts aus § 420 III StPO erhalten. Dabei könnten keine geringeren Anforderungen an das Vertrauensverhältnis zwischen Mandanten und notwendigem Verteidiger gestellt werden als in sonstigen Fällen notwendiger Verteidigung. Eine vertrauensvolle Beratung bei der Ausübung der Zustimmungsrechte des Beschuldigten sei aber gerade im beschleunigten Verfahren wegen der gravierenden Einschränkungen des Unmittelbarkeitsprinzips unerläßlich.

Zunächst ist zu klären, ob es hier einer Verweisung auf die §§ 141 ff StPO bedurft hätte. § 418 IV StPO stellt einen Sonderfall der notwendigen Verteidigung für das beschleunigte Verfahren dar. Damit ist aber noch nicht notwendigerweise etwas über die Anwendbarkeit der Vorschriften über Auswahl und Bestellung des Verteidigers ausgesagt. In der Strafprozeßordnung,[183] dem Jugendgerichtsgesetz[184] und dem Ordnungswidrigkeitengesetz[185] finden sich weitere Fälle notwendiger Verteidigung. Ein Vergleich mit den jeweiligen Vorschriften der Strafprozeßordnung kann Aufschluß darüber geben, ob aufgrund systematischer Erwägungen der Beschuldigte ein Mitspracherecht bei der Auswahl des Verteidigers gem. § 142 I 2 StPO hat. § 117 IV StPO regelt die notwendige Verteidigung von in Untersuchungshaft befindlichen Beschuldigten; § 118 a II 3 StPO bestimmt die notwendige Verteidigung für die mündliche Verhandlung der Haftprüfung. Für diese beiden Fälle werden gem. § 117 IV 3 StPO bzw. § 118 II 4 StPO die §§ 142, 143 und 145 StPO ausdrücklich für entsprechend anwendbar erklärt. Ähnlich verhält es sich mit § 408b I 1 StPO, wonach bei Erlaß eines Strafbefehls im Fall der Verhängung einer Freiheitsstrafe mit Strafaussetzung zur Bewährung (vgl. § 407 II 2 StPO) ein Verteidiger zu bestellen ist. Auch hier wird ausdrücklich eine Vorschrift der §§ 141 ff StPO, nämlich § 141 III StPO, für anwendbar erklärt. Schon hieraus läßt sich ersehen, daß das Gesetz nicht von einer generellen Geltung der §§ 141 ff StPO in den Spezialfällen notwendiger Verteidigung ausgeht. So ist es auch im Rahmen des § 408b I 1 StPO herrschende Meinung, daß die Auswahl des Pflichtverteidigers allein dem Vorsitzenden obliegt und der Beschuldigte kein Mitspracherecht iSv § 142 I 2 StPO hat.[186] § 350 III StPO, der die Pflichtverteidigerbestellung in der Revisionshauptverhandlung regelt, enthält ebenso wie die §§ 364a und 364b

---

183 §§ 117 IV, 118a II 2 - 4, 350 III, 364a, 364b, 408b StPO.

184 § 68 JGG.

185 § 60 OWiG.

186 K/M-G, § 408b Rn. 4; aA *Siegismund/Wickern*, wistra 1993, S.81, 91.

StPO, die die Verteidigerbestellung im Wiederaufnahmeverfahren festlegen, keinen Verweis auf Vorschriften der §§ 141 ff StPO. Nach allgemeiner Meinung bestimmt auch in diesen Fällen der Vorsitzende bzw. das Gericht allein die Auswahl des Verteidigers.[187] Aus dem systematischen Zusammenhang ergibt sich demnach nicht, wie Loos/Radtke es meinen, die Geltung von § 142 I 2 StPO, denn dafür wäre ein ausdrücklicher Verweis in § 418 IV StPO auf die §§ 141 ff StPO erforderlich gewesen.

Obwohl die §§ 141 ff StPO nicht gelten, bleibt zu prüfen, ob nicht trotzdem eine vorherige Befragung des Beschuldigten bei der Auswahl des Verteidigers erforderlich ist. Wie das Bundesverfassungsgericht[188] festgestellt hat, ergibt sich aus dem Anspruch auf ein faires Verfahren, daß dem Beschuldigten ein Rechtsanwalt seines Vertrauens beigeordnet werden muß, wenn nicht wichtige Gründe entgegenstehen. Im beschleunigten Verfahren besteht ein besonderes Spannungsverhältnis zwischen einem zügig durchgeführten Verfahren und der Wahrung der Verteidigungsrechte des Beschuldigten. Zwar läuft ein Mitspracherecht bei der Verteidigerauswahl dem Beschleunigungszweck des Verfahrens nach §§ 417 ff StPO zuwider. Würde jedoch der Verteidiger allein durch das Gericht ausgewählt, und zwar unter solchen, die Zeit haben und zur Teilnahme an einer sofortigen oder in kurzer Frist durchgeführten Verhandlung bereit sind, so besteht für den Beschuldigten die Gefahr, daß er kein Vertrauen zu seinem Verteidiger hat, und seine Rechte nicht in dem Umfang wahrgenommen werden, wie sie ein von ihm ausgewählter Verteidiger wahrnehmen würde. Das Vertrauensverhältnis zum Verteidiger ist aber eine wesentliche Voraussetzung für eine sachdienliche Verteidigung. Gerade im beschleunigten Verfahren, insbesondere bei der Zustimmung zu den Einschränkungen des Unmittelbarkeitsprinzips gem. § 420 III StPO, ist der Beschuldigte auf eine vertrauensvolle Beratung angewiesen. Damit überwiegt das Interesse des Beschuldigten an einer wirksamen Verteidigung, und es ist ihm auch im Fall des § 418 IV StPO ein Mitspracherecht bei der Verteidigerauswahl zuzubilligen, das sich unmittelbar aus dem Anspruch auf ein faires Strafverfahren ergibt. Im übrigen könnte es ansonsten zu der seltsamen Situation kommen, daß dem Beschuldigten, dessen Verteidigung im beschleunigten Verfahren schon nach § 140 StPO notwendig ist, ein Mitspracherecht gem. § 142 I 2 StPO zusteht, nicht aber dem Beschuldigten, dessen notwendige Verteidigung sich aus § 418 IV StPO ergibt.

---

[187] K/M-G, § 350 Rn. 10; § 364a Rn. 8.

[188] Vgl. BVerfGE 9, 36, 38; 39, 238, 243; 68, 237, 256.

III. Zeitpunkt der Verteidigerbestellung

Hier ist zunächst zu differenzieren, ob es sich um eine notwendige Verteidigung nach § 140 StPO oder nach § 418 IV StPO handelt. Für den ersten Fall ergibt sich der Zeitpunkt der Verteidigerbestellung grundsätzlich aus § 141 StPO. Ist die Verteidigung nach § 418 IV StPO notwendig, so ist § 141 StPO mangels ausdrücklicher Verweisung nicht anwendbar. Deswegen ist entgegen Paeffgen[189] eine Verteidigerbestellung nach § 418 IV StPO auf Antrag der Staatsanwaltschaft schon während des Vorverfahrens nicht möglich, im übrigen wegen der kurzen Fristen praktisch kaum vorstellbar.[190] Frühester Zeitpunkt für einen Antrag auf Verteidigerbestellung ist deswegen der der Antragstellung der Staatsanwaltschaft auf Durchführung des beschleunigten Verfahrens gem. § 417 StPO. Der Verteidiger wird durch den Richter bestellt, und zwar dann, wenn er die Sache im beschleunigten Verfahren verhandeln will und der Auffassung ist, daß eine Freiheitsstrafe von mindestens sechs Monaten zu erwarten ist[191] oder wenn ein Fall des § 140 I Nr. 2 bzw. II 3. Alt. StPO vorliegt.

F. Vorbereitung der Hauptverhandlung

Die §§ 213 ff StPO regeln die Vorgänge, wie z.B. Terminsbestimmung, Ladungen, Zustellung des Eröffnungsbeschlusses, die bereits Teil des Hauptverfahrens sind und die eigentliche Hauptverhandlung vorbereiten. Im beschleunigten Verfahren existiert kein Eröffnungsbeschluß, das Hauptverfahren ist damit im Zeitpunkt der die Hauptverhandlung vorbereitenden Handlungen noch nicht eröffnet. Damit sind die §§ 213 ff StPO zunächst nicht anwendbar. Die Vorschriften des beschleunigten Verfahrens haben diesbezüglich in § 418 StPO spezielle Regeln:

Gem. § 418 I StPO bestehen zwei Möglichkeiten der Anberaumung der Hauptverhandlung; sie kann entweder sofort oder in kurzer Frist durchgeführt werden. Die Vorbereitung der Hauptverhandlung ist daher je nachdem, zu welchem Zeitpunkt sie stattfinden soll, unterschiedlich gestaltet.

---

[189] SK-*Paeffgen*, § 418 Rn. 19.

[190] So auch KMR-*Fezer*, § 418 Rn. 13; K/M-G, § 418 Rn. 11.

[191] HK-*Krehl*, § 418 Rn. 6; K/M-G, § 418 Rn. 12.

I. Vorbereitung der „sofort" durchgeführten Hauptverhandlung iSv § 418 I 1. Alt. StPO

Eine sofort durchgeführte Hauptverhandlung bedarf keiner Vorbereitung. Die Hauptverhandlung kann sofort durchgeführt werden, wenn die Staatsanwaltschaft mit dem vorgeführten oder sich freiwillig stellenden Beschuldigten vor dem gerade tagenden Gericht erscheint und etwaige Zeugen oder Sachverständige zur Stelle sind. In diesen Fällen ist eine Ladung des Beschuldigten nicht erforderlich.[192]

1. Vorführung des Beschuldigten

a) Verwahrung

Eine Vorführung liegt vor, wenn der Beschuldigte ohne Rücksicht auf seinen Willen aus einer behördlichen Verwahrung vor das Gericht gebracht wird.[193] Bei der Verwahrung kann es sich um eine aus vorläufiger Festnahme nach § 127 StPO oder § 127b I StPO resultierende, eine Untersuchungshaft nach §§ 112 ff StPO oder § 127b II StPO oder um eine Strafhaft handeln. Im Falle einer vorläufigen Festnahme bietet die Vorführung nach § 128 StPO den Vorteil, daß ein Haftbefehl entbehrlich wird, wenn nämlich der Beschuldigte in einem unmittelbar durchgeführten beschleunigten Verfahren freigesprochen wird oder eine Freiheitsstrafe sofort vollstreckt werden kann.[194] Nicht von vornherein unproblematisch ist jedoch, ob bei der Vorführung nach § 128 StPO im Falle der vorläufigen Festnahme nach § 127 StPO oder § 127b I StPO das Recht auf den gesetzlichen Richter verletzt wird. Nach Art. 101 I 2 GG besteht das grundrechtsähnliche Recht auf den durch Gesetz und die das Gesetz ergänzenden Geschäftsverteilungspläne der Gerichte allgemein und im voraus bestimmten Richter.[195] Zuständig für die Vorführung ist gem. § 128 I 1 StPO der Richter beim Amtsgericht. Damit kommt ein beschleunigtes Verfahren im Rahmen der Vorführung nach § 128 StPO nur dann in Betracht, wenn Vergehen Gegenstand des Verfahrens sein sollen, da der Strafrichter für die Behandlung

---

192 Vgl. LR-*Rieß*, § 212a Rn. 18.

193 *Dünnebier*, GA 1959, S. 272 Anm. 3.

194 *Zimmermann*, S. 143; LR-*Rieß*, § 212a Rn. 21.

195 BVerfGE 40, 356, 360.

von Verbrechen sachlich nicht zuständig ist.[196] Darüber hinaus ist erforderlich, daß dem für die Vorführung nach § 128 StPO zuständigen Richter nach dem Geschäftsverteilungsplan auch die Zuständigkeit zur Durchführung beschleunigter Verfahren übertragen wird. Im Falle der vorläufigen Festnahme aufgrund des neu eingefügten § 127b I StPO[197] entspricht es im übrigen ohnehin dem Willen des Gesetzgebers,[198] daß der für die Durchführung des beschleunigten Verfahrens zuständige Richter für den Erlaß des Haftbefehls und damit auch für die Vorführung nach § 128 StPO zuständig sein soll, vgl. § 127b III StPO.

b) Prüfung der Rechtmäßigkeit der Verwahrung?

Als das Vorliegen einer „vorläufigen Festnahme" noch besondere Voraussetzung für die Durchführung beschleunigter Verfahren war,[199] war streitig, ob das Gericht die Rechtmäßigkeit der vorläufigen Festnahme zu überprüfen hatte mit der Folge, daß die Entscheidung im beschleunigten Verfahren bei Rechtswidrigkeit der vorläufigen Festnahme abzulehnen war.[200] Heute stellt die vorläufige Festnahme keine Voraussetzung mehr für das beschleunigte Verfahren dar, Voraussetzung für seine Durchführung ist vielmehr die Eignung aufgrund eines einfachen Sachverhalts oder einer klaren Beweislage, vgl. § 417 StPO. Die vorläufige Festnahme ist nur noch ein möglicher Grund für eine Verwahrung, aus der der Beschuldigte bei sofort durchgeführter Hauptverhandlung im beschleunigten Verfahren vorgeführt werden kann. Insofern hat die Frage, ob die Rechtmäßigkeit der vorläufigen Festnahme bzw. jedes anderen Verwahrungsgrundes vom Gericht zu prüfen ist, keine entscheidende Bedeutung mehr, da hiervon nicht mehr die Durchführung des beschleunigten Verfahrens im ganzen abhängt.[201] Ginge man von einer Prüfungspflicht aus, so könnte bei Rechtswid-

---

[196] S.o. 4. Kapitel A. I. 2. a). Verbrechen können im beschleunigten Verfahren wegen der Strafrahmenbegrenzung des § 419 I 2 StPO ohnehin nur im Ausnahmefall behandelt werden; zuständig ist dann das Schöffengericht, s.o. 4. Kapitel A. II.

[197] BGBl 1997 S. 1822.

[198] Vgl. BT-Drucksache 13/2576.

[199] § 211 I 1 StPO 1877; vgl. 2. Kapitel B. I.

[200] Für eine Prüfung der Rechtmäßigkeit: *Siegert*, GerS (102) 1933, S. 30, S. 34; *Honig*, MschrKrimPsych 1924, S. 138, 153; *Löwenthal*, JW 1929, S. 2694; *Feyer*, S. 33; *Schauinsland*, S. 53; OLG Frankfurt JW 1924, S. 1788 Nr. 11; Für ein beschränkt materielles Prüfungsrecht: *Henseler*, GA 1932, S. 203, 204 ff; Gegen ein Prüfungsrecht: *Gallrein*, S. 78; *Schwarz*, S. 40, 41.

[201] Damit hat das von *Oetker* (JW 1930, S. 929; ders. Strafprozeßbegründung, S. 26) vorgebrachte Argument, daß es unbillig sei, der rechtswidrigen Freiheitsentziehung eine weitere

rigkeit des Verwahrungsgrundes die Hauptverhandlung im beschleunigten Verfahren lediglich nicht mehr sofort, sondern nur in kurzer Frist durchgeführt werden,[202] wofür eine Ladung des Beschuldigten erforderlich wäre (vgl. § 418 II 1 StPO).[203] Das Erfordernis der Überprüfung der Rechtmäßigkeit des Verwahrungsgrundes kann aber weder dem Gesetzeswortlaut entnommen werden, noch entspräche eine solche Verfahrensweise dem Beschleunigungszweck des beschleunigten Verfahrens. An dem Vorliegen einer „Vorführung" - wie sie die sofort durchgeführte Hauptverhandlung gem. § 418 II 1, I StPO voraussetzt - ändert sich nichts bei Rechtswidrigkeit des zugrundeliegenden Verwahrungsgrundes. Eine Prüfung der Rechtmäßigkeit des Verwahrungsgrundes ist damit nicht erforderlich; auch bei Rechtswidrigkeit kann die Hauptverhandlung sofort durchgeführt werden, einer Ladung bedarf es nicht.

2. Freiwillige Gestellung

Eine freiwillige Gestellung zur Hauptverhandlung liegt immer dann vor, wenn das Erscheinen des Beschuldigten vor Gericht auf seinem freien Willen beruht, ohne daß ihm gegenüber eine Pflicht zum Erscheinen geltend gemacht worden ist. Dem Beschuldigten muß klar sein, daß es allein von seinem Willen abhängt, vor Gericht zu stehen, und daß er keinen Sanktionen unterliegt, wenn er nicht erscheint.[204] So stellt sich ein Beschuldigter freiwillig, wenn er auf formlose Mitteilung von der Terminsstunde durch Staatsanwaltschaft oder Gericht zur Verhandlung erscheint.[205] Ein freiwilliges Gestellen ist zutreffend auch dann angenommen worden, wenn der Beschuldigte in einer Sache aus der Untersuchungshaft vorgeführt wird, sich dann zusätzlich mit der Durchführung eines beschleunigten Verfahrens in einer anderen Sache einverstanden erklärt; insoweit handelt es sich dann bei der Vorführung nur um eine äußerliche Form, die die Freiwilligkeit nicht berührt.[206]

Benachteiligung des Betroffenen dadurch hinzuzufügen, daß er auch noch die Nachteile des beschleunigten Verfahrens auf sich nehmen müsse, keine Bedeutung mehr.

202 Es sei denn, daß sich der Beschuldigte freiwillig der sofort durchgeführten Hauptverhandlung stellt, vgl. § 418 II 1 StPO.

203 Vgl. auch *Zimmermann*, S. 145.

204 LR-*Rieß*, § 212a Rn. 20.

205 *Zimmermann*, S. 145, 146; *Gallrein*, S. 36; *Feyer*, S. 31.

206 RGSt 66, 108, 111; KG DAR 1956, S. 334, 335.

3. Probleme der sofort durchgeführten Hauptverhandlung

a) Fehlendes rechtliches Gehör vor der Hauptverhandlung?

Fraglich ist, ob der Beschuldigte bei der sofort durchgeführten Hauptverhandlung vom Gegenstand der Beschuldigung Kenntnis erhält und ob ihm in ausreichendem Maße rechtliches Gehör gewährt wird. Dies ist zunächst deswegen problematisch, weil im beschleunigten Verfahren kein Zwischenverfahren stattfindet. Damit entfällt die Mitteilung der Anklageschrift gem. § 201 StPO, die dem Angeschuldigten auch die Möglichkeit gibt, Einwände gegen die Eröffnung des Hauptverfahrens vorzubringen oder Beweisanträge zu stellen. Außerdem ergeht kein Beschluß über die Eröffnung des Hauptverfahrens, der dem Angeklagten gem. § 215 StPO zugestellt werden könnte. Zum Teil wird deswegen auch kritisiert, daß der Beschuldigte, der für die sofortige Verhandlung dem Gericht vorgeführt werde, möglicherweise in der Hauptverhandlung erstmals erfahre, was ihm zur Last gelegt wird.[207] Damit ist für den Fall der Verwahrung zu überprüfen, ob der Beschuldigte tatsächlich kein rechtliches Gehör vor der sofort durchgeführten Hauptverhandlung erhält.

Bei der Vorführung aus der Untersuchungshaft ist ein solches Bedenken ohnehin unbegründet. Denn dort wird dem Beschuldigten schon bei der Verhaftung der Haftbefehl und damit auch die Tat, der er verdächtig ist, bekanntgegeben, vgl. § 114a StPO. Auch hat der zuständige Richter den Beschuldigten gem. § 115 II StPO über den Gegenstand der Beschuldigung zu vernehmen.

Anders ist auf den ersten Blick die Situation bei der vorläufigen Festnahme. Zwar wird der Beschuldigte gem. § 128 StPO spätestens am Tage nach der Festnahme dem Richter vorgeführt, wobei er über seine Beschuldigung iSv § 115 III StPO iVm § 128 I 2 StPO vernommen wird. Im beschleunigten Verfahren besteht allerdings die Möglichkeit, schon bei dieser Vernehmung des § 128 StPO die Hauptverhandlung im beschleunigten Verfahren durchzuführen.[208] Dies legt die Vermutung nahe, daß in diesem Fall der Beschuldigte tatsächlich in der Hauptverhandlung im Extremfall erstmals erfährt, welche Tat ihm zur Last gelegt wird. Bei dieser Argumentation bliebe aber unberücksichtigt, daß das beschleunigte Verfahren immer erst nach Abschluß des

---

207 *Herzog*, ZRP 1991, S. 125, 127.

208 Vgl. oben F. I. 1. a).

Ermittlungsverfahrens (vgl. § 169a StPO) durchgeführt werden kann. § 163a I 1 StPO besagt, daß der Beschuldigte spätestens vor dem Abschluß der Ermittlungen zu vernehmen ist. Bei dieser Vernehmung, sei es durch die Beamten des Polizeidienstes oder durch die Staatsanwaltschaft selbst, ist dem Beschuldigten zu eröffnen, welche Tat ihm zur Last gelegt wird und welche Strafvorschriften in Betracht kommen; außerdem soll dem Beschuldigten Gelegenheit gegeben werden, die gegen ihn vorliegenden Verdachtsgründe zu beseitigen, vgl. (§ 163a IV StPO), § 136 I und II StPO. Durch diese Regelungen ist dem rechtlichen Gehör nicht nur des aus Verwahrung vorgeführten Beschuldigten, sondern auch des Beschuldigten, der sich freiwillig zur Hauptverhandlung stellt, vor der Hauptverhandlung Rechnung getragen. Der Verlust rechtlichen Gehörs durch den Wegfall des Zwischenverfahrens und des Eröffnungsbeschlusses stellt sich damit angesichts des Ziels des beschleunigten Verfahrens, die Funktionstüchtigkeit der Strafrechtspflege zu stärken, und angesichts der Strafsachen, die Gegenstand des beschleunigten Verfahrens sein können, als qualitativ nicht so gravierend dar. Damit erweisen sich die insoweit vorgebrachten Bedenken gegen die sofortige Durchführung der Hauptverhandlung als unbegründet.

b) Übereilungsgefahr und Einschränkung der Verteidigungsmöglichkeiten?

Bei einer sofort durchgeführten Hauptverhandlung besteht die Gefahr, daß die Verteidigungsmöglichkeiten des Beschuldigten eingeschränkt werden. Auch ist infolge des Wegfalls des Zwischenverfahrens insgesamt die Gefahr der Übereilung bei der Urteilsfindung nicht von vornherein von der Hand zu weisen, eine Problematik, die sich im beschleunigten Verfahren generell, besonders deutlich aber bei einer sofort durchgeführten Hauptverhandlung zeigt.[209] Denn, wie Meyer-Goßner zutreffend feststellt,[210] sind die Regeln des „Normalverfahrens" wohlüberlegt und die Gefahr, daß ein „kurzer Prozeß" zu ungerechten Ergebnissen führen kann, ist nicht zu leugnen. Sinn des Zwischenverfahrens ist einerseits die Schaffung einer Möglichkeit, durch die Überprüfung der Notwendigkeit der Strafverfolgung durch einen von der Staatsanwaltschaft unabhängigen Richter die für den Betroffenen diskriminierende Hauptverhandlung abzuwenden.[211] Hierzu ist dem Gericht gem. § 212 StPO die Befugnis

---

[209] Hierzu auch *Schmitt,* ZStW 89 (1977), S. 639, 646.

[210] K/M-G, Vor § 417 Rn. 3; vgl. auch *Scheffler,* NJW 1994, S. 2191.

[211] Vgl. *Roxin,* § 40 Rn. 2.

gegeben, selbständig zur besseren Aufklärung der Sache einzelne Beweiserhebungen anzuordnen. Darüber hinaus soll dem Beschuldigten nochmals Gelegenheit gegeben werden, durch Beweisanträge und Einwendungen Einfluß auf die Eröffnung des Hauptverfahrens zu nehmen, vgl. § 201 StPO. Die Gefahr, ohne die „Sicherung" eines Zwischenverfahrens „übereilt" in die Hauptverhandlung als solche einzutreten, kann gleichzeitig den Beschuldigten daran hindern, seine Verteidigung in ausreichendem Maße vorzubereiten. Damit stellt sich auch hier die Frage, ob die Gefahren für einen rechtstaatlichen Prozeß größer sind als die mit der Verfahrensverkürzung erhofften Vorteile für die Rechtspflege. Nach Dünnebier[212] wird das Recht des Beschuldigten auf angemessene Verteidigung beeinträchtigt, wenn er nach vorläufiger Festnahme dem Gericht zur sofortigen Hauptverhandlung vorgeführt wird. Danach seien vielmehr drei Tage, wenn der Beschuldigte sich selbst verteidige, und eine Woche, wenn er einen Anwalt habe, als angemessene Zeit für die Vorbereitung der Verteidigung zu sehen; eine sofort durchgeführte Hauptverhandlung wäre danach nicht möglich.

Hier wiederum gewinnt die Notwendigkeit der Einhaltung der besonderen Voraussetzungen des beschleunigten Verfahrens, einfacher Sachverhalt oder klare Beweislage, an Bedeutung. Nur wenn der Sachverhalt wirklich einfach und die Beweislage wirklich klar in dem oben dargestellten Sinne[213] sind, darf berechtigterweise eine Hauptverhandlung sofort durchgeführt werden, ohne daß die Gefahr für den Beschuldigten zu groß ist, ungeschützt einer Hauptverhandlung ausgesetzt zu werden. Auch nur dann ist es dem Beschuldigten möglich, seine Verteidigungsinteressen in ausreichendem Maße zu wahren.[214] In jedem Fall ist zu gewährleisten, daß vor allem im Falle der Vorführung der Beschuldigte ausreichend darüber belehrt wird, daß er einen Verteidiger wählen und sich mit ihm beraten kann.[215] Werden also die besonderen Voraussetzungen des beschleunigten Verfahrens eng ausgelegt und strikt gehandhabt, so können die Gefahren für den rechtstaatlichen Prozeß in überschaubaren Grenzen gehalten werden. Im übrigen darf auch nicht verkannt werden, daß in den Fällen der sofort durchgeführten Hauptverhandlung in der Regel der Beschuldigte selbst, der sich entweder freiwillig der Hauptverhandlung gestellt hat oder aus einer

---

212 *Dünnebier*, GA 1959, S. 272, 273.

213 S.o. 4. Kapitel B.

214 So auch *Fezer*, ZStW 106 (1994), S. 1, 11.

215 *Schmitt*, ZStW 89 (1977), S. 639, 646.

Verwahrung vorgeführt wird, ein besonderes Interesse daran haben wird, daß das Strafverfahren schnell zum Abschluß gebracht wird.

c) Praktische Hemmnisse

Die sofortige Durchführung der Hauptverhandlung ist allerdings nur dann möglich, wenn praktische Hemmnisse und Schwierigkeiten, die bisher eine breitere Anwendung des beschleunigten Verfahrens erschwert haben, beseitigt und von den Justizverwaltungen die personellen, organisatorischen und technischen Voraussetzungen initiiert werden, die eine kurzfristige Erledigung im beschleunigten Verfahren ermöglichen.[216] Insbesondere müßte bei der Staatsanwaltschaft und bei Gericht eine Bereitschaft eingerichtet werden. Auch die Polizei muß mit in Kooperationsvereinbarungen einbezogen werden. Dabei muß ein reibungsloser und schneller Informationsaustausch zwischen Polizei und Staatsanwaltschaft gewährleistet sein. Erforderlich ist weiter, daß kurzfristig Auszüge aus dem Bundeszentralregister, dem Verkehrszentral- und Ausländerzentralregister vorliegen können. Schließlich müssen Schreibkräfte, Protokollführer, Dolmetscher, Sitzungssäle, Haftplätze für Beschuldigte etc. kurzfristig zur Verfügung stehen. In der neueren Praxis sind an einigen Amtsgerichten ähnliche Voraussetzungen zur sofortigen Durchführung beschleunigter Verfahren geschaffen worden; als Beispiele können hierfür das „Bochumer Modell" oder die Verfahrensweise des Bereitschaftsgerichts beim Amtsgericht Berlin-Tiergarten herangezogen werden.[217] Positiv zu bewerten ist auch die Kooperation von Staatsanwaltschaft und Gericht im Rahmen des „Potsdamer Modells". Danach teilt die Staatsanwaltschaft Potsdam der bei Gericht für Verfahren mit mündlicher Antragstellung im beschleunigten Verfahren eingerichteten Geschäftsstelle zwischen 7 und 8 Uhr die Anzahl der noch am selben Tage zu stellenden Anträge auf Durchführung des beschleunigten Verfahrens mit. Die Geschäftsstelle unterrichtet den nach dem Geschäftsverteilungsplan zuständigen Bereitschaftsrichter, der zugleich auch Haftrichter ist. Die Verhandlungen wer-

---

216 Vgl. auch Vorbemerkung zum Gesetzesentwurf der Regierungskoalition, BT-Drucksache 12/6853 S. 36.

217 S.o. 2. Kapitel D. V.

den dann in einem hierfür besonders vorgesehenen Gerichtssaal durchgeführt.[218]

II. Vorbereitung der Hauptverhandlung in „kurzer Frist" iSv § 418 I 2. Alt. StPO

Die Hauptverhandlung im beschleunigten Verfahren kann auch in „kurzer Frist" durchgeführt werden, § 418 I 2. Alt. StPO. Nach § 212a I StPO a.F. sollte die Hauptverhandlung noch in „kürzester Frist" durchgeführt werden; zwischen Antrag und Hauptverhandlung lagen dann in der Regel zwei oder drei Tage.[219] Nach Treier[220] war eine Sache sogar ungeeignet für das beschleunigte Verfahren, wenn es einer längeren Frist als drei Tage zur Vorbereitung der Verteidigung bedurfte. Dieses Erfordernis der in kürzester Frist durchzuführenden Hauptverhandlung wurde jetzt abgeschwächt. Dabei soll unter kurzer Frist eine Zeitspanne von in der Regel ein bis zwei Wochen zu verstehen sein,[221] wodurch der praktische Anwendungsbereich des beschleunigten Verfahrens erweitert werden soll.

Es stellt sich die Frage, welche vorbereitenden Handlungen durch das Gericht vorzunehmen sind. Dabei ist grundsätzlich an die Vorschriften der §§ 213 ff StPO bezüglich der Vorbereitung der Hauptverhandlung im Normalverfahren anzuknüpfen.

1. Terminsbestimmung

Auch im beschleunigten Verfahren erfolgt die Terminsanberaumung iSv § 213 StPO durch den Vorsitzenden des Gerichts, also durch den Strafrichter bzw. den Vorsitzenden des Schöffengerichts.

---

[218] Vgl. Bericht des Strafrechtsausschusses über die Anwendung des beschleunigten Verfahrens zur 68. Konferenz der Justizministerinnen und Justizminister am 11. und 12. Juni 1997 in Saarbrücken, S. 18.

[219] *Zimmermann*, S. 150.

[220] KK-*Treier*, § 212a Rn. 5.

[221] BT-Drucksache 12/6853 zu § 418 StPO-E S. 35, 36.

2. Anordnung der Ladungen

Der Vorsitzende hat die zur Hauptverhandlung erforderlichen Ladungen anzuordnen, vgl. § 214 I 1 StPO.

a) Ladung des Beschuldigten

aa) Erfordernis einer Ladung

Nach § 216 StPO bedarf es im Normalverfahren in jedem Falle einer Ladung des Angeklagten. Gem. § 418 II 1 StPO wird aber der Beschuldigte nur dann geladen, wenn er sich nicht freiwillig zur Hauptverhandlung stellt oder nicht dem Gericht vorgeführt wird. Dem Wortlaut läßt sich nicht entnehmen, ob eine Ladung nur bei sofort durchgeführter Hauptverhandlung entbehrlich ist. Auch bei einer in kurzer Frist durchgeführten Hauptverhandlung kann sich der Beschuldigte freiwillig stellen oder dem Gericht vorgeführt werden; einer Ladung bedarf es auch in diesem Fall nicht.[222] Auf der anderen Seite fragt sich, ob der Verzicht auf eine Ladung insbesondere dann sinnvoll ist, wenn sich der Beschuldigte zum Erscheinen zur Hauptverhandlung freiwillig bereiterklärt. Denn in diesem Fall entfällt die Möglichkeit des Gerichts, den Beschuldigten nach einer dem § 216 I StPO entsprechenden Warnung bei unentschuldigtem Ausbleiben vorzuführen oder zu verhaften, vgl. § 230 II StPO. Demnach ist eine Ladung bei in kurzer Frist durchgeführten Verhandlung empfehlenswert.[223]

Die Ladung als solche erfolgt unter Beachtung der §§ 214, 216 StPO.[224]

bb) Mitteilung der Anschuldigung

Im Normalverfahren wird dem Beschuldigten im Zwischenverfahren die Anklageschrift gem. § 201 StPO und im Rahmen der Vorbereitung der Hauptverhandlung gem. § 215 StPO spätestens mit der Ladung der Eröffnungsbeschluß zugestellt. Im beschleunigten Verfahren, in dem kein Zwischenverfahren stattfindet, wird das Gehörrecht des Beschuldigten (vgl. auch Art. 6

---

[222] So auch *Eb. Schmidt* II, § 212a Rn. 7; KMR-*Paulus*, § 212a Rn. 17 (Vorauflage).

[223] So auch *Zimmermann*, S. 151.

[224] So auch KMR-*Paulus*, § 212a Rn. 17 (Vorauflage).

III MRK) durch § 418 II 2 StPO verwirklicht. Danach wird dem Beschuldigten mit der Ladung mitgeteilt, was ihm zur Last gelegt wird. Hat die Staatsanwaltschaft mit dem Antrag auf Durchführung des beschleunigten Verfahrens bereits eine Anklageschrift eingereicht, so genügt das Übersenden einer Abschrift dieser Anklageschrift an den Beschuldigten.[225] Ist eine Anklageschrift nicht eingereicht, so muß die Mitteilung nach allgemeiner Meinung entsprechend den Anforderungen des § 200 I 1 StPO die ihm zur Last gelegte Tat, Zeit und Ort der Begehung, die gesetzlichen Merkmale der Straftat und die anzuwendenden Strafvorschriften enthalten.[226] Um später Vertagungsanträge nach § 246 II, III StPO zu vermeiden, sollten in der Mitteilung schon die Beweismittel angegeben werden.[227]

cc) Ladungsfrist

Bei der Vorbereitung der Hauptverhandlung im Normalverfahren gilt die Ladungsfrist des § 217 StPO, wonach zwischen der Ladung und dem Tag der Hauptverhandlung eine Frist von mindestens einer Woche liegen muß. Demgegenüber beträgt die Ladungsfrist des § 418 II 3 StPO nur vierundzwanzig Stunden, Fristbeginn ist dabei die Stunde der Zustellung.[228] Die Ladungsfrist im beschleunigten Verfahren hat sich damit trotz der seit langem dagegen vorgebrachten Kritik nicht verändert. Insbesondere wurde kritisiert, daß die rigorose Abkürzung der Ladungsfrist die Gefahr einer Verletzung des Verteidigungsrechts des Beschuldigten enthält.[229] Gem. Art. 6 III b) MRK hat jeder Angeklagte das Recht, ausreichend Zeit und Gelegenheit zur Vorbereitung seiner Verteidigung zu erhalten. Der dadurch entstehende Rechtsanspruch scheint bei einer Ladungsfrist von vierundzwanzig Stunden nicht gewährleistet.[230] Die Ladungsfrist muß daher je nach Lage des Falles länger bemessen

---

[225] K/M-G, § 418 Rn. 7; KMR-*Paulus*, § 212a Rn. 19 (Vorauflage); *Eb. Schmidt* II, § 212a Rn. 10; LR-*Rieß*, § 212a Rn. 25.

[226] LR-*Rieß*, § 212a Rn. 25; K/M-G, § 212a Rn. 7; KMR-*Paulus*, § 212a Rn. 19 (Vorauflage); *Zimmermann*, S. 152.

[227] So auch *Oetker*, Strafprozeßbegründung, S. 39; *Feyer*, S. 68.

[228] *Zimmermann*, S. 153; K/M-G, § 418 Rn. 8; *Eb. Schmidt* II, § 212 a Rn. 8.

[229] Vgl. *Dünnebier*, GA 1959, S. 272, 273; *Fezer*, ZStW 106 (1994), S. 1, 15; LR-*Rieß*, § 212a Rn. 24.

[230] *Fezer*, ZStW 106 (1994), S. 1, 14, 38; KMR-*Fezer*, § 418 Rn. 4; K/M-G, § 418 Rn. 8; HK-*Krehl*, § 418 Rn. 2; AK-*Loos*, § 418 Rn. 11.

werden, wobei in der Literatur ein Mindestfrist von drei Tagen befürwortet wird.[231] Wie sich aus den Begründungen zum Gesetzesentwurf der Regierungskoalition[232] ergibt, sieht der Gesetzgeber das Problem der fehlenden Zeit zur Vorbereitung der Verteidigung und befürwortet ebenfalls eine Verlängerung der Ladungsfrist, wenn dies notwendig ist. Da aber kaum Fälle denkbar sind, in denen eine vierundzwanzigstündige Ladungsfrist zur Verteidigungsvorbereitung genügen kann, ist das Festhalten an dieser kurzen Ladungsfrist nicht nachvollziehbar.

Abgesehen von der Länge der Frist ist auch hier § 217 StPO zu berücksichtigen. Danach kann der Beschuldigte gem. § 217 II StPO bis zum Beginn seiner Vernehmung die Aussetzung der Verhandlung verlangen (vgl. § 228 III StPO), wenn die Ladungsfrist nicht eingehalten wurde. Wie oben schon festgestellt wurde,[233] entfällt mit der Aussetzung nicht automatisch die Geeignetheit der Sache für das beschleunigte Verfahren mangels Möglichkeit zur sofortigen Verhandlung. Vielmehr kann in diesem Fall das Verfahren ohne wesentlichen Zeitverlust fortgesetzt werden, wenn die Aussetzungsfrist nicht länger bemessen wird als die erforderliche Ladungsfrist.[234]

Demgegenüber besteht für den Beschuldigten im übrigen die Möglichkeit, auf die kurze Ladungsfrist des § 418 II 3 StPO von vierundzwanzig Stunden zu verzichten, vgl. § 217 III StPO.

b) Ladung des Verteidigers

Hier gelten dieselben Regeln wie im Normalverfahren. Ein Pflichtverteidiger des Beschuldigten ist zu laden; ein Wahlverteidiger nur dann, wenn die Wahl dem Gericht angezeigt worden ist, vgl. § 218 StPO.

§ 218 StPO verweist bezüglich der Ladungsfrist auf § 217 StPO. Da aber für den Beschuldigten nicht die Wochenfrist des § 217 I StPO, sondern die wesentlich kürzere Frist unter Beachtung des § 418 II 3 StPO gilt, muß diese

---

231 *Dünnebier*, GA 1959, S. 272, 273.

232 BT-Drucksache 12/6853 S. 36.

233 Siehe 4. Kapitel B. II.

234 So auch LR-*Rieß*, § 212a Rn. 23, § 212b Rn. 9.

Ladungsfrist auch für die Ladung des Verteidigers gelten, obwohl diesbezüglich eine spezielle Regelung fehlt.[235]

Im übrigen kann auch der Verteidiger bei Nichteinhaltung der Frist die Aussetzung der Verhandlung verlangen (§§ 218 S. 2, 217 II StPO); er kann aber auch auf die Einhaltung der Frist verzichten (§§ 218 S. 2, 217 III StPO).

c) Ladung von Zeugen und Sachverständigen

Im Normalverfahren (§§ 213 ff StPO) sind durch den Gerichtsvorsitzenden Zeugen und Sachverständige zu laden, und zwar die von der Staatsanwaltschaft in der Anklageschrift oder später benannten, die vom Gericht von Amts wegen erwünschten und die vom Angeklagten verlangten Zeugen.[236] Diese Vorschriften gelten ebenfalls im beschleunigten Verfahren. Wegen der kurzen Ladungsfrist ist ihre praktische Bedeutung aber wohl eher gering. Außerdem dürfte eine umfangreiche Vorbereitung der Hauptverhandlung im beschleunigten Verfahren kaum notwendig sein, da es ja gerade dem Sinn des beschleunigten Verfahrens entspricht, daß nur einfach gelagerte Sachen Gegenstand dieses abgekürzten Verfahrens sein sollen. Stellt sich zu diesem Zeitpunkt heraus, daß eine umfangreiche Vorbereitung vonnöten ist, so deutet dies auf die Ungeeignetheit der Sache zur Verhandlung im beschleunigten Verfahren hin. In diesem Fall empfiehlt sich eine Ablehnung der Verhandlung im beschleunigten Verfahren durch das Gericht.[237]

3. Sonstige Vorbereitung der Hauptverhandlung

Die weitere Vorbereitung der Hauptverhandlung folgt den gleichen Grundsätzen wie im Normalverfahren. Hierzu gehören die Namhaftmachung der Ladung von Zeugen und Sachverständigen (§ 222 StPO), kommissarische Zeugen- und Sachverständigenvernehmungen (§ 223 StPO) und der (kommissarische) richterliche Augenschein (§ 225 StPO). Auch hier jedoch gilt, daß es nicht dem Sinn des beschleunigten Verfahrens entspricht, daß Sachen

---

[235] So auch *Zimmermann*, S. 155.

[236] Vgl. *Roxin*, § 41 B I 3.

[237] Vgl. auch *Feyer*, S. 67 ff.

verhandelt werden, bei denen derart umfangreiche Vorbereitungshandlungen für die Hauptverhandlung erforderlich sind. In solchen Fällen liegt es nahe, daß die Sache für das beschleunigte Verfahren ungeeignet ist.

G. Durchführung der Hauptverhandlung

Vor Erlaß des Verbrechensbekämpfungsgesetzes richtete sich die Durchführung der Hauptverhandlung im wesentlichen nach den allgemeinen Vorschriften. Besonderheiten galten lediglich für die Anklageerhebung und die Möglichkeit der Ablehnung des beschleunigten Verfahrens bei Ungeeignetheit der Sache bis zur Verkündung des Urteils. Durch die gesetzliche Neuregelung wurde der Ablauf der Hauptverhandlung wesentlich modifiziert: Gem. § 420 IV StPO bestimmt im Verfahren vor dem Strafrichter dieser unbeschadet der gerichtlichen Aufklärungspflicht den Umfang der Beweisaufnahme. Desweiteren erlaubt § 420 I – III StPO weitreichende Ausnahmen vom im Regelverfahren bestehenden Unmittelbarkeitsprinzip. Hierdurch soll der Entscheidungsrahmen des Richters bei der Beurteilung der Notwendigkeit weiterer Beweisaufnahme vergrößert werden, wodurch sich der Gesetzgeber eine Straffung und damit eine Verkürzung der Hauptverhandlung erhofft.[238]

I. Beginn der Hauptverhandlung

Die Hauptverhandlung beginnt mit dem Aufruf der Sache durch den Strafrichter bzw. den Vorsitzenden des Schöffengerichts, vgl. § 243 I 1 StPO. Hat die Staatsanwaltschaft keine Anklageschrift eingereicht, so wird die Anklage bei Beginn der Hauptverhandlung mündlich erhoben, vgl. § 418 III 2 StPO.[239] Mit Beginn der Vernehmung des Beschuldigten zur Sache wird das beschleunigte Verfahren bei Gericht rechtshängig.[240] Ab diesem Zeitpunkt kann der Beschuldigte auch als Angeklagter bezeichnet werden.

---

[238] BT-Drucksache 12/6853 zu § 420 StPO-E S. 36. Die Vorschrift des § 420 StPO ist im übrigen gem. § 411 II 2 StPO auch für die Hauptverhandlung nach Einspruch gegen einen Strafbefehl für anwendbar erklärt worden!

[239] Einzelheiten zur Anklageerhebung s. 5. Kapitel C. VI.

[240] Einzelheiten zum Zeitpunkt der Rechtshängigkeit s. 5. Kapitel C. IV.

II. § 420 I - III StPO

Für das beschleunigte Verfahren sowohl vor dem Strafrichter (§ 25 GVG) als auch vor dem Schöffengericht (§ 28 StGB) geben § 420 I und II StPO dem Gericht die Möglichkeit, die Unmittelbarkeit der Beweisaufnahme mit dem Ziel der Straffung und Verkürzung der Hauptverhandlung einzuschränken. Gem. § 420 III StPO hängt eine solche Verfahrensgestaltung von der Zustimmung der Verfahrensbeteiligten - des Angeklagten, des Verteidigers und des Staatsanwaltes - ab, soweit sie in der Hauptverhandlung anwesend sind.

1. Verlesung von Vernehmungsniederschriften und schriftlichen Äußerungen gem. § 420 I StPO

a) Der Grundsatz der Unmittelbarkeit

Im gemeinrechtlichen Inquisitionsverfahren erhielt der Richter seine Beurteilungsgrundlage aus schriftlichen Akten und nicht durch mündlichen Bericht eines diese Akten referierenden Berichterstatters und erst recht nicht durch eine mündliche Verhandlung heutigen Stils; außerdem waren der inquirierende und der entscheidende Richter nicht personenidentisch. Im Zuge der Reformbewegungen des 19. Jahrhunderts kam die Forderung auf, der erkennende Richter solle Kenntnis vom Prozeßstoff erhalten, und zwar unmittelbar durch seine eigenen Sinne direkt aus dem Mund der jeweiligen Aussageperson.[241] Daraus resultierend lassen sich dem Unmittelbarkeitsprinzip, so wie es heute existiert, zwei an und für sich verschiedene Wesensmerkmale entnehmen, die man als formelle und materielle Ausgestaltungen des Unmittelbarkeitsgrundsatzes bezeichnen kann.[242] Formell bedeutet danach das Unmittelbarkeitsprinzip, daß das Gericht von den zur Rekonstruktion des Sachverhaltes benutzten Beweismitteln in unmittelbarer eigener sinnlicher Wahrnehmung Kenntnis erlangen soll (Unmittelbarkeit der Beweiserhebung).[243] Unter materieller Unmittelbarkeit ist die Unmittelbarkeit des Beweismittels zu verstehen, wonach sich das Gericht seine Überzeugung tunlichst durch solche Beweismittel verschaffen soll, deren Benutzung an die Klarstellung des Sachverhalts am nächsten heranführt.[244] So

---

[241] Vgl. auch *Eb. Schmidt* I, Rn. 427.

[242] Vgl. hierzu und zum gesamten Meinungsstand: *Geppert*, S. 122 ff; *Löhr*, S. 17 ff; *Heissler*, S. 37 ff.

[243] So schon *Rosenfeld*, S. 47; *von Gleispach*, S. 39; *Birkemeyer*, S. 87.

[244] *Beling*, Reichsstrafprozeßrecht, S. 315; *Dahs*, StV 1988, S. 169.

führt die Person, die eine Tatsache selbst beobachtet hat, an die Ermittlung dieser Tatsache näher heran, als eine andere Person, die sich von der unmittelbar beobachtenden Person über deren Wahrnehmung hat erzählen lassen; eine schriftliche Aufzeichnung, die die beobachtende Person gemacht hat, würde zu den betreffenden Tatsachen in geringerer Nähe stehen, als das Beobachtungswissen, das die beobachtende Person als Zeuge mitteilen könnte.[245]

Am deutlichsten ist der Unmittelbarkeitsgrundsatz in § 250 StPO angesprochen. Sinn dieser Vorschrift ist, dem Personalbeweis vor dem Urkundenbeweis Vorzug zu geben, weil jener als das verläßlichere Beweismittel anzusehen ist.[246] Hat eine Person in einem Vernehmungsprotokoll oder einer sonstigen Schrift über einen bestimmten von ihr wahrgenommenen Vorgang berichtet, so soll die Verlesung der schriftlichen Äußerung anstelle der Vernehmung dieser Person nicht zulässig sein. Denn bei der schriftlichen Fixierung der Wahrnehmung können Umstände eingewirkt haben, welche die richtige Darstellung dieser Wahrnehmung beeinträchtigen, sei es, daß die betreffende Person selbst absichtlich oder aus Nachlässigkeit oder Vergeßlichkeit eine wahre, unvollständige oder schiefe Darstellung gegeben hat, sei es, daß eine Verhörsperson ihre Erklärungen mißverstanden oder durch die Wahl eigener Formulierungen entstellt hat.[247] Demzufolge ist eine Person gem. § 250 StPO in der Hauptverhandlung zu vernehmen, wenn der Beweis einer Tatsache auf ihrer Wahrnehmung beruht.[248] Die unmittelbare Vernehmung darf nicht durch Verlesung des über eine frühere Vernehmung aufgenommenen Protokolls oder einer schriftlichen Erklärung ersetzt werden. Ausnahmen von diesem Grundsatz der Unmittelbarkeit der Beweisaufnahme sind für die Beweisaufnahme im Normalverfahren in den §§ 251 ff StPO vorgesehen. Die persönliche Vernehmung eines Zeugen, Sachverständigen oder Mitbeschuldigten darf gem. § 251 StPO nur unter bestimmten Voraussetzungen durch Verlesung eines früheren Vernehmungsprotokolls ersetzt werden. Dabei ist erforderlich, daß die Auskunftsperson bei der früheren Vernehmung ordnungsgemäß über das Zeugnis- und Auskunftsverweigerungsrecht belehrt wurde.[249] Für richterliche Vernehmungsprotokolle gilt § 251 I StPO. Eine Verlesung kann danach bei Tod oder nicht mehr ermittelbarem Aufenthalt der Auskunftsperson (§ 251 I Nr. 1 StPO), bei

---

245 *Eb. Schmidt* I, Rn. 445.

246 BGHSt 15, 253.

247 Vgl. auch BGHSt 15, 253, 254.

248 Vgl. auch *Dahs*, StV 1988, S. 169, 170.

249 BGHSt 10, 186, 190.

Krankheit, Gebrechen oder sonst nicht zu beseitigenden Hindernissen (§ 251 I Nr. 2 StPO), bei Unzumutbarkeit des Erscheinens wegen großer Entfernung (§ 251 I Nr. 3 StPO) oder dann vorgenommen werden, wenn der Staatsanwalt, der Verteidiger und der Angeklagte mit der Verlesung einverstanden sind (§ 251 I Nr. 4 StPO). Protokolle über nichtrichterliche Vernehmungen sind verlesbar, wenn der Zeuge, Sachverständige oder Mitbeschuldigte verstorben ist oder aus einem anderen Grunde in absehbarer Zeit gerichtlich nicht vernommen werden kann (§ 251 II 2 StPO), ferner dann, wenn bei einem verteidigten Angeklagten der Staatsanwalt, der Verteidiger und der Angeklagte mit der Verlesung einverstanden sind (§ 251 II 1 StPO).

b) Einschränkung durch § 420 I StPO

§ 420 I StPO regelt die Vernehmung von Zeugen, Sachverständigen oder Mitbeschuldigten in der Hauptverhandlung eines beschleunigten Verfahrens. Danach dürfen Vernehmungen von Zeugen, Sachverständigen oder Mitbeschuldigten durch Verlesung von Niederschriften über eine frühere Vernehmung sowie von Urkunden, die eine von ihnen stammende schriftliche Äußerung enthalten, ersetzt werden. Hierdurch werden die Möglichkeiten, die die §§ 251 ff StPO geben, bei Zustimmung der Verfahrensbeteiligten erweitert, der Grundsatz der Unmittelbarkeit der Beweisaufnahme wird insoweit aufgehoben. Dem Richter wird die Befugnis gegeben, auf eine mögliche Vernehmung der genannten Beweispersonen in der Hauptverhandlung zu verzichten und durch die Verlesung von früher entstandenen Vernehmungsniederschriften oder von ihnen stammenden schriftlichen Äußerungen zu ersetzen. § 420 I StPO entspricht fast wörtlich dem für das Ordnungswidrigkeitenverfahren geltenden § 77a I OWiG und deckt sich grundsätzlich mit der Regelung in § 251 II 1 StPO, die im Unterschied zu § 420 I StPO die Verlesung bei Einverständnis der Verfahrensbeteiligten nur dann zuläßt, wenn der Angeklagte einen Verteidiger hat.

aa) Arten verlesbarer Schriftstücke

(1) Vernehmungsniederschriften

§ 420 I StPO betrifft Niederschriften über eine frühere Vernehmung von Zeugen, Sachverständigen oder Mitbeschuldigten. Im Gegensatz zu § 251 I StPO, der nur richterliche Vernehmungen umfaßt, gilt § 420 I StPO wie § 251

II 1 StPO für alle Arten von Vernehmungen, nämlich richterliche, staatsanwaltliche, polizeiliche und behördliche Vernehmungen. Der Begriff der Vernehmung ist dabei - wie im Normalverfahren - als eine Befragung zu verstehen, die von einem Staatsorgan in amtlicher Funktion mit dem Ziel der Gewinnung einer Aussage durchgeführt wird.[250] Als Niederschrift gelten nicht Aktenvermerke oder Aktennotizen von Vernehmungsbeamten oder des Richters; sie geben nicht die unmittelbaren prozessualen Erklärungen der Beweisperson, sondern die Auffassung und Eindrücke des Vernehmenden wieder.[251] Solche Schriftstücke können aber Gegenstand einer Verlesung gem. § 420 II StPO sein. Liegt eine Vernehmungsniederschrift rein tatsächlich vor, so kommt es nicht darauf an, ob bestimmte Förmlichkeiten bei der Vernehmung eingehalten wurden.[252] Bei einer formfehlerhaften Urkunde allerdings sollte das Gericht bei der Einschätzung des Beweiswertes einer solchen Niederschrift im Hinblick auf die Wahrheitserforschungspflicht zurückhaltend sein.

(2) Urkunden iSv § 420 I StPO

Unter § 420 I StPO fallen auch solche Urkunden, die eine von Zeugen, Sachverständigen oder Mitbeschuldigten stammende schriftliche Erklärung enthalten. Bei diesen Urkunden kann es sich nur um solche Schriftstücke handeln, die unter das Beweisverbot des § 250 StPO fallen. Denn sonstige Schriftstücke dürfen auch ohne Zustimmung der Verfahrensbeteiligten nach § 249 StPO verlesen werden.[253] Streitig ist, welche schriftliche Erklärungen unter das Verlesungsverbot des § 250 StPO fallen. Auf dieses allgemeine Problem soll hier jedoch nur kurz eingegangen werden. Während das Reichsgericht[254] und heute noch Teile des Schrifttums[255] hierunter alle schriftlichen Erklärungen fassen, die Beobachtungen derjenigen Personen enthalten und wiedergeben, auf die die Aufzeichnungen zurückzuführen sind, vertritt der Bundesgerichtshof[256] und die herrschende Literatur[257] die Auffassung, daß der

---

[250] BGHSt 40, 211, 213.

[251] OLG Düsseldorf StV 1984, S. 107.

[252] Begründung EOWiGÄndG BT-Drucksache 10/2652 S. 24.

[253] Vgl. auch ANM, S. 271; LR-*Gollwitzer*, § 251 Rn. 57.

[254] RGSt 26, 138; 71, 10; RG GA 46 (1925) S. 453.

[255] *Eb. Schmidt* II, § 251 Rn. 23; *Löhr*, S. 121; *Krause*, S. 159; KK-*Mayr*, § 250 Rn. 8.

[256] BGHSt 6, 142; 20, 161; BGH NStZ 1982 S. 79.

Begriff der Schriftstücke auf solche schriftlichen Erklärungen zu beschränken sei, die von vornherein zu Beweiszwecken verfaßt sind. Entscheidend für die herrschende Auffassung spricht, daß die „schriftliche Erklärung" in § 250 StPO gleichwertig neben den Vernehmungsprotokollen aufgeführt wird. Daraus wird deutlich, daß nur solche Schriftstücke, die gerade zu Beweiszwecken angefertigt worden sind, unter das Verlesungsverbot des § 250 StPO fallen sollen. Nicht erforderlich ist dabei, daß das Schriftstück zu Beweiszwecken gerade für das anhängige Verfahren dienen soll.[258] Insgesamt fallen damit Schriftstücke, die nicht zu Beweiszwecken angefertigt worden sind, nicht unter § 250 StPO und damit auch nicht unter § 420 I StPO, so z.B. Briefe und Tagebücher[259]. Beispiele für Schriftstücke iSv § 420 I StPO sind Strafanzeigen, erläuternde Angaben zu früheren Vernehmungen und Antworten auf Auskunftsersuchen der Strafverfolgungsbehörden.[260]

bb) Auswirkungen von Zeugnisverweigerungsrechten

Fraglich ist, wie zu verfahren ist, wenn einem Zeugen ein Zeugnisverweigerungsrecht zusteht, dieser aber im Rahmen der Vernehmung vor der Hauptverhandlung dennoch eine protokollierte Aussage gemacht hat. Im Normalverfahren gilt in diesem Fall das Verlesungsverbot des § 252 StPO. In der mit § 420 I StPO vergleichbaren Vorschrift des § 77a I OWiG[261] wird in § 77a III 2 StPO ausdrücklich erklärt, daß § 252 StPO unberührt bleibt, also auch im Rahmen des § 77a I OWiG gilt. Eine solche Bestimmung fehlt in § 420 StPO. Jedoch ergibt sich aus den Begründungen zum Gesetzentwurf des Verbrechensbekämpfungsgesetzes,[262] daß der Gesetzgeber eine spezielle Verweisung für nicht erforderlich erachtet hat. Danach ist die Vorschrift des § 420 I StPO nur als spezielle Regelung zu §§ 251 I Nr. 4 und II 1 StPO anzusehen, die §§ 251 I Nr. 1 - 3, II 2, III, IV, 253 und insbesondere § 252 StPO beanspruchen dagegen weiterhin Geltung. Zu den Auslegungsproblemen, die im Bereich des § 252

---

257 *Geppert*, S. 200; ANM, S. 461; *Schneidewin*, JR 1951, S. 481, 483; *Wömpner*, NStZ 1983, S. 293, 294; LR-*Gollwitzer*, § 250 Rn. 7; KMR-*Paulus*, § 250 Rn. 6; K/M-G, § 250 Rn. 8.

258 Im engeren Sinn BGH NStZ 1982, S. 79.

259 Solche schriftlichen Aufzeichnungne können schon gem. § 249 StPO verlesen werden.

260 Vgl. ANM, S. 461.

261 Vgl. hierzu *Böttcher*, NStZ 1986, S. 393, 395 ff; *Kupsch*, NJW 1987, S. 352, 355; vgl. auch *Günter*, DRiZ 1994, S. 303; *Göhler*, § 77a Rn. 2a.

262 BT-Drucksache 12/6853 S. 37.

StPO bestehen, kann im wesentlichen auf die diese Thematik behandelnde Literatur[263] verwiesen werden. Danach bezieht sich das Verlesungsverbot des § 252 StPO nach herrschender Auffassung nur auf die Zeugnisverweigerungsrechte der §§ 52 - 53a StPO, nicht aber auf das Auskunftsverweigerungsrecht des § 55 StPO.[264]

Voraussetzung für das Verlesungsverbot des § 252 StPO ist, daß der Zeugnisverweigerungsberechtigte in der Hauptverhandlung von seinem Recht, das Zeugnis zu verweigern, Gebrauch macht. Aus der Belehrungspflicht des § 52 III 1 StPO für jede Vernehmung folgt, daß sich der Richter Gewißheit darüber verschaffen muß, ob der Zeugnisverweigerungsberechtigte zur Aussage bereit ist oder nicht.[265] Rechtsfolge der Berufung auf das Zeugnisverweigerungsrecht ist, daß die protokollierte Aussage in der Hauptverhandlung nicht verlesen werden darf. Als problematisch erweist sich nicht nur im Normalverfahren die Frage, ob über das Verlesungsverbot des § 252 StPO hinaus auch ein generelles Verwertungsverbot der Aussage des Zeugen vor der Hauptverhandlung anzunehmen ist. Denn grundsätzlich besteht die Möglichkeit, die Verhörsperson des Zeugen über dessen Aussage zu vernehmen.[266] Für solche Vernehmungen, die durch die Staatsanwaltschaft und die Polizei durchgeführt wurden, gilt nach allgemeiner Meinung, daß eine Vernehmung der Verhörsperson nicht zulässig ist, da ansonsten der Zweck des Zeugnisverweigerungsrechtes und der Regelung des § 252 StPO umgangen wird. Umstritten ist dies allerdings für Vernehmungen, die ein Richter vor der Hauptverhandlung durchgeführt hat. Nach der Rechtsprechung gilt dieses Verwertungsverbot bei solchen richterlichen Einvernahmen dann nicht, wenn der Richter bei seiner damaligen Vernehmung belehrt und der Zeuge diese Belehrung auch verstanden hat.[267] In der Literatur hat diese Auffassung nur vereinzelt Zustimmung gefunden.[268] Wurde sie ursprünglich mit der fehlenden Belehrungspflicht bei der staatsanwaltlichen und polizeilichen Vernehmung begründet, wird heute - nach Einführung der Belehrungspflicht

---

263 Vgl. z.B. *Grünwald*, S. 128 ff; *Geppert*, Jura 1988, S. 305 ff und 363 ff; *Beulke*, Rn. 418 ff.

264 BGHSt 6, 209, 211; 17, 245; *Dölling*, NStZ 1988, S. 6, 8; *Mitsch*, JZ 1992, S. 183; *Beulke*, Rn. 466; aA: *Fezer*, Fall 15 Rn. 57 ff; *Geppert*, Jura 1988, S. 305, 313; *Eisenberg*, Rn. 1312; *Rengier*, S. 236.

265 Vgl. auch BGHSt 2, 110; 7, 194, 196.

266 Vgl. zum Hörensagenbeweis *Geppert*, S. 216 ff.

267 BGHSt 2, 99, 106; 21, 218, 219; 32, 25, 29; 36, 384, 385.

268 *Krey*, *Meyer*-GedSchr, S. 243; K/M-G, § 252 Rn. 14.

auch für Polizei und Staatsanwaltschaft[269] - schlicht auf die höhere Qualität der richterlichen Vernehmung abgestellt.[270] Hiernach wäre also die Vernehmung des bei der ursprünglichen Vernehmung des zeugnisverweigerungsberechtigten Zeugen mitwirkenden Richters über den Inhalt der Aussage zulässig.

Für das beschleunigte Verfahren wird sogar weitergehend der Standpunkt vertreten, daß auch die richterlichen Vernehmungsniederschriften als solche verlesen werden dürfen.[271] Dabei wird zur Begründung auf die Parallelregelung des § 77a I, IV OWiG verwiesen. Nach Senge[272] ist die Verlesung der richterlichen Vernehmungsniederschrift möglich, weil § 77a OWiG den Unmittelbarkeitsgrundsatz einschränke; deswegen bedürfe es keiner zeugenschaftlichen Befragung des Richters in der Hauptverhandlung. Dieser Auffassung kann jedoch nicht gefolgt werden. Denn die Einschränkungen des Unmittelbarkeitsgrundsatzes in § 77a I OWiG bzw. § 420 I StPO beziehen sich lediglich auf die schon im Regelverfahren bestehenden Ausnahmen vom Unmittelbarkeitsprinzip in §§ 251 I Nr. 4 und II 1 StPO. § 252 StPO gilt hingegen uneingeschränkt. Während früher das Reichsgericht die Auffassung vertreten hat, daß § 252 StPO als Ausfluß des Unmittelbarkeitsprinzips zu verstehen sei,[273] stellt die heute ganz herrschende Auffassung[274] auf die Schutzfunktion des § 252 StPO ab: es geht um dieselben Interessen wie bei den jeweiligen Zeugnisverweigerungsrechten und verstärkt deren Schutz. Nach dem klaren Wortlaut ist daher eine Verlesung des Protokolls einer zeugnisverweigerungsberechtigten Person unter den Voraussetzungen des § 252 StPO schlechthin unzulässig, eine Einschränkung durch die das Unmittelbarkeitsprinzip limitierende Vorschrift des § 420 I StPO (oder auch § 77a I OWiG) ist nicht möglich. Die Problematik der Verwertbarkeit einer richterlichen Zeugenvernehmung bleibt damit von der Regelung des § 420 I StPO unberührt. Demgemäß ist allenfalls eine Vernehmung des Richters über dessen Zeugenvernehmung zulässig, nicht aber eine Verlesung des richterlichen Vernehmungsprotokolls.

---

269 Vgl. §§ 161a, 163a V StPO, eingeführt durch das Gesetz zur Änderung der StPO und des GVG (StPÄG) vom 19.12.1964, BGBl S. 1067.

270 BGHSt 2, 218, 219.

271 K/M-G, § 420 Rn. 5; SK-*Schlüchter*, § 252 Rn. 25.

272 KK/OWiG-*Senge*, § 77a Rn. 7 iVm §§ 71 Rn. 92.

273 Vgl. RGSt 5, 142; 14, 266; 16, 119; 35, 5; 48, 246; 51, 121; 70, 6; 72, 221.

274 BGHSt 2, 99; 21, 218; 22, 219; 27, 139; *Sprang*, S. 42 ff; *Fuhrmann*, JuS 1963, S. 273; *Mehner*, S. 162; *Geppert*, S. 259 ff; *Grünwald*, Beweisrecht, S. 128 ff.

Aber auch gegen eine solche Möglichkeit der Verwertung der Zeugenaussage eines zeugnisverweigerungsberechtigten Zeugen durch Vernehmung des Richters läßt sich vorbringen, daß seit der Gesetzesänderung von 1964 nicht mehr zwischen richterlichen und polizeilichen bzw. staatsanwaltlichen Vernehmungen differenziert werden kann, es besteht wegen derselben Belehrungspflichten kein qualitativer Unterschied der Vernehmungen mehr.[275] Eine Verwertung durch Vernehmung der richterlichen Verhörsperson würde aber vor allem dem Schutzzweck des § 252 StPO zuwiderlaufen, der die Schutzfunktion der Zeugnisverweigerungsrechte verstärken soll. Im praktisch häufigsten Fall des § 52 StPO bedeutet das, daß der Angehörige, auch wenn er sich zunächst zu einer Aussage entschlossen hat, noch in der Hauptverhandlung entscheiden können soll, ob er tatsächlich zur Überführung des Angeklagten beitragen will. Die Freiheit der Entscheidung wäre ihm aber genommen, wenn er mit der Zeugnisverweigerung in der Hauptverhandlung nicht erreichen könnte, daß seine frühere Aussage unverwertet bleibt.[276] Aus diesem Grunde ist eine Vernehmung der richterlichen Verhörsperson ausgeschlossen, § 252 StPO stellt auch im beschleunigten Verfahren ein umfassendes Beweisverbot dar.

c) Zustimmungserfordernis gem. § 420 III StPO

Gem. § 420 III StPO setzt eine Verlesung iSv § 420 I StPO die Zustimmung der Verfahrensbeteiligten - des Angeklagten, des Verteidigers und des Staatsanwalts - voraus, soweit sie in der Hauptverhandlung anwesend sind. § 420 III StPO ist § 77a IV OWiG nachgebildet, so daß auch hier grundsätzlich auf die diesbezüglich einschlägige Literatur und Rechsprechung zurückgegriffen werden kann; gleiches gilt im Hinblick auf das Zustimmungserfordernis gem. § 251 I Nr. 4 StPO. Erklärt werden muß die Zustimmung grundsätzlich vor der Verlesung in der Hauptverhandlung. Die Zustimmung kann theoretisch sogar schon vor der Hauptverhandlung als solche erklärt werden,[277] wenn nämlich im Falle der Ladung der Beschuldigte schon mit der Ladung auf die von seiner Zustimmung abhängige Möglichkeit der vereinfachten Beweisaufnahme nach § 420 I StPO hingewiesen wird. Ansonsten wird das Gericht jeweils vor einer beab-

---

[275] *Beulke*, Rn. 420.

[276] Vgl. auch *Grünwald*, Beweisrecht, S. 128.

[277] ANM, S. 264.

sichtigten Verlesung die Verfahrensbeteiligten zur Zustimmung auffordern.[278] Bis zur Verlesung kann die Einverständniserklärung jederzeit (jedoch ausdrücklich) widerrufen werden, und zwar ohne Angabe von Gründen.[279] Ein Widerruf nach der Verlesung ist jedoch nicht möglich.[280] Ist ein Protokoll ohne die erforderliche Zustimmung verlesen worden, so kann dieser Mangel durch nachträgliche Zustimmung geheilt werden.[281]

Fraglich ist generell, ob die Zustimmung nur ausdrücklich erklärt werden kann, oder ob das Schweigen der Verfahrensbeteiligten als Zustimmung gewertet werden darf. Anerkannt ist, daß eine konkludent erklärte Zustimmung möglich ist,[282] wobei jedoch Vorsicht geboten erscheint.[283] Schweigen die Verfahrensbeteiligten zu einer ausdrücklichen Erklärung des Richters, daß er die Verlesung eines Vernehmungsprotokolls beabsichtigt, so kann in dem Schweigen die schlüssig erklärte Zustimmung der Verfahrensbeteiligten gesehen werden.[284] Ebenso kann wohl ein Schweigen des Angeklagten zu werten sein, der sich zu der von seinem Verteidiger geäußerten Zustimmung nicht erklärt.[285] Ist der Angeklagte jedoch unverteidigt, erscheint eine solche Interpretation des Schweigens als Zustimmung zur Verlesung zweifelhaft. Vertreten wird die Auffassung, daß zumindest dann, wenn der Angeklagte rechtsunkundig ist, sein Schweigen nicht als Zustimmung gewertet werden dürfe.[286] Dem ist zuzustimmen, auf die Rechtsunkundigkeit allein kann jedoch nicht abgestellt werden. Denn für die Wertung des Schweigens als Zustimmung kommt es konkret darauf an, ob der Angeklagte die Relevanz seines Schweigens erkennt. Diese kann er aber nur dann erkennen, wenn der Richter seiner Belehrungspflicht in ausreichendem Maße nachgekommen ist. Hat der Richter dem Angeklagten verdeutlicht, daß das verlesene Protokoll als Grundlage für das Urteil herangezogen werden kann, so erscheint es gerechtfertigt, ein Schweigen als Reaktion

---

[278] So auch KK/OWiG-*Senge*, § 77 a Rn. 19.

[279] BayObLG bei *Rüth*, DAR 1971, S. 206; BGHSt 3, 206, 209.

[280] BGH MDR 1987, S. 282; OLG Koblenz VRS 1957, S. 116, 117.

[281] ANM, S. 266.

[282] BGHSt 9, 230, 232 f.; BGH StV 1983, S. 319; BayObLG StV 1990, S. 399, 400.

[283] Vgl. *Schlothauer*, StV 1983, S. 320.

[284] Vgl. BGHSt 9, 24, 28; 26, 332; BGH bei *Pfeiffer/Miebach*, NStZ 1984, S. 206, 207 Nr. 10.

[285] So auch BayObLGSt 1978, 17, 20; ANM S. 265; aA BayObLGSt 1957, 231, 134; OLG Stuttgart JR 1977, S. 343, 344.

[286] OLG Stuttgart JR 1977, S. 343 mit zustimmender Anmerkung *Gollwitzer*; LR-*Gollwitzer*, § 251 Rn. 46.

auf eine solche Belehrung als Zustimmung iSv § 420 III StPO anzusehen. Das Gesetz läßt es bei Abwesenheit des Angeklagten ohne Einschränkung zu, daß die Verlesung auch ohne seine Zustimmung erfolgt. Wenn der Angeklagte oder sein Verteidiger durch seine Abwesenheit zu erkennen gibt, daß er auf sein Recht auf Anwesenheit in der Hauptverhandlung verzichte, entfällt das Zustimmungserfordernis des § 420 III StPO.[287] Bei einem unverteidigten Angeklagten wird man allerdings voraussetzen müssen, daß er vorher auf die entsprechenden Folgen seiner Abwesenheit im Hinblick auf § 420 I - III StPO im einzelnen belehrt wurde.

d) Anordnung der Verlesung

Für die Anordnung der Verlesung kann auf § 251 IV StPO zurückgegriffen werden. Die Verlesung wird durch Gerichtsbeschluß angeordnet, vgl. § 251 IV 1 StPO. Eine Begründung ist in der Regel nicht erforderlich;[288] es genügt die Angabe der Gesetzesvorschrift des § 420 I, III StPO. Gem. § 273 I StPO ist der Beschluß zu protokollieren. Soll eine Niederschrift über eine richterliche Vernehmung verlesen werden, so muß das Gericht feststellen, ob der Vernommene vereidigt worden ist bzw. ob eine Vereidigung notwendig ist, vgl. § 251 IV 3, 4 StPO.

e) Unterschied zum Normalverfahren

Im Normalverfahren besteht ebenfalls die Möglichkeit, Vernehmungsprotokolle oder andere schriftliche Erklärungen von Zeugen, Sachverständigen oder Mitbeschuldigten zu verlesen. Gem. § 251 II 1 StPO ist dies bei Zustimmung der Verfahrensbeteiligten aber nur dann möglich, wenn der Angeklagte einen Verteidiger hat. Richterliche Vernehmungsprotokolle allerdings können gem. § 251 I Nr.4 StPO unter den gleichen Voraussetzungen wie im beschleunigten Verfahren nach § 420 I StPO - nämlich auch bei Zustimmung des nichtverteidigten Angeklagten - verlesen werden. Damit besteht der Unterschied zum Normalverfahren darin, daß im beschleunigten Verfahren auch nichtrichterliche

---

[287] So auch die Vorstellung des Gesetzgebers, BT-Drucksache 12/6853 S. 37; vgl. auch KMR-*Fezer*, § 420 Rn. 7.

[288] K/M-G, § 420 Rn. 8; SK-*Paeffgen*, § 420 Rn. 9; vgl. auch *Eisenberg*, Rn. 2076.

Vernehmungsprotokolle von Zeugen, Sachverständigen oder Mitbeschuldigten und Urkunden, die eine von ihnen stammende Erklärung enthalten, auch dann verlesen werden können, wenn der zustimmmende Angeklagte keinen Verteidiger hat. Dabei ist zu berücksichtigen, daß der Angeklagte nur dann unverteidigt sein kann, wenn keine Freiheitsstrafe von sechs Monaten oder mehr zu erwarten ist, vgl. § 418 IV StPO. Im übrigen ist zu vermuten, daß ein verteidigter Angeklagter tendenziell seine Zustimmung zur erleichterten Beweisaufnahme eher nicht geben und damit § 420 I und II StPO in diesem Bereich geringere Bedeutung haben wird.[289]

f) Probleme für die Wahrheitsfindung und die Verteidigungsinteressen des Betroffenen

Durch die Regelung des § 420 I iVm III StPO können Gefahren für die Wahrheitsfindung und die Verteidigungsinteressen des Betroffenen entstehen. Insbesondere die Möglichkeit, mit Zustimmung eines unverteidigten Angeklagten das Unmittelbarkeitsprinzip einzuschränken, scheint nicht unproblematisch. Denn der unverteidigte Angeklagte wird nur schwer entscheiden können, ob er der Verlesung z.B. einer protokollierten Zeugenaussage zustimmen soll. Dies gilt um so mehr, als der Angeklagte selbst kein Akteneinsichtsrecht hat, dies hat nur ein Verteidiger gem. § 147 StPO. Nur wenn der Angeklagte Kenntnis über den Inhalt der Vernehmungsprotokolle hätte, könnte er zuverlässig entscheiden, ob Anlaß besteht, den betreffenden Zeugen in der Hauptverhandlung zu hören und ihm gegebenenfalls Fragen zu stellen.[290] Insofern ist hier die gerichtliche Fürsorgepflicht von besonderer Bedeutung. Der Richter hat den Beschuldigten ausführlich über die Konsequenzen seiner Zustimmung zu belehren, vor allem aber darf der Angeklagte nicht zur Erteilung der Zustimmung gedrängt werden.

Über die Durchführung der vereinfachten Beweisaufnahme nach § 420 I StPO entscheidet der Richter, und zwar nach freiem Ermessen.[291] Bei dieser Ermessensausübung hat der Richter jedoch seine richterliche Wahrheitserforschungspflicht zu beachten. Diese Wahrheitserforschungspflicht gilt als

---

289 Vgl. auch *Loos/Radtke*, NStZ 1995, S. 569, 571.

290 Vgl. auch *Loos/Radtke*, NStZ 1996, S. 7, 11.

291 Vgl. den Wortlaut des § 420 I StPO: „Die Vernehmung...*darf*...durch Verlesung ersetzt werden".

übergreifendes Prinzip der Beweisaufnahme,[292] in § 420 IV StPO wird noch einmal ausdrücklich auf die Geltung des § 244 II StPO hingewiesen, wonach das erkennende Gericht zur Erforschung der Wahrheit die Beweisaufnahme von Amts wegen auf alle Tatsachen und Beweismittel zu erstrecken hat, die für die Entscheidung von Bedeutung sind. Das Gericht ist danach zur umfassenden Sachverhaltsaufklärung unabhängig von Beweisanträgen anderer Verfahrensbeteiligter aus eigener Initiative verpflichtet.[293] Dies bedeutet, daß der Richter bei Erhebung der Beweise keine unbeschränkte Freiheit hat, sondern die Beweismöglichkeiten ausschöpfen muß, die nach Lage des Falles die bestmögliche Sachverhaltsaufklärung ermöglichen.[294] Die zuverlässigste Klärung des Sachverhaltes aber ermöglicht grundsätzlich der unmittelbare Beweis. Daraus folgt zunächst die Verpflichtung des Gerichts zur Verwendung des originären Beweismittels als Bestandteil der gerichtlichen Aufklärungspflicht iSv § 244 II StPO. Jedoch bedeutet dies nicht gleichermaßen, daß im Einzelfall der mittelbare Beweis nicht auch der bestmögliche Beweis sein kann. Ist nämlich der unmittelbare Beweis für das Gericht unerreichbar, so ist der mittelbare Beweis der einzige und damit gleichzeitig der bestmögliche.[295]

Diese aus der Aufklärungspflicht resultierenden Prinzipien sind jedoch nicht gleichbedeutend mit dem Unmittelbarkeitsprinzip, wie es in § 250 StPO seinen Ausdruck gefunden hat. § 250 S. 1 StPO gebietet dem Gericht, in der Hauptverhandlung die Person zu vernehmen, auf deren Wahrnehmung der Beweis einer Tatsache beruht. Von diesem Grundsatz sind in den §§ 250 ff StPO und im beschleunigtenVerfahren in § 420 I - III StPO Ausnahmen formuliert worden, wonach auf die Erhebung von unmittelbaren Beweisen verzichtet werden kann. Dieser Verzicht auf den Grundsatz des § 250 StPO berührt aber nicht den Grundsatz der richterlichen Aufklärungspflicht iSv § 244 II StPO.[296] Selbst wenn die Verlesung nach § 420 I StPO grundsätzlich erlaubt ist, kann sich aus der Wahrheitserforschungspflicht dennoch die Pflicht zur Zeugenvernehmung ergeben, nämlich dann, wenn der Richter der Auffassung ist, daß nur die unmittelbare Einvernahme die Erforschung der Wahrheit ermöglicht. Trotz Zustimmung der Verfahrensbeteiligten muß der Richter dann von der vereinfachten Durchführung der Beweisaufnahme nach § 420 I StPO absehen, wenn

---

[292] BVerfGE 57 250, 275; 63, 45, 61; BGHSt 1, 94, 96; 32, 115, 124.

[293] BGH NJW 1966, S. 1524; BGH MDR 1981, S. 455; BGH NStZ 1984, S. 210.

[294] BVerfGE 57, 250, 277.

[295] Vgl. *Geppert*, S. 184, 185.

[296] Vgl. BGHSt 9, 230, 233.

mit der Möglichkeit zu rechnen ist, daß der Inhalt der Niederschrift nicht genügt, um die Vernehmung in der Hauptverhandlung zu ersetzen. Das ist z.B. der Fall, wenn der Richter die Vernehmungsniederschrift, deren Verlesung in Betracht kommt, für lückenhaft hält, und sich ihm Fragen oder Vorhalte aufdrängen, die man dem Zeugen noch stellen könnte. Das ist aber auch der Fall, wenn der Richter glaubt, daß er sich selbst ein Bild von der Aussageperson machen müßte, sie selbst hören und sehen sollte. Dabei sollte der Richter auch immer an den Angeklagten denken, der mit dem Zeugen bei unmittelbarer Vernehmung in der Hauptverhandlung konfrontiert werden könnte, was häufig auch der Aufklärung dient. Wie oben schon angesprochen wurde, ist besondere Vorsicht dann geboten, wenn ein unverteidigter Angeklagter seine Zustimmung zu einer Beweisaufnahme nach § 420 I StPO erteilt hat. Mangels Akteneinsichtsrecht weiß er nicht, was ein Zeuge, dessen protokollierte Aussage verlesen werden soll, im einzelnen bekundet hat. Er kann nicht beurteilen, ob sich die Aussage für ihn negativ auswirkt oder ob sich in der protokollierten Aussage versteckte Widersprüche befinden oder ankündigen, so daß eine unmittelbare Vernehmung in der Hauptverhandlung aus Sicht des Angeklagten von Vorteil sein könnte. Selbst wenn er den Akteninhalt kennen würde, kann er als Laie in der Regel nicht die Bedeutung einer jeweiligen Aussage für seine Verteidigung einschätzen. Liegt es demgemäß aus Sicht des Gerichts nahe, daß eine unmittelbare Zeugenvernehmung in entscheidungserheblicher Weise etwas anderes ergeben könnte, als auf der Grundlage der bisherigen Vernehmungsniederschrift, so darf das Gericht nicht von der Möglichkeit des § 420 I StPO Gebrauch machen. Dabei ist irrelevant, ob sich die näher aufzuklärenden Tatsachen zugunsten oder zuungunsten des Angeklagten auswirken, da es hier nicht nur um die berechtigten Verteidigungsinteressen des Angeklagten, sondern allgemein um die Notwendigkeit der Wahrheitsfindung im Strafprozeß geht.

g) Weitergeltung der §§ 251 ff StPO

Im übrigen entspricht es der allgemeinen Meinung,[297] daß die Ausnahmen des Unmittelbarkeitsprinzips, die sich aus den §§ 251 ff StPO ergeben, auch im beschleunigten Verfahren neben § 420 I - III StPO weiterhin Geltung beanspruchen.

---

[297] Vgl. nur BT-Drucksache 12/6853 S. 37; K/M-G, § 420 Rn. 5; KMR-*Fezer*, § 420 Rn. 3.

2. Verlesung von Erklärungen iSv § 420 II StPO

Schon vom Wortlaut her erweitert § 420 II StPO die Verlesungsmöglichkeiten des § 256 StPO. Gem. § 256 StPO dürfen Zeugnisse oder Gutachten enthaltende Erklärungen öffentlicher Behörden in Durchbrechung des Unmittelbarkeitsgrundsatzes verlesen werden.[298] Ein Behördenzeugnis ist jede Bescheinigung, die von einer Behörde einem Außenstehenden erteilt wird und amtlich festgestellte Tatsachen zum Gegenstand hat. Unter Behördengutachten sind Äußerungen zu verstehen, die mit besonderer Sachkunde oder Fachkenntnissen unter Verantwortung der Behörde in derem Namen von einer dazu befugten Person abgegeben werden.[299] Diese Verlesungsmöglichkeiten des § 256 StPO sind durch die besondere Autorität von Behörden gerechtfertigt;[300] die von Behörden bezeugten Wahrnehmungen und Erkenntnisse sind wegen der Verpflichtung zur Unparteilichkeit als objektive Beweismaterialien besonders geeignet. Nach § 420 II StPO können im beschleunigten Verfahren darüber hinaus sämtliche Erklärungen von Behörden und sonstigen Stellen sowie ihrer Angehörigen über ihre dienstlichen Wahrnehmungen, Untersuchungen und Erkenntnisse verlesen werden.

Zur Auslegung der Voraussetzungen ist auch hier die Begründung zum Gesetzesentwurf zum Verbrechensbekämpfungsgesetz[301] wenig ergiebig. Da aber § 420 II StPO dem § 77a II OWiG nachgebildet ist, kann hier im Ansatz auf die Begründungen zum Erlaß des § 77a II OWiG sowie auf das einschlägige Schrifttum und die dortige Rechtsprechung zurückgegriffen werden.

a) Arten von Erklärungen

Zwar spricht § 420 II StPO nicht von „öffentlichen Behörden“, dennoch ist der Begriff „Behörde“ in § 420 II StPO genauso zu verstehen wie in § 256 StPO.[302] Zu den sonstigen Stellen sind Einrichtungen zu zählen, die Auf-

---

[298] Vgl. ANM, S. 300.

[299] Vgl. K/M-G, § 256 Rn. 7 ff.

[300] Vgl. OLG Koblenz NJW 1984, S. 2424; *Beulke*, Rn. 417.

[301] BT-Drucksache 12/6853 S. 37.

[302] Eine öffentliche Behörde ist jede in den Organismus der Staatsverwaltung eingeordnete organisatorische Einheit von Personen und sachlichen Mitteln, die mit einer gewissen Selbständigkeit ausgestattet dazu berufen ist, unter öffentlicher Autorität für die Erreichung der Zwecke des Staates oder von ihm geförderter Zweck tätig zu sein; Beispiele: Staatsanwaltschaft,

gaben der öffentlichen Verwaltung wahrnehmen, auch wenn es sich bei ihnen nicht um Behörden im organisatorischen Sinn handelt.[303] Hierzu gehören beispielsweise Polizeireviere, die Technischen Überwachungsvereine und auch sonstige private Unternehmen, die mit der Wahrnehmung staatlicher Aufgaben beliehen worden sind.[304] Erfaßt werden Erklärungen über dienstliche Wahrnehmungen, Untersuchungen und Erkenntnisse. Erklärungen iSv § 420 II StPO sind solche, die für eine Behörde oder sonstige Stelle von der im Rahmen der inneren Behördenorganisation zuständigen Person nach außen abgegeben werden; insoweit unterscheidet sich § 420 II StPO nicht von § 256 I 1 StPO.[305] Spricht § 256 StPO von „Zeugnis“ oder „Gutachten“, so werden in § 420 II StPO die Begriffe „Wahrnehmungen“, „Untersuchungen“ und „Erkenntnisse“ verwendet. Im Ergebnis besteht bei dem Begriff „Wahrnehmungen“ kein Unterschied zu dem Begriff der „ein Zeugnis enthaltenden Erklärungen“, wie sich aus den Begründungen zum Entwurf des mit § 420 II StPO wortgleichen § 77a II StPO ergibt.[306] Die unterschiedliche Wortwahl beruht auf der Überlegung, daß der Begriff „Zeugnis“ den Inhalt eigener Wahrnehmungen zum Gegenstand hat, eine Behörde als nicht natürliche Person Wahrnehmungen aber nur durch andere Personen macht. Da außerdem auch Wahrnehmungen einzelner Behördenangestellter zusammen nach Art eines Mosaiks „gebündelte Wahrnehmungen“ einer Behörde insgesamt darstellen können, sind aufgrund der Vielzahl möglicher Fallgestaltungen zur Vermeidung von Abgrenzungsschwierigkeiten die Wahrnehmungen der Behörde denen ihrer Angehörigen als gleichgestellt in § 420 II StPO aufgeführt.[307] Mit der Einbeziehung der Begriffe „Untersuchungen“ und „Erkenntnisse“ geht § 420 II StPO über den Inhalt des § 256 I 1 StPO hinaus. Primär sollen damit Abgrenzungsschwierigkeiten vermieden werden, die sich unter Zugrundelegung der Begriffe „Zeugnis“ und „Gutachten“ ergeben könnten.[308] Denn im Einzelfall kann fraglich sein, ob es sich z.B. bei Erklärungen einer Behörde tatsächlich um ein „Zeugnis“ oder

---

Verwaltungsbehörden, Landeskriminalämter (BGH NJW 1968, S. 206), staatliche oder von Selbstverwaltungskörperschaften getragene Krankenhäuser (BGH NStZ 1984, S. 231; OLG Karlsruhe NJW 1973, S. 1426).

303 Vgl. hierzu die Begründung zum Gesetzesentwurf des wortgleichen § 77a II OWiG, EOWiGÄndG BT-Drucksache 10/2652 S. 25.

304 KK/OWiG-*Senge*, § 77a Rn. 12.

305 Vgl. hierzu K/M-G, § 256 Rn. 6 mwN.

306 BT-Drucksache 10/2652 S. 25.

307 Vgl. auch KK/OWiG-*Senge*, § 77a Rn. 13.

308 Vgl. BT-Drucksache 10/2652 S. 25.

„Gutachten" handelt. Damit fallen zunächst sämtliche Erklärungen von Behörden oder sonstigen Stellen unter § 420 II StPO, eine wesentliche Einschränkung ist jedoch, daß § 420 II StPO nur solche Erklärungen erfaßt, die sich auf dienstliche Vorgänge beziehen. Erkenntnisse, die außerhalb der amtlichen Tätigkeit einer Behörde oder einer sonstigen Stelle angefallen sind, können nicht nach § 420 II StPO verlesen werden. Hierunter fällt z.B. privat erlangtes Wissen einzelner Behördenangehöriger[309] oder Vorgänge, die ein Beamter einer Behörde nur zufällig anläßlich einer amtlichen Verrichtung wahrgenommen hat.[310] Insoweit ergibt sich kein Unterschied zu § 256 I 1 StPO, da auch dort solche Vorgänge, die nicht Gegenstand einer amtlichen Tätigkeit gewesen sind, nicht erfaßt werden.[311] Beispiele für Erklärungen iSv § 420 II StPO sind damit Aktenvermerke der Polizei und der Staatsanwaltschaft, die zunächst nur einen verfahrensinternen Verwendungszweck hatten.[312]

b) Verlesung mit Zustimmung der Verfahrensbeteiligten, § 420 III StPO

Auch die Verlesung von schriftlichen Behördenerklärungen bedarf der Zustimmung der Verfahrensbeteiligten nach § 420 III StPO. Insoweit kann auf die im Rahmen des § 420 I StPO gemachten Ausführungen verwiesen werden.

c) Begrenzung durch die richterliche Aufklärungspflicht

Der rechtfertigende Grund, der der Verlesungsmöglichkeit nach § 420 II StPO genauso wie der des § 256 StPO zugrundeliegt, ist, daß die von Behörden bezeugten Wahrnehmungen und Erkenntnisse wegen der Verpflichtung der Behörden zur Unparteilichkeit als objektive Beweismaterialien besonders geeignet sind.[313] Dies trifft zunächst vor allem auf die Erklärungen zu, die schon nach § 256 StPO in der Hauptverhandlung verlesen werden können - nämlich auf die schon oben angesprochenen Zeugnisse und Gutachten.[314] Diese Erklä-

---

309 KK/OWiG-*Senge*, § 77a Rn. 14.

310 RGSt 9, 88; ANM, S. 301.

311 LR-*Gollwitzer*, § 256 Rn. 21.

312 K/M-G, § 420 Rn. 7; SK-*Paeffgen*, § 420 Rn. 8.

313 Vgl. auch Begründung zum EOWiGÄndG BT-Drucksache 10/2652 S. 24.

314 S.o. unter 2.

rungen sind für den Urkundenbeweis besonders geeignet, da ihr Zweck schon in einer nach außen gerichteten Erklärung besteht. Bei ihnen erscheint die Objektivität bei der schriftlichen Fixierung der bezeugten Wahrnehmungen und der daraus gezogenen Schlußfolgerungen hinreichend gewährleistet.[315] Eine richterliche Vernehmung des Behördenangehörigen über den Inhalt der abgegebenen Erklärung würde in der Regel nur zur Wiederholung dessen führen, was bereits schriftlich festgelegt wurde. Fraglich ist allerdings, ob diese die Verlesung rechtfertigenden Gründe in gleicher Weise auch auf die weiteren Arten von Erklärungen zutreffen, die nach § 420 II StPO verlesen werden dürfen. Denn nach § 420 II StPO können auch solche Erklärungen Gegenstand der Verlesung in der Hauptverhandlung sein, die zunächst aus rein behördeninternen Gründen erstellt worden sind. Hier könnte die Gefahr bestehen, daß solche Erklärungen nicht mit der gleichen Sorgfalt erstellt wurden wie Zeugnisse und Gutachten, die von vornherein der Feststellung von Tatsachen dienen. Dieser Problematik der möglicherweise anzuzweifelnden Aussagekraft behördlicher Erklärungen muß dadurch begegnet werden, daß auch hier die richterliche Wahrheitserforschungs- und Auklärungspflicht einen besonderen Stellenwert hat. Die bloße Möglichkeit der Verlesbarkeit läßt die Frage des Beweiswertes offen. Diesen hat der Richter im Einzelfall zu überprüfen. Zweifelt er an dem Beweiswert der schriftlich fixierten behördlichen Erklärungen, so muß auf die Verlesung verzichtet und deren Inhalt durch Vernehmung der Verfasser der Erklärungen zum Gegenstand der Hauptverhandlung gemacht werden, und zwar gegebenenfalls trotz der von den Prozeßbeteiligten nach § 420 III StPO erteilten Zustimmung. Grundsätzlich gilt aber auch bei Erklärungen, die primär nur einen verfahrensinternen Verwendungszweck aufwiesen, daß sie wegen der behördlichen Pflicht zur Unparteilichkeit für die Verlesung in der Hauptverhandlung geeignet sind. Diese Verlesungsmöglichkeit macht ohne großen Verfahrensaufwand in umfassender Weise Beweismaterial für die Urteilsfindung dem Gericht zugänglich. Würde der Unmittelbarkeitsgrundsatz hier uneingeschränkt gelten, wäre eine persönliche Einvernahme erforderlich, was wegen der sofort oder in kurzer Frist durchgeführten Hauptverhandlung im beschleunigten Verfahren die Terminierung erschweren würde. Im Extremfall könnte dies die Durchführung des beschleunigten Verfahrens sogar verhindern. Angesichts der Tatsache, daß auch in diesen Fällen eine Vernehmung zumeist nur zur Wiederholung der schriftlich festgelegten Erklärungen führen würde, entspricht die Einschränkung des Unmittelbarkeitsprinzips nach § 420 II StPO gerade im Bereich der leichte-

---

[315] Vgl. auch LR-*Gollwitzer,* § 256 Rn. 3.

ren Kriminalität der Prozeßwirtschaftlichkeit und stellt bei richtiger Handhabung der richterlichen Aufklärungspflicht keine Gefahr für die Wahrheitsfindung oder die Verteidigungsrechte des Angeklagten dar.

III. § 420 IV StPO

Gem. § 420 IV StPO bestimmt im Verfahren vor dem Strafrichter[316] dieser unbeschadet des § 244 II StPO den Umfang der Beweisaufnahme. Nach dem Willen des Gesetzgebers soll dadurch der Entscheidungsrahmen des Richters bei der Beurteilung der Notwendigkeit einer weiteren Beweisaufnahme vergrößert werden, was zu einer Straffung der Hauptverhandlung führen soll.[317] Gerade diese Vorschrift ist im Schrifttum[318] stark kritisiert worden, weil sie zu einer Aufhebung des Verbots der Beweisantizipation führe. Dadurch entstünden Gefahren für die Wahrheitsfindung, außerdem würden die Verteidigungsrechte des Angeklagten erheblich eingeschränkt, weil sein Beweisantragsrecht materiell entwertet werde. Um dieser Kritik nachzugehen, wird zunächst zu überprüfen sein, worin tatsächlich der Unterschied zwischen Sachaufklärungspflicht auf der einen Seite und Beweisantragsrecht auf der anderen Seite besteht, also wie sich insbesondere die Behandlung von Beweisanträgen im beschleunigten Verfahren von der im Regelverfahren unterscheidet. Dabei wird besonderes Augenmerk darauf gelegt werden müssen, was genau unter dem Verbot der Beweisantizipation zu verstehen ist. Erst dann wird verständlich, wie sich die nach § 420 IV StPO durchgeführte Hauptverhandlung im beschleunigten Verfahren von der Hauptverhandlung im Regelverfahren unterscheidet. Auf dieser Grundlage werden die Gefahren für einen rechtsstaatlichen Prozeß, die sich aus der vereinfachten Beweisaufnahme nach § 420 IV StPO ergeben, zu beurteilen sein, und zwar im Vergleich zu dem Nutzen, den ein beschleunigtes Verfahren mit sich bringen soll.

---

[316] Die Beschränkung auf Verfahren vor dem Strafrichter ist erst im Vermittlungsausschuß eingefügt worden, vgl. Bundesrat Plenarprotokolle 674 vom 23. 9.1994 S. 519.

[317] BT- Drucksache 12/6853 S. 36.

[318] Vgl. z.B. *Dahs*, NJW 1995, S. 553, 556; *Neumann*, StV 1994, S. 273, 276; *Bandisch*, StV 1994, S. 153; *Wächtler*, StV 1994, S. 159; *Hamm*, StV 1994, S. 456; *Scheffler*, NJW 1994, S. 2191; *Loos/Radtke*, NStZ 1995, S. 269, 270.

1. Der Grundsatz der richterlichen Aufklärungspflicht

Schon im Rahmen der Erörterung der Beweisaufnahme nach § 420 I - III StPO wurde auf spezielle Ausformungen hingewiesen, die sich aus der Amtsaufklärungspflicht ergeben. Grundsätzlich hat das Gericht zur Erforschung der Wahrheit die Beweisaufnahme von Amts wegen auf alle Tatsachen und Beweismittel zu erstrecken, die für die Entscheidung von Bedeutung sind, vgl. § 244 II StPO. Dieser Ermittlungsgrundsatz ist das alles beherrschende Prinzip des Beweisrechts und darüber hinaus des ganzen Strafverfahrens.[319] Danach muß das Gericht alle nicht von vornherein aussichtslosen Schritte unternehmen, um für die Entscheidungsfindung eine möglichst zuverlässige Beweisgrundlage zu erhalten.[320] Die Aufklärungspflicht reicht dabei nach ständiger Rechtsprechung soweit, daß auch dann, wenn das Gericht glaubt, auf der Basis der bisherigen Beweisaufnahme bereits eine Überzeugung vom Sachverhalt gewonnen zu haben, es weitere, zur Verfügung stehende Beweismittel nicht ungenutzt lassen darf, wenn auch nur die entfernte Möglichkeit einer Änderung der durch die erfolgte Beweisaufnahme begründeten Vorstellung vom Sachverhalt in Betracht kommt.[321]

2. Der Beweisantrag in der Hauptverhandlung

Der Beweisantrag ist das wichtigste Instrument für die Verfahrensbeteiligten, selbst auf die Beweisaufnahme Einfluß zu nehmen.[322] Unter einem Beweisantrag ist das Begehren zu verstehen, über eine bestimmte Tatsache ein nach der Prozeßordnung zulässiges bestimmtes Beweismittel zu verwerten.[323] Beweisanträge dürfen grundsätzlich nur aus bestimmten, im Gesetz enumerativ aufgezählten Gründen abgelehnt werden. Bezüglich nicht präsenter Beweismittel ergeben sich die Ablehnungsgründe aus § 244 III - V StPO. Dabei gilt § 244 III StPO für alle Beweismittel, während § 244 IV und V StPO zusätzliche Ablehnungsmöglichkeiten insbesondere für Anträge auf Sachverständigenbeweis

---

[319] BGHSt 1, 94, 96; RGSt 67, 97, 98; BVerfGE 57, 250, 275; ANM, S. 19; *Roxin*, § 15 A; *von Hippel*, S. 313 ff; *Fezer*, Fall 12 Rn. 44; *Schroeder*, Rn. 237.

[320] *Beulke*, Rn. 406.

[321] BGHSt 23, 176, 188; 30, 131, 143.

[322] Vgl. auch *Kühne*, Rn. 432; *Schlüchter*, Rn. 545.

[323] BGHSt 6, 128, 129; zum Begriff des Beweisantrages vgl. *Joachimski*, S. 176; *Kühne*, Rn. 432 ff; *Eser*, S. 77.

und Augenscheinseinnahme enthalten. Gem. § 244 III StPO darf ein Beweisantrag - vereinfacht dargestellt - nur dann abgelehnt werden, wenn die Beweiserhebung rechtlich unzulässig oder wegen Offenkundigkeit (Allgemein- oder Gerichtsbekanntheit) überflüssig ist, wenn die Beweistatsache bedeutungslos oder schon erwiesen ist, wenn das Beweismittel völlig ungeeignet oder unerreichbar ist, wenn der Beweisantrag zum Zwecke der Prozeßverschleppung gestellt wird oder wenn eine Entlastungstatsache als wahr unterstellt werden kann. Für präsente Beweismittel gilt die Sonderregelung des § 245 StPO. Präsente Beweismittel sind Zeugen und Sachverständige, die geladen worden und auch erschienen sind, sowie die dem Gericht vorliegenden Urkunden und Augenscheinsobjekte. Beweisanträge betreffend Zeugen oder Sachverständige, die vom Angeklagten oder der Staatsanwaltschaft geladen wurden und die auch erschienen sind, können nur unter den Voraussetzungen des § 245 II 2 und 3 StPO abgelehnt werden, die enger sind als die in § 244 StPO für die Ablehnung nicht präsenter Beweismittel.

3. Verhältnis zwischen Beweisantragsrecht und Sachaufklärungspflicht

Da das Gericht schon von Amts wegen zur Aufklärung des Sachverhalts verpflichtet ist, stellt sich die Frage, wodurch sich diese Sachaufklärungspflicht von dem Beweisantragsrecht der Prozeßbeteiligten unterscheidet. Die Einschränkungen des Beweisantragsrechts durch § 420 IV StPO lassen sich nur dann darstellen und beurteilen, wenn man weiß, ob die Verpflichtung des Gerichts zur Beweiserhebung auf Antrag über die Amtsaufklärungspflicht hinausgeht.

Das Verhältnis zwischen der Amtsaufklärungspflicht und dem Beweisantragsrecht ist in der Strafprozeßrechtsdogmatik nach wie vor ungeklärt, es stehen sich grundsätzlich zwei Auffassungen gegenüber:

a) Übereinstimmung der Aufklärungspflicht mit dem Antragsrecht?

Schon früh wurde vertreten, mit einem Beweisantrag werde das Gericht nur auf eine Pflicht hingewiesen, die ihm ohnehin von Amts wegen obliege.[324] Auch

---

[324] *Beling*, JW 1925, S. 2782, 2784; ders. ZStW 38, S. 612, 621; *Mattern*, S. 10 f.; *zu Dohna*, S. 173.

heute noch ist die Auffassung verbreitet, daß Aufklärungspflicht und Antragsrecht deckungsgleich seien, mithin die Prozeßbeteiligten aufgrund der Sachaufklärungspflicht des Gerichts dieselben Rechte haben, die sie durch einen Beweisantrag erlangen.[325] Danach konkretisieren die Ablehnungsgründe des § 244 III und IV StPO nur für den verfahrensrechtlich bedeutsamen Fall des Beweisantrags die dem Tatrichter aufgrund des § 244 II StPO ohnehin obliegende Aufklärungspflicht. § 244 III StPO beschreibe die mit dem Verbot der Beweisantizipation zu vereinbarenden Ablehnungsgründe erschöpfend. Eine Vorwegnahme der Beweiswürdigung sei daher im Rahmen der Amtsaufklärungspflicht ebenso verboten wie im Beweisantragsrecht; eine Beweisantizipation bedeute, daß das Gericht nicht alles tue, was zur Wahrheitsfindung erforderlich sei. Nach dieser Auffassung hat demnach das Beweisantragsrecht nicht den Zweck, den Prozeßbeteiligten die Möglichkeit der Einflußnahme auf die Beweisaufnahme zu geben, sondern vielmehr den, durch einen Beweisantrag das Gericht auf (ihm eventuell unbekannt gebliebene) Beweismittel hinzuweisen.

Begründet wird diese Auffassung mit der Tatsache, daß die Aufzählung der Ablehnungsgründe in § 244 III StPO eine Kodifikation des in der Rechtsprechung des Reichsgerichts entwickelten Beweisantizipationsverbots darstelle, also eine vollständige Aufzählung derjenigen Gründe enthalte, die es ermöglichen, von einer Beweiserhebung abzusehen, ohne das Ergebnis oder die Würdigung des beantragten Beweises vorwegzunehmen. Das Beweisantizipationsverbot wurde vom Reichsgericht entwickelt, um Gefahren für die Zuverlässigkeit der Sachverhaltsfeststellung vorzubeugen; die Gerichte sollen danach im Rahmen der Amtsaufklärungspflicht genauso an dieses Verbot gebunden sein wie in der Beweisantragssituation.

Das Verhältnis zwischen Aufklärungspflicht und Beweisantrag ist gerade im beschleunigten Verfahren wegen § 420 IV StPO von Bedeutung, da hiernach der Umfang der Beweisaufnahme ausschließlich in das durch die Sachaufklärungspflicht gebundene Ermessen des Gerichts gestellt wird. Würde der Umfang der Aufklärungspflicht mit dem des Beweisantragsrechts übereinstimmen, hätten die Prozeßbeteiligten im beschleunigten Verfahren aufgrund der Sachaufklärungspflicht dieselben Rechte, die sie im gewöhnlichen Verfahren

---

[325] *Engels*, S. 13; ders. in GA 1981, S. 21, 22; *Bovensiepen*, S. 64; *Wessels*, JuS 1969, S. 1, 3; *Kreuzer*, S. 29 ff; *Gössel*, S. 248; ders. Gutachten C zum 60. DJT (1994), C S. 66, 67; *Wenner*, S. 156 ff; *Bergmann*, S. 136; *Ulsenheimer*, AnwBl 1983, S. 373, 376.

durch einen Beweisantrag erlangen könnten. Das Verbot der Beweisantizipation würde auch im beschleunigten Verfahren gelten, da sie nach dieser Ansicht schon im Rahmen der Sachaufklärungspflicht nicht für zulässig erachtet wird. Der Umfang der Beweisaufnahme im beschleunigten Verfahren entspräche nach dieser Auffassung trotz der speziellen Regelung des § 420 IV StPO der Beweisaufnahme im Regelverfahren, Beweisanträge könnten nur aus den in §§ 244, 245 StPO aufgeführten Gründen abgelehnt werden.

b) Beweisantragsrecht als weitergehendes Recht und eigene Stellungnahme

Überwiegend[326] wird davon ausgegangen, daß Amtsaufklärungspflicht und Beweisantragsrecht nicht deckungsgleich seien, sondern daß die Verpflichtung zur Beweiserhebung auf Antrag über die Verpflichtung zur Beweiserhebung von Amts wegen hinaus gehe. Die Aufklärungspflicht erfordere es nicht, alle Beweise zu erheben, bei denen kein Ablehnungsgrund nach § 244 III oder IV StPO eingreift. Eine Vorwegwürdigung der Tragweite und des Beweiswertes eines noch nicht ausgeschöpften Beweismittels sei bei Prüfung der Erfordernisse der Aufklärungspflicht innerhalb gewisser Grenzen zulässig. Wenn man dem folgt, ergibt sich für die Beweisaufnahme im beschleunigten Verfahren, daß der Richter bei der Behandlung von Beweisanträgen nicht an die Ablehnungsgründe der §§ 244, 245 StPO gebunden ist.

Der Lehre von der Übereinstimmung von Amtsaufklärungspflicht und Beweisantragsrecht ist zunächst entgegenzuhalten, daß die Annahme, im Beweisantragsrecht seien Beweisantizipationen immer unzulässig und parallel dazu führe § 244 III StPO nur Ablehnungsgründe auf, die eine Vorwegnahme der Beweiswürdigung ausschließen, nicht zutrifft. Vielmehr lassen fast alle gesetzlichen Ablehnungsgründe Ausnahmen vom Verbot der Beweisantizipation zu.[327] Als Beispiel hierfür kann insbesondere der Ablehnungsgrund der Verschleppungsabsicht dienen. Voraussetzung für eine Ablehnung ist nach

---

[326] BGHSt 36, 159, 165; BGH NStZ 1985, S. 324, 325; ANM, S. 30 ff; *Herdegen*, NStZ 1984, S. 97; ders. ,in: *Meyer* GS, S. 187, 195; LR-*Gollwitzer*, § 244 Rn. 59; KK-*Herdegen*, § 244 Rn. 42; K/M-G, § 244 Rn. 12; SK-*Schlüchter*, § 244 Rn. 52; dies., Das Strafverfahren, S. 823; dies., JR 1984, S. 517, 521; *Roxin*, § 43 A IV; *Schmidt-Hieber*, JuS 1985, S. 291, 293; *Liemersdorf*, StV 1987, S. 175, 176; *Julius*, S. 106 ff; *Hoffmann*, S. 88 ff; *Widmaier*, NStZ 1994, S. 414, 416.

[327] Vgl. im einzelnen ANM, S. 418 ff.

herrschender Auffassung unter anderem,[328] daß das Gericht zweifelsfrei davon überzeugt ist, daß die beantragte Beweiserhebung zugunsten des Antragstellers nichts ergeben kann. Eine solche Überzeugung aber kann das Gericht nur erlangen, wenn es das bisherige Beweisergebnis wertet und vorweg den Wert und die Bedeutung der beantragten weiteren Beweiserhebung würdigt.[329] Hierauf aufbauend läßt sich auch der Unterschied zum Amtsaufklärungsgrundsatz darstellen. Ist zur Ablehnung wegen Verschleppungsabsicht noch erforderlich, daß das Gericht dem Antragsteller gerade eine solche Verzögerungsabsicht nachzuweisen hat,[330] so ist ein solcher Nachweis im Rahmen der richterlichen Aufklärungspflicht nicht erforderlich, da sich der notwendige Umfang der Beweisaufnahme unabhängig von Absichten und Meinungen der Prozeßbeteiligten beurteilt. Davon, daß Aufklärungspflicht und Beweisantragsrecht nicht dekkungsgleich sind, geht im übrigen auch der Gesetzgeber aus; er hat dies insbesondere[331] durch die Einführung der besonderen Vorschriften des § 384 III StPO für das Privatklageverfahren, des § 77 OWiG für das Bußgeldverfahren und jetzt des § 420 IV StPO für das beschleunigte Verfahren gezeigt. Durch diese Bestimmungen sollte das Gericht zum Zwecke der Verfahrensvereinfachung von den Ablehnungsgründen der §§ 244, 245 StPO freigestellt werden, die Ablehnung von Beweisanträgen sollte auch dann ermöglicht werden, wenn die Sachaufklärung eine weitere Beweisaufnahme nicht erfordert.[332] Hierfür hat der Gesetzgeber den Umfang der Beweisaufnahme unbeschadet der Wahrheitserforschungspflicht in das Ermessen des Gerichts gestellt. Es ist damit davon auszugehen, daß sich das Beweisantragsrecht und der Amtsaufklärungsgrundsatz in der Weise voneinander unterscheiden, daß im Rahmen des Amtsaufklärungsgrundsatzes Ausnahmen vom Verbot der Beweisantizipation im weiteren Umfang zulässig sind als im Beweisantragsrecht.

---

328 Weitere Voraussetzungen für diesen Ablehungsgrund sind, daß die begehrte Beweiserhebung den Verfahrensabschluß wesentlich hinauszögern würde und daß der Antragsteller mit seinem Verlangen ausschließlich eine Verzögerung des Verfahrens beabsichtigt, vgl. BGHSt 29, 149, 151; *Beulke*, Rn. 446.

329 ANM, S. 30.

330 Vgl. *Beulke*, Rn. 446.

331 Vgl. im übrigen auch die Regelungen in den Ausnahmeverordnungen vom 8.12.1931, RGBl S. 699, 743, und vom 14.6.1932, RGBl S. 285, sowie § 24 der Verordnung vom 1.9.1939, RGBl S. 1658.

332 Zu § 384 III StPO: OLG Köln JMBlNRW 1955, S. 131; *Schorn*, S. 115; *Woesner*, NJW 1959, S. 704. Zu § 77 OWiG: BGHSt 12, 333, 334; BayObLGSt 1978 S. 170, 172; OLG Hamm DAR 1973, S. 192; OLG Karlsruhe GA 1975, S. 219; OLG Stuttgart Justiz 1970, S. 115, 116.

Frister[333] und sich ihm grundsätzlich anschließend Paeffgen[334] haben den Grundsatz, daß Amtsaufklärungspflicht und Beweisantragsrecht unterschiedliche Reichweiten haben, in bezug auf die Reichweite des Beweisantizipationsverbotes weiter präzisiert. Im Bereich der Beweisantizipation seien zwei Konstellationen zu unterscheiden. Zum einen bestehe die Möglichkeit, ein Beweisergebnis negativ zu prognostizieren, zum anderen könne auf der Grundlage der bereits erhobenen Beweise eine Würdigung vorweggenommen werden. Während das Verbot der vorweggenommen Beweiswürdigung sowohl im Rahmen des Beweisantragsrechts als auch im Rahmen der richterlichen Aufklärungspflicht gelte, erfasse das Verbot, ein negatives Ergebnis zu prognostizieren, dagegen nur den Fall des Beweisantrages. Außerhalb der Ablehnungsgründe des § 244 III StPO habe der Richter keine Möglichkeit, einen Beweisantrag negativ zu bescheiden. Anders sei dies, wenn das Gericht - wie z.B. jetzt im beschleunigten Verfahren - ausschließlich an die Amtsaufklärungspflicht gebunden sei. Hier habe der Richter die Möglichkeit, das Ergebnis eines beantragten Beweises negativ zu prognostizieren und einen Beweisantrag abzulehnen. Sei kein Beweisantrag gestellt, so müsse bei der Beurteilung einer Beweismöglichkeit ohnehin zwangsläufig das Beweisergebnis negativ prognostiziert werden, wenn das Gericht von der Beweiserhebung absehen möchte.[335]

Der Unterscheidung nach den beiden Konstellationen einer Beweisantizipation ist grundsätzlich zuzustimmen. Allerdings ist die Aussage, eine vorweggenommene Beweiswürdigung sei auch im Rahmen der Amtsaufklärungspflicht per se nicht möglich, mißverständlich. Denn im Rahmen der nach dem Amtsaufklärungsgrundsatz zulässigen negativen Prognose eines in Betracht kommenden Beweismittels wird in der Regel auch der bisherige Stand der Beweisaufnahme mit einbezogen werden müssen; eine Prognose auf der Grundlage der bisherigen Beweisaufnahme ist meist zuverlässiger als die auf anderen Erkenntnisquellen beruhenden Prognosen.[336] Dies aber läuft zwangsläufig zumindest partiell auf eine vorweggenommene Beweiswürdigung hinaus.

---

[333] *Frister*, ZStW 105 (1993), S. 340 ff.

[334] SK-*Paeffgen*, § 420 Rn. 17 ff.

[335] Aus diesem Grunde spricht *Frister* auch in diesem Bereich von einer Kompetenzregel: Obliege im Beweisantragsrecht dem Antragsteller die Beurteilung, ob ein Beweismittel für die Entscheidung von Bedeutung ist, so sei es im Rahmen der Amtsaufklärungspflicht genau umgekehrt, weil das Gericht diese Beurteilung selber vornehme; vgl. *Frister*, ZStW 105 (1993), S. 340, 351.

[336] Vgl. hierzu *Frister*, ZStW 105 (1993), S. 340, 358.

Eine solche ist damit prinzipiell auch im Rahmen der richterlichen Aufklärungspflicht möglich und nicht generell ausgeschlossen. Vielmehr ist zu klären, in welchem Umfang das Gericht befugt ist, den bisherigen Stand der Beweisaufnahme zu berücksichtigen, wenn es auf dieser Grundlage das Ergebnis eines weiteren möglichen Beweismittels negativ prognostizieren will. Die Reichweite einer möglichen Beweisantizipation muß dann aus dem generellen Prinzip, daß das Gericht verpflichtet ist, die Wahrheit zu erforschen, selbst abgeleitet werden. Danach hat das Gericht die Beweisaufnahme von Amts wegen auf alle Tatsachen und Beweismittel zu erstrecken, die für die Entscheidung von Bedeutung sind. Eine generelle Vorwegnahme der Beweiswürdigung ist auch im Rahmen des Amtsermittlungsgrundsatzes unzulässig. Dieses Verbot ergibt sich daraus, daß der Gebrauch eines zur Verfügung stehenden und nicht offensichtlich untauglichen Beweismittels das Bild des zu beurteilenden Sachverhalts selbst dann wider Erwarten verändern kann, wenn das Gericht glaubt, die Feststellung einer Tatsache unbedenklich auf das bisherige Ergebnis der Beweisaufnahme stützen zu können.[337] Fraglich ist dann aber, wann das Gericht aufgrund einer Würdigung der Beweise einen Beweisantrag ablehnen kann, ohne dabei gegen die Pflicht zur Sachaufklärung zu verstoßen. Nach der Rechtsprechung[338] zum Umfang der Beweisaufnahme im Ordnungswidrigkeitenrecht (vgl. § 77 OWiG) und im Privatklageverfahren (vgl. § 384 III StPO) ist eine Vorwegnahme der Beweiswürdigung nur zulässig, wenn der Sachverhalt aufgrund verläßlicher Beweismittel bereits so eindeutig geklärt ist, daß die beantragte Beweiserhebung an der Überzeugung des Gerichts nichts ändern würde. Wann aber ein Sachverhalt in diesem Sinne eindeutig geklärt ist, ist damit noch nicht gesagt. Um Gefahren für die Wahrheitsfindung zu vermeiden, ist hierfür ein strenger Maßstab anzulegen. Andererseits dürfen die Anforderungen auch nicht überhöht sein, so daß sie nur theoretisch ein Absehen von einer weiteren Beweisaufnahme ermöglichen. Deswegen kann nicht gefordert werden, daß das Gericht im Rahmen der Aufklärungspflicht alle Beweismittel ausschöpfen muß, solange auch nur die entfernte Möglichkeit einer Änderung der durch die vollzogene Beweisaufnahme begründeten Vorstellung von dem zu beurteilenden Sachverhalt in Betracht kommt.[339] Ausreichend aber erforderlich ist vielmehr,

---

[337] Vgl. BGHSt 23, 176, 188.

[338] Vgl. z.B. BGHSt 12, 333, 334; BayObLG VRS 59, S. 211, 213; BayObLGSt 1970, 41, 42; OLG Celle NdsRpfl. 1981, S. 125; KG JR 1971, S. 166, 167; OLG Karlsruhe GA 1975, S. 219.

[339] So aber BGHSt 23, 176, 188; vgl. hierzu KK-*Herdegen*, § 244 Rn. 21; *Widmaier*, NStZ 1994, S. 248, 249.

daß für das Gericht kein vernünftiger Zweifel daran bestehen darf, daß die weitere Beweiserhebung keine Aussicht auf Erfolg hat.[340] Für die Ablehnung eines Beweisantrages muß das angeführte Beweismittel auf der Grundlage der bisherigen Beweiserhebung gewertet werden. Ist danach die Erschütterung der bereits gebildeten gerichtlichen Überzeugung vernünftigerweise ausgeschlossen, so darf ein Beweisantrag abgelehnt werden.[341] Bei dieser Wertung ist insbesondere zu berücksichtigen, daß der bereits erhobene Beweis keinen Vorrang vor dem noch zu erhebenden Beweis hat. Deswegen darf z.B. der Antrag auf eine Zeugenvernehmung nicht etwa abgelehnt werden, wenn bisher nur wenige Zeugen zu derselben Beweisfrage gehört worden sind und diese übereinstimmend das Gegenteil bekundet haben.[342] Auf der anderen Seite kann von der Vernehmung weiterer Zeugen dann abgesehen werden, wenn eine Reihe von Zeugen glaubwürdig über den zu bekundenden Vorgang gleichlautend ausgesagt haben.[343] Starre Richtlinien, wann das Ergebnis eines beantragten Beweismittels auf der Grundlage des bisherigen Beweisergebnisses negativ prognostiziert, und der Beweisantrag deswegen abgelehnt werden darf, lassen sich nicht festlegen. Es kommt vielmehr jeweils auf den konkreten Einzelfall und dabei auf die Verläßlichkeit der bis zum Zeitpunkt der Antragstellung durchgeführten und der beantragten Beweisaufnahme an; dabei sind das Beweisthema, das Beobachtungs- und Erinnerungsvermögen von Zeugen und deren Glaubwürdigkeit zu berücksichtigen.[344]

Die vorstehenden Ausführungen haben sich mit der Behandlung von Beweisanträgen in bezug auf nicht präsente Beweismittel befaßt. Die Freiheit bei der Bestimmung des Umfangs der Beweisaufnahme betrifft jedoch auch die präsenten Beweismittel, also insbesondere geladene Zeugen und Sachverständige sowie dem Gericht vorliegende Urkunden und Augenscheinsobjekte. Die diesbezüglichen zulässigen Ablehnungsgründe des Regelverfahrens ergeben sich aus § 245 II 2 und 3 StPO,[345] die enger sind als die des § 244 III - V StPO

---

[340] So auch KG JR 1971, S. 166, 167; OLG Karlsruhe GA 1975, S 219; BayObLG bei *Rüth*, DAR 1974, S. 187.

[341] Vgl. auch BayObLGSt 1978, 170, 174; OLG Köln VRS 46, S. 202, 203; ANM, S. 843.

[342] Ähnlich z.B. OLG Karlsruhe GA 1975, S. 219.

[343] Vgl. z.B. OLG Hamm VRS, 45 S. 311, 313.

[344] Vgl. OLG Karlsruhe GA 1980, S. 70, 71.

[345] Bei Unzulässigkeit der Beweiserhebung (zwingend), bzgl. offenkundiger oder schon erwiesener Tatsachen, bei fehlendem Sachzusammenhang, bei völliger Ungeeignetheit oder bei Prozeßverschleppungsabsicht; zur Auslegung vgl. z.B. LR-*Gollwitzer*, § 245 Rn. 63 ff; K/M-G, § 245 Rn. 21 ff.

für die nicht präsenten Beweismittel. An diese ist das Gericht bei der Beweisaufnahme des beschleunigten Verfahrens nach § 420 IV StPO ebenfalls nicht gebunden, sondern vielmehr wiederum nur an die richterliche Aufklärungspflicht. Auch hier müssen strenge Maßstäbe für die Ablehnung eines Beweisantrages angesetzt werden, und zwar vor allem deswegen, weil z.B. die Vernehmung eines präsenten Zeugen als solche nicht viel mehr Zeit in Anspruch nehmen wird als die Erörterung darüber, ob sie stattfinden soll oder nicht.

Im übrigen muß § 246 StPO auch bei der Beweisaufnahme nach § 420 IV StPO gelten, daher darf ein Beweisantrag nicht mit der Begündung abgelehnt werden, er sei verspätet gestellt worden.

Sind zwar die Gefahren für die Wahrheitsfindung bei einer nach den dargelegten strengen Anforderungen durchgeführten Beweisantizipation zunächst nicht außer Verhältnis zu dem Nutzen der Verfahrensbeschleunigung, die eine solche vereinfachte Beweisaufnahme in der Hauptverhandlung ermöglicht, so muß dennoch die Frage gestellt werden, ob nicht die Verteidigungsmöglichkeiten des Angeklagten durch die Beschränkung des Beweisantragsrechts übermäßig eingeschränkt werden. Denn das Beweisantragsrecht als solches ist nicht nur eine Ergänzung des Amtsaufklärungsgrundsatzes, es ist vielmehr ein eigenständiges gegenläufiges Prinzip, das der Hauptverhandlung den Charakter des reinen Inquisitionsprozesses nimmt. Es führt zu einer Anerkennung der Verfahrensbeteiligten als Prozeßsubjekte, die den Ablauf der Hauptverhandlung mitbeeinflussen können.[346] In Bezug auf das beschleunigte Verfahren ist zunächst festzustellen, daß durch die Bestimmung des § 420 IV StPO das Beweisantragsrecht der Verfahrensbeteiligten nicht abgeschafft worden ist, sondern grundsätzlich bestehen bleibt und deswegen Beweisanträge nicht nur noch die Qualität bloßer Beweisanregungen haben.[347] Dennoch wird das Beweisantragsrecht faktisch in nicht unerheblichem Maße eingeschränkt, da das Gericht nicht mehr an die engen Voraussetzungen der Ablehnungsgründe der § 244, 245 StPO gebunden ist, sondern Beweisantizipationen im oben dargelegten Umfang vornehmen kann. Zu prüfen ist, ob dadurch die Verteidigungsrechte des Angeklagten zu stark beeinträchtigt werden und deswegen die

---

346 Vgl. *Fezer*, StV 1995, S. 263, 268; *Schulz*, GA 1981, S. 301, 304; *Herdegen*, StV 1990, S. 518, 519; *Perron*, S. 100 ff.

347 Insoweit mißverständlch *Dahs*, NJW 1995, S. 553, 556; auch *Scheffler* ist der Ansicht, daß der Angeklagte sein Beweisantragsrecht praktisch verliere, NJW 1994, S. 2191, 2193 ff.

Durchführung eines rechtsstaatlichen Strafverfahrens gefährdet ist. Grundsätzlich kann nicht gesagt werden, daß die ein Abweichen von den Regeln des Normalverfahrens mit sich bringende Verringerung der Verteidigungsmöglichkeiten automatisch oder vielfach zu einem Verfahren führen muß, das rechtsstaatlichen Grundsätzen nicht mehr entspricht. Zu berücksichtigen ist immer, daß nach der hier vertretenen Auffassung nur Fälle kleinerer Kriminalität mit im tatsächlichen und rechtlichen Sinn einfach überschaubarem Sachverhalt (Massenkriminalität oberhalb der Bagatellgrenze) Gegenstand des beschleunigten Verfahrens sein können. In diesem Bereich ist in Anbetracht der Notwendigkeit der Entlastung der Gerichte am ehesten eine Begrenzung der Verteidigungsmöglichkeiten zum Zwecke der Verfahrensbeschleunigung mit dem Rechtsstaatsprinzip vereinbar. Dies jedoch nur dann, wenn es dem Angeklagten trotzdem ermöglicht wird, die richterliche Freiheit bei der Bestimmung des Umfangs der Beweisaufnahme darauf hin zu überprüfen, ob die Grenzen, die sich aus der richterlichen Aufklärungspflicht ergeben, tatsächlich eingehalten wurden. In diesem Zusammenhang schlägt Paeffgen[348] vor, das Gericht zu verpflichten, spätestens in den Urteilsgründen aufzuzeigen, warum jeweils über ein sich während des Verfahrens anbietendes oder beantragtes Beweismittel kein Beweis erhoben wurde. Zu diesem Zweck müsse das Gericht eine argumentative Metaebene eröffnen, auf der über das, was im Prozeß geschehen sei, monologisch Rechenschaft abgelegt werde.

Zuzustimmen ist dem Vorschlag insoweit, als durch eine solche Verfahrensweise das dem Gericht über den Verweis auf den Amtsaufklärungsgrundsatz eingeräumte Ermessen überprüfbar bleibt. Das Gericht jedoch zu verpflichten zu begründen, wieso es von Beweiserhebungen abgesehen hat, die nicht beantragt, sondern sich nur dem Gericht als solches angeboten haben, ist eine nicht realisierbare Last für die Gerichte. Damit liefe eine solche Verfahrensweise dem Beschleunigungszweck eines abgekürzten Verfahrens zuwider. Im übrigen ist auch im Regelverfahren eine solche Verfahrensweise nicht vorgesehen. Es geht hier um den Schutz der Verteidigungsrechte des Betroffenen, diese aber sind in diesem Zusammenhang vor allem durch die Beschränkung des Beweisantragsrechts beeinträchtigt, nicht aber durch eine schlicht nicht vorgenommene Beweiserhebung bezüglich derer kein Beweisantrag gestellt wurde. Deswegen genügt es, wenn das Gericht nur darüber Rechenschaft ablegen muß, warum es eine *beantragte* Beweiserhebung ablehnt. Schon im Regelverfahren erfolgt die

348 SK-*Paeffgen*, § 420 Rn. 19 ff, 20.

Ablehnung eines Beweisantrages gem. §§ 244 VI, 34 StPO durch begründeten Beschluß. Ein solcher Beschluß ist auch im beschleunigten Verfahren nach allgemeiner Meinung erforderlich.[349] Jedoch dürfen an den Inhalt der Begründung keine zu geringen Anforderungen gestellt werden. So kann es nicht genügen, wenn als Begründung festgestellt wird, die beantragte Beweiserhebung sei für die Erforschung der Wahrheit nicht erforderlich, und sich erst den Urteilsgründen entnehmen läßt, daß der Sachverhalt so eindeutig geklärt war, daß es der Beweiserhebung nicht mehr bedurfte.[350] Eine solch reduzierte Begründungspflicht ist zwar im Ordnungswidrigkeitenrecht für den parallelen Fall gesetzlich in § 77 III OWiG verankert. Für das beschleunigte Verfahren aber hat der Gesetzgeber auf eine solche Formulierung verzichtet (vgl. § 420 IV StPO). Darüber hinaus bezweckt die Begründungspflicht, das dem Gericht eingeräumte Ermessen bei der Behandlung von Beweisanträgen überprüfbar zu machen, um damit die Verkürzung der Verteidigungsrechte zu kompensieren. Erforderlich sind deswegen konkrete, auf den Fall bezogene Formulierungen, die erkennen lassen, aus welchen Gründen der Sachverhalt so eindeutig geklärt ist, daß die beantragte Beweiserhebung an diesem Ergebnis nichts ändern können wird. Damit wird zugleich das Gericht gezwungen, vor der Ablehnung eines Beweisantrages die jeweilige Verfahrenslage zu überdenken. Die Verfahrensbeteiligten auf der anderen Seite erfahren hierdurch den Stand der Beweisaufnahme und können ihre Verteidigung darauf einrichten. Vor allem aber erleichtert eine solche Begründung die revisionsrechtliche Kontrolle im Rahmen der Geltendmachung der Aufklärungsrüge. Demzufolge sollte eine Begründung die tatsächlichen und rechtlichen Erwägungen erkennen lassen, weswegen der Beweisantrag abgelehnt wird. Dem kann auch nicht entgegengehalten werden, daß das Erfordernis einer konkreten Begründung dem Zweck des beschleunigten Verfahrens zuwiderlaufen würde. Denn zum einen darf die Verfahrensbeschleunigung nicht zu sehr auf Kosten der Verteidigungsrechte des Beschuldigten gehen („Keine Verfahrensbeschleunigung um jeden Preis"), und zum anderen erhöht ein ohne konkrete Begründung erlassener Ablehnungsbeschluß eines Beweisantrags die Gefahr von Fehlern im Rahmen der richterlichen Aufklärungspflicht, die die Gefahr der Einlegung von Rechtsmit-

---

[349] Allg. Meinung, vgl. nur BT-Drucksache 12/6853 S. 36; SK-*Paeffgen*, § 420 Rn. 28; *König/Seitz*, NStZ 1995, S. 1, 5.

[350] So aber K/M-G, § 420 Rn. 11; diese Auffassung wird auch zum Teil für die entsprechende Konstellation im Privatklageverfahren vertreten, vgl. BayObLGSt 1949/51, 347; BayObLG JW 1928, S. 2998, 2999; KG JW 1928, S. 834; ANM S. 836, 837 mwN; vgl. auch OLG Zweibrücken MDR 1991, S. 1192.

teln erhöht. Die Einlegung von Rechtsmitteln aber soll gerade vermieden werden, da dies dem Ziel, ein Strafverfahren beschleunigt zum Abschluß zu bringen und gegebenenfalls 'der Tat die Strafe auf dem Fuße folgen zu lassen', gerade zuwider läuft.

Schließlich bleibt festzustellen, daß bei Vorliegen eines Ablehnungsgrundes gem. § 244 III - V StPO bzw. § 245 StPO eine Ablehnung eines Beweisantrages vorrangig auf diese Gründe zu stützen ist.[351] Der Umfang der Begründung des Ablehnungsbeschlusses erfolgt dann den zu diesen Ablehnungsgründen entwikkelten Grundsätzen.

IV. Probleme für das beschleunigte Verfahren, die sich aus allgemeinen Verfahrensvorschriften der Strafprozeßordnung ergeben

Die nachstehend zu erörternde Problematik ergibt sich nicht aus den speziellen Vorschriften der §§ 417 ff StPO des beschleunigten Verfahrens, sondern aus zwei allgemeinen Verfahrensvorschriften für die Durchführung der Hauptverhandlung, die sich jedoch insbesondere im beschleunigten Verfahren, namentlich bei den den Unmittelbarkeitsgrundsatz einschränkenden Vorschriften des § 420 I - III StPO, negativ auswirken.

1. Das Selbstleseverfahren gem. § 249 II StPO

a) Grundsätzliches

Das Selbstleseverfahren gem. § 249 II StPO wurde durch das Verbrechensbekämpfungsgesetz vom 28.10.1994[352] erweitert. Seine Problematik in Bezug auf den neuen § 420 I – III StPO ergibt sich jedoch schon aus seiner bisherigen Regelung. § 249 II StPO wurde durch das Strafverfahrensänderungsgesetz vom 5.10.1978[353] in die Strafverfahrensordnung eingefügt, und zwar mit dem Ziel, die Gerichte durch ein vereinfachtes Verfahren beim Urkundenbeweis zu entlasten. Galt bis zu diesem Zeitpunkt der Grundsatz, daß beim Urkundenbeweis

---

351 Allgemeine Meinung, vgl. nur K/M-G, § 420 Rn. 11; SK-*Paeffgen*, § 420 Rn. 28.

352 BGBl S. 3186; vgl. auch *Dahs*, NJW 1995, S. 553, 555; *Bandisch*, StV 1994, S. 153, 158; *Scheffler*, NJW 1994, S. 2191, 2194.

353 Strafverfahrensänderungsgesetz vom 5.10.1978 (STVÄG 1979), BGBl S. 1645.

Urkunden zwingend zu verlesen waren, so konnte nach Schaffung des § 249 II StPO mit Zustimmung des Angeklagten und seines Verteidigers von einer solchen Verlesung abgesehen werden. Dadurch sollte ein zeitraubendes und ermüdendes Vorlesen umfangreichen Schriftmaterials in der Hauptverhandlung vermieden und so deren Dauer verkürzt werden.[354] Seit dem Strafverfahrensänderungsgesetz vom 27.1.1987[355] sind die Voraussetzungen für das Selbstleseverfahren erleichtert. Es kann jetzt ohne Zustimmung des Angeklagten und des Verteidigers vom Vorsitzenden kraft dessen Sachleitungsbefugnis angeordnet werden, nach § 249 II StPO zu verfahren. Erforderlich ist danach, daß die Richter und Schöffen vom Wortlaut der Urkunde Kenntnis genommen haben und den übrigen Beteiligten Gelegenheit zur Kenntnisnahme gegeben wurde. Widerspricht der Staatsanwalt, der Angeklagte oder der Verteidiger unverzüglich dem Verfahren nach § 249 II StPO, so entscheidet über diesen Widerspruch das Gericht. Das Selbstleseverfahren war bis zum Erlaß des VerbrBekG von 1994 nicht anwendbar auf Vernehmungsniederschriften, die nach den §§ 251, 253, 254 StPO abweichend vom Grundsatz der mündlichen Vernehmung nach § 250 StPO ausnahmsweise zu Beweiszwecken verlesen werden dürfen, sowie auf Behördengutachten und ärztliche Zeugnisse nach § 256 StPO. Diese Einschränkungen wurden durch das Verbrechensbekämpfungsgesetz[356] teilweise aufgehoben: Das Selbstleseverfahren ist jetzt auch in den Fällen der §§ 251 und 256 StPO möglich.

b) Verstoß gegen das Mündlichkeitsprinzip?

Das Selbstleseverfahren wurde schon in seiner ursprünglichen Fassung als „gesetzliche Fehlleistung“[357] und „Rückfall in Zeiten von Geheimverfahren und Geheimjustiz“[358] kritisiert. Problematisch ist, daß der in § 261 StPO zum Ausdruck gebrachte Grundsatz der Mündlichkeit beschränkt wird. Ebenso wie das Prinzip der Unmittelbarkeit hat auch das Mündlichkeitsprinzip[359] seine Wurzeln in den Reformen des Inquisitionsprozesses des 19. Jahrhunderts. Ausgangs-

---

[354] Vgl. KK-*Mayr*, § 249 Rn. 32.

[355] Strafverfahrensänderungsgesetz vom 27.1.1987 (STVÄG 1987), BGBl S. 475.

[356] Verbrechensbekämpfungsgesetz vom 28.10.1994 BGBl S. 3186.

[357] *Peters*, § 39 III 6.

[358] *Geppert*, S. 193.

[359] *Krey*, Band 2, Rn. 641 ff; *Rüping*, Rn. 409 ff; *Pfeiffer*, Rn. 8; *Schäfer*, Rn. 651.

punkt war, daß im Inquisitionsprozeß nicht der Inquistionsrichter selbst das Urteil fällte, obwohl dieser zusammen mit den Zeugen und Sachverständigen eine Art mündliche Verhandlung führte, sondern eine spezielle Spruchbehörde[360] nur aufgrund der Akten. Aus dieser Problematik resultierte die Erkenntnis, daß im Interesse der Wahrheitsfindung zur Urteilsgrundlage nur das mündlich Verhandelte gemacht werden kann, und daß nur die mündliche Verhandlung als Hauptverhandlung dem erkennenden Gericht in der Gesamtheit seiner Mitglieder eigene, unmittelbare Eindrücke von allen Aussagen und Beweismitteln zu vermitteln vermag.[361] In der heutigen Strafprozeßordnung ist der Grundsatz zwar nicht ausdrücklich schriftlich niedergelegt,[362] er findet aber seinen Ausdruck in den §§ 250, 261, 264 StPO und § 169 GVG. Nach § 261 StPO schöpft das Gericht seine Überzeugung aus dem Inbegriff der Verhandlung. Das Urteil darf sich danach nur auf den Prozeßstoff stützen, der in die Hauptverhandlung prozeßordnungsgemäß eingeführt und zum Gegenstand der Erörterungen gemacht worden ist. Erkenntnisquellen außerhalb der Hauptverhandlung darf der Richter für sein Urteil nicht verwerten.[363]

Wird aber gem. § 249 II StPO auf die mündliche Urkundenverlesung verzichtet, so entfällt der so wichtige Eindruck des mündlich Vorgetragenen, wodurch auch einem unter Umständen weiterführenden Rechtsgespräch über die Bedeutung der Urkunde oder des Schriftstücks von vornherein der Boden entzogen wird.[364] Sollte nach dem ursprünglichen Selbstleseverfahren des STVÄG 1979 zumindest der wesentliche Inhalt der Schriftstücke vorgetragen werden, so daß zumindest die entscheidungserheblichen Teile der Schrift vorgetragen wurden,[365] so wurde auch diese Regelung durch das STVÄG 1987 aufgehoben. Nach der heutigen Gesetzeslage genügt es, daß die Richter und Schöffen Kenntnis vom Wortlaut der Urkunde genommen haben und die übrigen Beteiligten Gelegenheit zur Kenntnisnahme hatten.

---

[360] Schöppenstühle, Juristenfakultäten, an die die Akten versandt wurden, oder dem Landesherren als Inhaber der richterlichen Gewalt, vgl. LR-*Schäfer*, Einl. Kap. 13, Rn. 59.

[361] Vgl. auch *Eb. Schmidt* I, Rn. 426 ff; *Rosenfeld*, S. 38; *Beling*, Reichsstrafprozeßrecht, S. 186.

[362] Im Zivilprozeß beispielsweise ist die Mündlichkeit der Verhandlung ausdrücklich in § 128 I ZPO vorgeschrieben.

[363] RGSt 71, 326, 328 f.; BGHSt 5, 278, 279; 6, 292.

[364] Vgl. *Peters*, § 39 III 6; ANM, S. 316; *Schroeder*, NJW 1979, S. 1530; *Ulsenheimer*, AnwBl 1983, S. 379; *Zierl*, DRiZ 1983, S. 411.

[365] Vgl. LR-*Gollwitzer*, § 249 Rn. 72.

Diese Durchbrechung des Mündlichkeitsprinzips erscheint um so gravierender, wenn man sie im Zusammenhang mit den das Unmittelbarkeitsprinzip einschränkenden Vorschriften des § 420 I - III StPO beurteilt.[366] Wie schon dargestellt, können Vernehmungsniederschriften oder andere schriftliche Äußerungen von Zeugen, Sachverständigen oder Mitbeschuldigten sowie von Behörden und sonstigen Stellen über ihre dienstlichen Wahrnehmungen, Untersuchungen und Erkenntnisse verlesen werden, vgl. § 420 I und II StPO. Für den so stattfindenden Urkundenbeweis gilt § 249 StPO, so daß gem. § 249 II StPO damit alles im Selbstleseverfahren behandelt werden kann. Auf diese Weise kann es im beschleunigten Verfahren zu einer kumulativen Einschränkung des Unmittelbarkeits- und des Mündlichkeitsprinzips kommen. Ob es sich dann noch um ein rechtsstaatliches Strafverfahren handelt, muß bezweifelt werden. Dem kann allenfalls entgegengehalten werden, daß die Verfahrensgestaltung nach § 420 I und II StPO gem. § 420 III StPO von der Zustimmung des Angeklagten, des Verteidigers und der Staatsanwaltschaft abhängig ist. Regelmäßig wird der Angeklagte jedoch nicht überblicken können, welche Konsequenzen seine Zustimmung für den weiteren Verfahrensablauf haben kann, vor allem wird er zum Zeitpunkt der Zustimmungserteilung regelmäßig nicht von der Möglichkeit des Selbstleseverfahrens wissen. Man kann fordern, daß der Richter im Rahmen seiner Fürsorgepflicht den Angeklagten über die Reichweite seiner Zustimmung zur Verlesung iSv § 420 III StPO aufzuklären hat. Trotzdem wird häufig vor allem ein unverteidigter Angeklagter überfordert sein, die tatsächlichen Konsequenzen seiner Zustimmung zu erfassen. Dabei muß der Personenkreis berücksichtigt werden, der in erster Linie vom beschleunigten Verfahren betroffen ist. Daß ein Angeklagter nach erfolgter Zustimmung und durchgeführtem Selbstleseverfahren nach § 249 II StPO von der ihm gegebenen Möglichkeit der Kenntnisnahme vom Wortlaut der Urkunde oder des Schriftstückes Gebrauch macht, ist eher unwahrscheinlich. Im Regelfall könnte eine solche Verfahrensweise demnach zur Konsequenz haben, daß ein Angeklagter wenig oder überhaupt keine Kenntnis von den ihn belastenden Umständen erhält. Eine wirksame Verteidigung ist damit ausgeschlossen. Wenn man aber bedenkt, daß wegen der Einfachheit der Sachen, die im beschleunigten Verfahren verhandelt werden können, auch die Schriftstücke iSv § 420 I und II StPO nicht besonders lang sein werden, erscheint das Selbstleseverfahren auch im Sinne einer Verfahrensverkürzung als wenig sinnvoll, weil die mit dem Selbstleseverfahren bezweckte Zeitersparnis gering ist. Wegen der Reduzierung der

---

[366] So auch *Scheffler*, NJW 1994, S. 2191, 2195.

Verteidigungsmöglichkeiten des Angeklagten sollte deswegen § 249 II StPO restriktiv so verstanden werden, daß das Selbstleseverfahren im beschleunigten Verfahren bei der Beweisaufnahme nach § 420 I und II StPO ausgeschlossen ist.

2. § 257a StPO

Durch das Verbrechensbekämpfungsgesetz[367] wurde § 257a StPO neu in die Strafprozeßordnung eingefügt.[368] Danach kann das Gericht den Verfahrensbeteiligten aufgeben, Anträge und Anregungen schriftlich zu stellen.[369] Hierzu zählen alle Arten von Anträgen und Anregungen zu Verfahrensfragen, insbesondere auch Beweis- und Beweisermittlungsanträge, Anträge auf Einstellung, Unterbrechung oder Aussetzung des Verfahrens.[370] Damit bezweckt der Gesetzgeber in erster Linie die straffere Durchführung von Groß- und Umfangstraftaten.[371] Da sich diese aus dem Zweck der Vorschrift ergebende Beschränkung des Anwendungsbereiches jedoch nicht aus dem Wortlaut des § 257a StPO ergibt, ist § 257a StPO grundsätzlich auch im beschleunigten Verfahren anwendbar. Dem Ziel der Verfahrensstraffung entsprechend verweist § 257a S. 3 auf § 249 StPO, und damit auch auf § 249 II StPO. Denn die Hauptverhandlung wird nur dann gestrafft, wenn der Richter die schriftlichen Anträge und Anregungen nicht erst wieder in der Verhandlung verlesen muß. Durch die Verweisung auf § 249 II StPO kann also das Gericht das Selbstleseverfahren anordnen, so daß Anträge nicht mehr verlesen werden und der Angeklagte vielmehr nur Gelegenheit zur Kenntnisnahme der schriftlich gestellten Anträge erhält.

Die Vorschrift des § 257a StPO wurde in der Literatur stark kritisiert.[372] Mit dieser Norm werde sowohl der Mündlichkeitsgrundsatz als auch das Öffentlich-

---

[367] BGBl 1994 S. 3186.

[368] Zur Kritik vgl. *Bandisch*, StV 1994, S. 153, 158; *Scheffler*, NJW 1994, S. 2191, 2194.

[369] Eine Beschwerde ist gegen diese Anordnung wegen § 305 S. 1 StPO nicht zulässig. Eine unzulässige Anordnung kann jedoch nach § 337 StPO bzw. § 338 Nr. 8 StPO die Revision begründen.

[370] K/M-G, § 257a Rn. 6.

[371] Begründung des Gesetzesentwurfes BT-Drucksache 12/6853.

[372] Bezeichnung z.B. als „Maulkorbparagraph", vgl. *Hamm*, StV 1994, S. 456, 458; *Bandisch*, StV 1994, S. 153; *Scheffler*, NJW 1994, S. 2191, 2194.

keitsprinzip in unzulässiger Weise beeinträchtigt. Das Öffentlichkeitsprinzip hat seine Wurzeln im gemeinrechtlichen Inquisitionsprozeß. Da sich der Strafprozeß zu dieser Zeit in den Amtsstuben der Inquirenten und Spruchbehörden abspielte, wuchs das Verlangen nach einer Öffentlichkeit des Strafverfahrens in dem Sinne, daß Unbeteiligte als Zuschauer und Zuhörer an den wichtigsten Verfahrensabschnitten teilnehmen konnten. Dabei bestand für die geforderte Öffentlichkeit weniger eine prozeß- oder materiellrechtliche Notwendigkeit[373] als vielmehr ein politisches Bedürfnis im Rahmen des politischen Liberalismus des 19. Jahrhunderts, in dem eine Beteiligung des Volkes an den wichtigsten Angelegenheiten des öffentlichen Lebens angestrebt wurde.[374] Die Öffentlichkeit kann damit als wesentliche Bedingung für das öffentliche Vertrauen in die Rechtsprechung der Gerichte verstanden werden, das verhindert, daß die gerichtliche Tätigkeit 'hinter verschlossenen Türen in ein Dunkel gehüllt und dadurch Mißdeutungen und Argwohn ausgesetzt wird'.[375] Heute ist der Grundsatz der Öffentlichkeit der Verhandlung in den §§ 169 ff GVG geregelt und bedeutet, daß grundsätzlich jedermann der mündlichen Hauptverhandlung beiwohnen darf, wodurch eine Kontrolle des Verfahrens durch die Öffentlichkeit gewährleistet werden soll.[376]

Wegen der oben dargestellten nach dem Wortlaut des § 257a StPO in allen Strafverfahren möglichen Einwirkungen auf die Verfahrensgrundsätze der Mündlichkeit und der Öffentlichkeit ist der Auffassung von Meyer-Goßner[377] zuzustimmen, der sich für eine teleologische Reduktion des § 257a StPO ausspricht. Eine Anordnung nach § 257a StPO solle nur dann in Betracht kommen, wenn durch eine Vielzahl von Anträgen oder Anregungen zu Verfahrensfragen oder durch mehrere Anträge außerordentlichen Umfangs der Verfahrensverlauf bei mündlichem Vortrag um Stunden oder gar Tage verzögert werden würde. Solle die Anordnung nach § 257a StPO auch für künftige Anträge oder Anregungen gelten, so sei eine vorherige Feststellung des Mißbrauchs des Antragsrechts erforderlich. Da im beschleunigten Verfahren der Sache nach ein

---

373 Zum Teil wurde versucht, das Öffentlichkeitserfordernis aus prozeßrechtlichen - aus dem Mündlichkeitsprinzip - bzw. aus materiellrechtlichen Voraussetzungen - aus dem materiellrechtlichen Wesen des Verbrechens als einer „causa publica" - abzuleiten; vgl. *Mittermaier*, Die Mündlichkeit, das Anklageprinzip, die Öffentlichkeit und das Geschworenengericht; *Zachariae*, Die Gebrechen und die Reform des deutschen Strafverfahrens.

374 Vgl. *Eb. Schmidt* I, Rn. 401.

375 So das Reichsgericht in RGSt 70, 109, 112.

376 Vgl. *Beulke*, Rn. 27.

377 K/M-G, § 257a Rn. 2.

Gebrauch des Beweisantragsrechts zu Verzögerungszwecken unwahrscheinlich ist und generell nur Beweisanträge in geringem Umfang zu erwarten sind, kommt damit eine Anwendung des § 257a StPO im beschleunigten Verfahren wohl nicht in Betracht. Der Richter sollte von der Vorschrift im beschleunigten Verfahren keinen Gebrauch machen.

H. Rechtsmittel

Im folgenden soll auf Besonderheiten der Rechtsmittel im beschleunigten Verfahren, insbesondere der Berufung, eingegangen werden.

I. Berufung

1. Gerichtliche Zuständigkeit

Als Berufungsgericht funktionell zuständig ist wie im Normalverfahren bei der Berufung gegen ein amtsgerichtliches Urteil gem. §§ 74 III, 76 I 1 GVG die kleine Strafkammer des Landgerichts.

2. Annahme der Berufung

Als nicht unproblematisch für das beschleunigte Verfahren erweist sich die durch das Rechtspflegeentlastungsgesetz[378] im Bereich der Bagatellkriminalität eingeführte Zulässigkeitsvoraussetzung der Annahme der Berufung, die das gesetzgeberische Ziel[379] verfolgt, die Landgerichte im Bagatellkriminaliätsbereich von überflüssigen Berufungshauptverhandlungen zu entlasten. Eine Annahme der Berufung ist nach § 313 I StPO vor allem dann erforderlich, wenn eine Geldstrafe von nicht mehr als 15 Tagessätzen oder eine Verwarnung mit entsprechendem Strafvorbehalt oder eine Geldbuße ausgesprochen wurde.[380] In diesem Falle darf die Berufung nicht offensichtlich unbegründet sein, sie wird

---

[378] Gesetz zur Entlastung der Rechtspflege vom 11.1.1993 BGBl S. 50.

[379] BT-Drucksache 12/1217 S. 38.

[380] Ebenfalls erforderlich ist die Annahmeberufung im Falle des Freispruches oder der Verfahrenseinstellung, wenn die Staatsanwaltschaft eine Geldstrafe von nicht mehr als 30 Tagessätzen beantragt hatte, § 313 I 2 StPO.

sonst als unzulässig verworfen (vgl. § 313 II 1 StPO[381]). Offensichtlich unbegründet ist die Berufung dann, wenn für jeden Sachkundigen an Hand der Urteilsgründe und einer vorliegenden Berufungsbegründung und des Protokolls der Hauptverhandlung ohne längere Prüfung erkennbar ist, daß das Urteil sachlich-rechtlich nicht zu beanstanden ist und daß keine Verfahrensfehler begangen worden sind, die die Revision begründen würden.[382] Eine solche zusätzliche Verfahrensvoraussetzung widerspricht dem Grundgedanken der Berufung,[383] die bezwecken soll, daß es unabhängig vom erstinstanzlichen Urteil zu einer neuen Hauptverhandlung kommt, in der nicht das angefochtene Urteil geprüft, sondern über alle Tat- und Rechtsfragen nach dem Ergebnis der Berufungsverhandlung neu entschieden wird.[384] Äußerst mißlich ist zudem, daß die Annahme der Berufung nur bis zu einer bestimmten Strafhöhe erforderlich ist. Dadurch wird dem Richter des erstinstanzlichen Verfahrens die Möglichkeit eingeräumt, durch die Bestimmung der Strafhöhe Einfluß auf die Zulässigkeit des Rechtsmittels zu nehmen.[385] Gerade im beschleunigten Verfahren ist die Gefahr fehlerhafter Urteile aufgrund der Verfahrensvereinfachungen höher als bei Verfahren, die nach den Regeln des Normalverfahrens durchgeführt wurden. Deswegen stellt die Möglichkeit der Berufung gerade in diesem Bereich ein wichtiges Instrument dar, die Richtigkeit des erstinstanzlichen Urteils zu überprüfen. Insgesamt ist daher ein zurückhaltender Umgang mit einer Ablehnung der Berufung aufgrund offensichtlicher Unbegründetheit zu fordern.[386]

3. Geltung der Vorschriften des beschleunigten Verfahrens in der Berufung

a) § 420 StPO

Nach der gesetzlichen Neuregelung durch das Verbrechensbekämpfungsgesetz ist fraglich, ob die Regeln des beschleunigten Verfahrens auch in der Berufungsinstanz vor dem Landgericht gelten. Waren die Beschleunigungs-

---

381 Die Vorschrift ist der Regelung des § 349 II StPO nachgebildet, die die Beschlußverwerfung bei offensichtlich unbegründeter Revision ermöglicht.

382 K/M-G, § 313 Rn. 9.

383 So schon RGSt 62, 130, 132; 401, 402; OLG Düsseldorf NJW 1983, S. 767, 768.

384 Nach *Fezer* handelt es sich bei der Annahmeberufung deswegen um eine systemwidrige Regelung, StV 1995, S. 265.

385 Vgl. *Werle*, JZ 1991, S. 792; K/M-G, § 313 Rn. 2.

386 Vgl. auch *Tolksdorf*, in: Festschrift für *Salger*, S. 393.

möglichkeiten nach alter Rechtslage (v.a. Wegfall des Zwischenverfahrens, Abkürzung der Ladungsfristen) für ein Berufungsverfahren ohne praktische Relevanz,[387] so ist durch den neugeschaffenen § 420 StPO die Beschleunigung auch auf die Hauptverhandlung als solche ausgeweitet worden. Es stellt sich die Frage, ob erleichterte Beweisaufnahmen nach § 420 StPO auch in einem Berufungsverfahren möglich sind. Dabei betrifft diese Streitfrage lediglich § 420 I - III StPO, da die Regelung des § 420 IV StPO (Bestimmung des Umfangs der Beweisaufnahme unbeschadet des § 244 II StPO) nach seinem Wortlaut ohnehin nur vor dem Strafrichter Anwendung findet, so daß in einem Verfahren über die Berufung gegen ein im beschleunigten Verfahren erlassenes amtsgerichtliches Urteil ein Beweisantrag nur aus den in § 244 III - V StPO genannten Gründen abgelehnt werden darf.

In § 420 I - III StPO fehlt eine Regelung, vor welchem Gericht diese Vorschriften anzuwenden sind. Meyer-Goßner[388] vertritt daher die Auffassung, daß § 420 I - III StPO auch im Berufungsverfahren vor dem Landgericht gelten. Im Umkehrschluß aus dem Fehlen einer Beschränkung der Vorschriften vor einem bestimmten Gericht zieht er die Konsequenz, daß die Vorschriften auch vor dem Landgericht angewendet werden können. Im Strafbefehlsverfahren als einer weiteren besonderen Verfahrensart sei als allgemeine Meinung[389] anerkannt, daß die Vertretungsregelung des § 411 II 1 StPO auch im Berufungsrechtszug gelte, obwohl dort auch keine ausdrückliche Verweisungsvorschrift existiert. Daraus folge, daß § 420 I - III StPO trotz fehlender ausdrücklicher Anwendbarkeitsbestimmung ebenfalls vor dem Landgericht im Berufungsverfahren gelten müsse. Dem liege der Gedanke zugrunde, daß es bei einer besonderen Verfahrensart immer einer speziellen Überleitungsnorm bedürfe, damit ein Verfahren ins Regelverfahren übergeleitet werden kann; ohne eine solche Überleitungsnorm sei eine besondere Verfahrensart auch in der Berufungsinstanz noch nicht abgeschlossen.

Im folgenden ist zu prüfen, ob nicht doch gewichtige Gründe gegen eine Geltung des § 420 I - III StPO in der Berufungsinstanz sprechen, also die Hauptverhandlung im Berufungsverfahren nach den Regeln des Normalverfahrens abläuft. Dem gesetzgeberischen Willen läßt sich zu dieser Frage keine

---

387 *Loos/Radtke*, NStZ 1996, S. 7, 8.

388 K/M-G, § 420 Rn. 12.

389 K/M-G, § 411 Rn. 4 (mwN).

eindeutige Stellungnahme entnehmen. Zwar zielen, wie auch Schlothauer[390] feststellt, die neugeschaffenen Vorschriften des beschleunigten Verfahrens nach den Begründungen zum Gesetzesentwurf des Verbrechensbekämpfungsgesetzes auf eine Verkürzung der Beweisaufnahme und damit auf eine Beschleunigung und Vereinfachung der Hauptverhandlung *vor dem Amtsgericht* hin.[391] Daraus folgt aber noch nicht zwingend, daß die entsprechenden Vorschriften ausschließlich vor dem Amtsgericht anwendbar sind, denn das primäre Ziel des Gesetzes konnte ja nur eine Verfahrensvereinfachung vor dem Amtsgericht sein. Fraglich ist, ob nicht eine ausdrückliche Regelung für eine Erstreckung der vereinfachten Beweisaufnahme iSv § 420 I – III StPO auf die Berufungshauptverhandlung notwendig gewesen wäre. Der Gegenschluß, den Meyer-Goßner aus dem Wortlaut des § 420 IV StPO ableitet, führt jedenfalls nicht zwingend zu einer Anwendbarkeit des § 420 I - III StPO vor dem Landgericht in der Berufungsinstanz. Denn § 420 StPO bezieht sich vor allem auf die §§ 417 ff StPO, in denen jeweils zwischen Strafrichter und Schöffengericht differenziert wird. Dadurch wird auch § 420 IV StPO dahingehend verständlich, daß dieser Absatz nicht vor dem Schöffengericht Anwendung finden soll. Daß § 420 I - III StPO auch in der Berufungsinstanz gelten soll, läßt sich aus § 420 IV StPO hingegen nicht herleiten. Ein weiteres Problem ergibt sich durch die Anordnung der notwendigen Verteidigung vor dem Amtsgericht gem. § 418 IV StPO. Sinn dieser nach dem Wortlaut auf das amtsgerichtliche Verfahren beschränkten notwendigen Verteidigung ist es unter anderem, bei der Ausübung der nach § 420 III StPO für eine Anwendung der § 420 I und II StPO erforderlichen Zustimmungen einen rechtskundigen Beistand zu haben. Ein solcher rechtskundiger Beistand ist dann aber auch im Berufungsverfahren erforderlich, wenn § 420 I - III StPO dort Anwendung finden soll. Nach Meyer-Goßner soll aus diesem Grund § 418 IV StPO entgegen seinem Wortlaut ebenfalls im Berufungsverfahren gelten.[392] Man kann aber auch anders argumentieren und vertreten, daß die Beschränkung des § 418 IV StPO auf das amtsgerichtliche Verfahren ein weiteres Indiz dafür ist, daß § 420 I - III StPO eben auch nur vor dem Amtsgericht anwendbar ist, da dann im Berufungsverfahren eine notwendige Verteidigung nicht erforderlich ist.

---

[390] *Schlothauer*, StV 1995, S. 46, 47.

[391] BT-Drucksache 12/6853 S. 41.

[392] K/M-G, § 418 Rn. 15.

Für die Lösung der Frage des Geltungsbereichs des § 420 I - III StPO ist es hilfreich, die Systematik der Berufung im allgemeinen zu untersuchen. Die Berufung ist ein umfassendes Rechtsmittel, das zur Nachprüfung des erstinstanzlichen Urteils in tatsächlicher und rechtlicher Hinsicht führt.[393] Es findet eine neue Hauptverhandlung statt, in der nicht das angefochtene Urteil überprüft, sondern auf der Grundlage des Eröffnungsbeschlusses nach dem Ergebnis der Berufungsverhandlung neu entschieden wird.[394] Dabei entspricht der Gang der Hauptverhandlung grundsätzlich dem der ersten Instanz, vgl. § 332 StPO. Abweichende Regelungen resultieren aus der Anpassung an die Besonderheiten des Rechtsmittels der Berufung. So erfolgt gem. § 324 StPO anstelle der Verlesung des Anklagesatzes ein Vortrag des Berichterstatters über die Ergebnisse des bisherigen Verfahrens, wobei das angefochtene Urteil grundsätzlich soweit verlesen wird, wie es für die Berufung von Bedeutung ist. Desweiteren ist der Unmittelbarkeitsgrundsatz (vgl. § 250 StGB) insofern eingeschränkt, als unter Einhaltung der Voraussetzungen des § 325 StPO Protokolle über die Aussagen der in erster Instanz vernommenen Zeugen verlesen werden dürfen. Schließlich variiert die Reihenfolge der Schlußvorträge in der Weise, daß der Beschwerdeführer das erste Wort hat; das letzte Wort hat immer der Angeklagte, vgl. § 326 StPO. Von diesen Ausnahmen abgesehen finden über § 332 StPO die §§ 226 - 275 StPO Anwendung, also insbesondere auch die nur durch § 325 StPO modifizierbaren Regeln über den Unmittelbarkeitsgrundsatz der §§ 250 ff StPO. Allein schon aufgrund dieser gesetzlichen Systematik scheint eine Anwendbarkeit des § 420 I - III StPO in der Berufungsverhandlung ausgeschlossen.[395] Insbesondere wäre auch das Verhältnis von § 325 StPO zu § 420 I - III StPO problematisch, da beide Regelungen das Unmittelbarkeitsprinzip einschränken, wobei § 325 StPO eine dem Unmittelbarkeitsgrundsatz entsprechende Beweiserhebung in erster Instanz voraussetzt. So kommen auch Loos/Radtke[396] zu dem Schluß, daß es angesichts dieser unterschiedlich gestalteten Einschränkungen des Unmittelbarkeitsprinzips einer ausdrücklichen Regelung bedurft hätte, wenn nach dem Willen des Gesetzgebers beide Regelungen in einer Berufungshauptverhandlung gegen ein im beschleunigten Verfahren ergangenes Urteil anwendbar sein sollen. Aber auch der Sinn des Berufungsverfahrens unter Berücksichtigung des Gebots der Gewährleistung eines rechtsstaatlichen

---

[393] *Roxin,* § 52 A.

[394] RGSt 62, 130, 132; K/M-G, Vor § 312 Rn. 1.

[395] So auch *Schlothauer,* StV 1996, S. 46, 47.

[396] *Loos/Radtke,* NStZ 1996, S. 7, 9.

Strafverfahrens gebietet es, die Risiken, die sich für die Wahrheitsfindung durch die vereinfachte Beweisaufnahme des § 420 StPO im beschleunigten Verfahren vor dem Amtsgericht ergeben, durch eine unter Berücksichtigung des Unmittelbarkeitsprinzips des § 250 StPO durchgeführte Berufungshauptverhandlung wieder auszugleichen. Einer nach den Regeln des Normalverfahrens durchgeführten Berufungshauptverhandlung kann auch nicht entgegengehalten werden, daß eine solche länger dauern und damit dem Zweck des beschleunigten Verfahrens, u.a. der Tat die Strafe auf dem Fuße folgen zu lassen, zuwiderlaufen würde. Die Beschleunigungswirkung einer vereinfachten Beweisaufnahme in der ersten Instanz ist ohnehin bereits aufgezehrt, wenn das Verfahren in die zweite Tatsacheninstanz gelangt und viel Zeit bis zur Berufungshauptverhandlung verstreicht. Schließlich läßt sich auch an der Gesetzgebungsgeschichte aufzeigen, daß für eine Geltung des § 420 I - III StPO in der Berufungsverhandlung eine besondere Verweisungsvorschrift notwendig gewesen wäre.[397] Als Parallele kann eine Vorschrift über die Bestimmung der Beweisaufnahme, um die es hier zwar nicht in § 420 I - III StPO geht, herangezogen werden. § 384 III StPO (an den sich im übrigen § 420 IV StPO anlehnt) regelt im Privatklageverfahren den Umfang der Beweisaufnahme. Ursprünglich galt § 244 II StPO 1877, der bei Übertretungen und eben auch im Privatklageverfahren angewendet wurde und wonach das Gericht den Umfang der Beweisaufnahme bestimmen konnte, nicht nur vor den Schöffengerichten, sondern auch vor den Landgerichten in der Berufungsinstanz. Nach dem 2. Weltkrieg[398] wurde durch das Vereinheitlichungsgesetz[399] in § 244 II - IV StPO das Beweisantragsrecht der Prozeßbeteiligten für alle Gerichte als verbindlich festgelegt. Nur für das Privatklageverfahren wurde durch das Vereinheitlichungsgesetz[400] in § 384 III StPO die Bestimmung des Umfangs der Beweisaufnahme ausdrücklich in das Ermessen des Gerichts gestellt. Daraus ergibt sich insgesamt, daß auch im Rahmen des § 420 I - III StPO mangels einer besonderen Verweisungsvorschrift eine Anwendung dieser Regeln im Berufungsverfahren nicht in Betracht kommt.

---

[397] So v.a. *Schlothauer*, StV 1995, S. 46, 47.

[398] Zwischenzeitlich war es durch § 24 der 1. Vereinfachungsverordnung vom 1.9.1939, RGBl S. 1658, in allen Verfahrensarten den Gerichten gestattet, den Umfang der Beweisaufnahme nach freiem Ermessen zu bestimmen.

[399] Art. 3 Nr. 112 des Gesetzes zur Wiederherstellung der Rechtseinheit auf dem Gebiete der Gerichtsverfassung, der bürgerlichen Rechtspflege, des Strafverfahrens und des Kostenrechts, RGBl. S. 455.

[400] Art. 3 Nr. 166 des Vereinheitlichungsgesetzes.

b) § 418 IV StPO

Da Sinn des § 418 IV StPO ist, dem Angeklagten bei Entscheidungen nach §420 III StPO durch Bestellung eines Verteidigers beizustehen, kann die Frage der Anwendbarkeit dieser Vorschriften im Berufungsverfahren, wie schon oben angesprochen, nur einheitlich beantwortet werden. Insoweit ist entgegen der Auffassung von Meyer-Goßner[401] mit dem Wortlaut des § 418 IV StPO, der sich auf das beschleunigte Verfahren vor dem Amtsgericht bezieht, davon auszugehen, daß § 418 IV StPO im Berufungsverfahren keine Geltung hat.

4. Berufungsgründe

a) Fehlerhafte Beurteilung der Eignungsfrage

Grundsätzlich wird vom Berufungsgericht nicht geprüft, ob der Richter die Frage der Eignung der Sache für das beschleunigte Verfahren richtig beurteilt hat.[402] Zunächst einmal trifft das Amtsgericht mit der Entsprechung des Antrags der Staatsanwaltschaft auf Durchführung des beschleunigten Verfahrens nur eine Vorentscheidung, die mit dem Erlaß eines Eröffnungsbeschlusses oder der Anordnung der Wiederaufnahme des Verfahrens vergleichbar ist. Auch ein hier unterlaufener Rechtsfehler - z.B. das Ergehen eines Eröffnungsbeschlusses bei unzutreffender Beurteilung des hinreichenden Tatverdachts - beeinflußt nicht das nachfolgende Verfahren.[403] Führt allerdings die Ungeeignetheit der Sache für das beschleunigte Verfahren zu prozessualen Verstößen in der Hauptverhandlung, wie z.B. zur Verletzung der richterlichen Aufklärungspflicht oder zu unzulässigen Verteidigungsbeschränkungen, so wird dies vom Berufungsgericht auf entsprechende Verfahrensrüge hin berücksichtigt.

b) Fehlender Antrag der Staatsanwaltschaft

Der Antrag der Staatsanwaltschaft auf Entscheidung im beschleunigten Verfahren gem. § 417 StPO stellt nach allgemeiner Ansicht eine besondere

---

[401] K/M-G, § 418 Rn. 15.

[402] LR-*Rieß*, § 212b Rn. 20; *Gössel*, § 14 B I; K/M-G, § 419 Rn. 12.

[403] Vgl. OLG Hamburg NJW 1966, S. 1278, 1280.

Prozeßvoraussetzung dar.[404] Demzufolge ist sein Vorliegen in jedem Stadium des Verfahrens - also auch in der Berufungsinstanz von Amts wegen zu prüfen, ohne daß es einer entsprechenden Rüge bedarf. Fehlt der Antrag, so ist das Verfahren unter Aufhebung des Urteils einzustellen; nachgeholt werden kann der Antrag nicht.[405]

c) Überschreitung der Rechtsfolgenkompetenz

Gem. § 419 I 2 StPO darf im beschleunigten Verfahren nicht auf eine höhere Freiheitsstrafe als Freiheitsstrafe von einem Jahr erkannt werden. Hat der Richter auf eine höhere Freiheitsstrafe erkannt, stellt sich die Frage, wie dies im Verfahren vor dem Berufungsgericht zu beurteilen ist. Dies war schon nach alter Rechtslage streitig,[406] die Problematik bedarf aber wegen der Neuregelung des beschleunigten Verfahrens, insbesondere in § 419 III StPO, einer erneuten Bewertung. Relevant für die Beantwortung dieser Frage sind zwei Aspekte, nämlich zum einen die Funktion der Strafrahmenbegrenzung (besondere Prozeßvoraussetzung des beschleunigten Verfahrens oder lediglich Rechtsfolgengrenze für eine bestimmte Verfahrensart) und zum anderen die Frage, ob das beschleunigte Verfahren mit Erlaß des erstinstanzlichen Urteils seinen Abschluß gefunden hat.

Bezüglich der letzteren Frage - der Dauer des beschleunigten Verfahrens - ist festzustellen, daß die Berufungsinstanz nicht daran gehindert wäre, die Berufungsverhandlung durchzuführen und gegebenenfalls sogar auf eine höhere Strafe als Freiheitsstrafe von einem Jahr zu erkennen, wenn man der Auffassung ist, das beschleunigte Verfahren gebe es nur in der ersten Instanz vor dem Amtsgericht, während es in der Berufungsinstanz im Normalverfahren seinen Fortgang finde.[407] Zwar wurde oben festgestellt, daß die Regelungen der §§ 420 und 418 IV StPO vor dem Landgericht in der Berufungsinstanz nicht gelten, damit jedoch ist noch keine Aussage darüber gemacht, ob auch das beschleunigte Verfahren generell mit Erlaß des erstinstanzlichen Urteils endet. Gegen

---

[404] Vgl. nur *Zimmermann*, S. 83.

[405] Vgl. RGSt 67, 59, 60. Einen Strafklageverbrauch hat diese Einstellung nicht zur Folge.

[406] Vgl. OLG Hamm JR 1978, S. 120 mit Anm. *Meyer-Goßner*; OLG Hamm JMBlNRW 1979, S. 59; OLG Oldenburg JR 1983, S. 302 mit Anm. *Wagner*; OLG Celle JR 1984, S. 74 mit Anm. *Meyer-Goßner*; BGHSt 35, 251 = JR 1979, S. 119 mit Anm. *Terhorst*; *Treier*, NStZ 1983, S. 234.

[407] So *Loos/Radtke*, NStZ 1996, S. 7, 8 Fn. 79.

eine solche Annahme spricht vor allem, daß es für das Regelverfahren in der Rechtsmittelinstanz an einer schriftlichen Anklage und an einem Eröffnungsbeschluß fehlt, hierauf wird im beschleunigten Verfahren vor dem Amtsgericht zum Zwecke der Verfahrensbeschleunigung ja gerade verzichtet. Dem kann auch nicht entgegnet werden,[408] eine solche Sichtweise sei formal und verkenne, daß die materiell erforderlichen Elemente vorhanden seien, da einerseits der Antrag auf Entscheidung im beschleunigten Verfahren inhaltlich einer Anklageschrift entspreche und andererseits mit der Entscheidung auf Durchführung des beschleunigten Verfahrens eine dem Eröffnungsbeschluß entsprechende Entscheidung ergehe. Denn wie sich aus der neu eingeführten Möglichkeit, vom beschleunigten Verfahren in das Regelverfahren überzugehen (§ 419 III StPO), ergibt, ist hierfür noch ein besonderer Eröffnungsbeschluß erforderlich. Im übrigen spricht noch ein weiterer Aspekt gegen die Annahme, daß das beschleunigte Verfahren mit Erlaß des erstinstanzlichen Urteils endet. Zu berücksichtigen ist nämlich, daß gerade in einem Fall, in dem auf eine höhere Strafe als Freiheitsstrafe von einem Jahr erkannt worden ist und deswegen eigentlich das beschleunigte Verfahren nicht hätte durchgeführt werden dürfen, dem Angeklagten die erste Instanz im Normalverfahren genommen würde, wenn die Sache erst in der Berufungsinstanz im Regelverfahren abliefe. Dies aber ist gerade wegen der gravierenden Verkürzungen in der Hauptverhandlung nach § 420 StPO ein nicht zu unterschätzender Aspekt. Zwar kann hiergegen eingewendet werden, daß eine Tatsacheninstanz im Normalverfahren durchaus ausreichend ist, wenn man bedenkt, daß in Fällen schwerer Kriminalität ohnehin nur eine Tatsacheninstanz existiert. Dabei bliebe allerdings unberücksichtigt, daß zunächst überhaupt eine Berufung durch den Angeklagten eingelegt werden und diese auch noch erst angenommen werden muß, wobei die hierfür bestehenden Barrieren nicht als gering eingestuft werden dürfen.[409] Schließlich aber weicht die Berufungshauptverhandlung von den Regeln des erstinstanzlichen Normalverfahrens ab, vgl. §§ 324, 325 StPO (insbesondere Einschränkungen des Unmittelbarkeitsprinzips). Daher wird dem Angeklagten in diesem Fall eine Tatsacheninstanz genommen, die den Regeln des erstinstanzlichen Normalverfahrens folgt, auf die er Anspruch gehabt hätte, wenn das Gericht frühzeitig die Ungeeignetheit der Sache für das beschleunigte Verfahren erkannt hätte. Ein Übergang des beschleunigten Verfahrens in das Regelverfahren findet in der Berufungsinstanz daher nicht statt. Es handelt sich auch im Berufungsverfahren

---

[408] So aber *Loos/Radtke*, NStZ 1996, S. 7, 9 Fn. 90.

[409] Siehe 5. Kapitel H I. 2.

noch um ein beschleunigtes Verfahren, weswegen die Rechtsfolgenbeschränkung des § 419 I 2 StPO auch noch vor dem Landgericht als Berufungsinstanz fortgilt.

Wie aber nun das Berufungsgericht zu verfahren hat, hängt davon ab, ob man die Begrenzung des Strafrahmens als besondere Prozeßvoraussetzung des beschleunigten Verfahrens einstuft oder nicht. Teilweise wird die Auffassung vertreten,[410] es handele sich bei § 419 I 2 StPO lediglich um die Rechtsfolgengrenze für eine bestimmte Verfahrensart. Danach könne das Berufungsgericht, wenn es der Auffassung sei, eine innerhalb der Strafrahmenbegrenzung zu verhängende Strafe sei tat- und schuldangemessen, das angefochtene Urteil aufheben und unter Beachtung des § 419 I 2 StPO die Strafe selbst festsetzen. Halte es demgegenüber eine höhere Strafe als Freiheitsstrafe von einem Jahr für erforderlich, so müsse das Berufungsgericht die Verhandlung im beschleunigten Verfahren analog § 419 II 1 StPO mangels Eignung ablehnen. Eine solche Verfahrensweise ist aber nur dann möglich, wenn es sich bei der Strafrahmenbegrenzung nicht um eine besondere Verfahrensvoraussetzung handelt, denn ansonsten verbietet sich der Erlaß einer Sachentscheidung durch das Berufungsgericht. Zum Begriff der Verfahrensvoraussetzung gehört, daß es sich um einen Umstand handelt, der nach dem ausdrücklich erklärten oder aus dem Zusammenhang ersichtlichen Willen des Gesetzes für das Strafverfahren so schwer wiegt, daß von seinem Vorhandensein oder Nichtvorhandensein die Zulässigkeit des Verfahrens im ganzen abhängig gemacht werden muß, und zwar nicht nur im Interesse des Angeklagten, sondern im öffentlichen Interesse, daß sie also eine Zulässigkeitsbedingung für das Verfahren in seiner Gesamtheit darstellt.[411] Um eine solche Prozeßvoraussetzung handelt es sich z.B. bei der sachlichen Zuständigkeit eines Gerichts. Bei der Strafrahmenbeschränkung des § 419 I 2 StPO handelt es sich aber nicht um eine Frage der sachlichen Zuständigkeit, da sich hiernach nicht die Verteilung unter den erstinstanzlichen, unterschiedlich besetzten Gerichten verschiedener Ordnung entscheidet.[412] Allerdings beschränkt § 419 I 2 StPO die Strafgewalt für die besondere Verfahrensart des beschleunigten Verfahrens, ein Verfahren, das nach anderen Regeln abläuft als das Normalverfahren (v.a. Wegfall des Zwischenverfahrens, vereinfachte Beweisaufnahme in der Hauptverhandlung etc.). Eine außerhalb der

---

410 *Treier*, NStZ 1983, S. 234; KK-*Treier*, § 212b Rn. 6; KMR-*Fezer*, § 419 Rn. 14.

411 LR-*Schäfer*, Einl. Kap. 11 Rn. 7.

412 Allgemeine Meinung, vgl. nur OLG Oldenburg JR 1983, S. 302; BGHSt 35, 251, 255.

Strafrahmenbegrenzung des § 419 I 2 StPO liegende Strafe darf im beschleunigten Verfahren nicht verhängt werden, sondern nur in einem Verfahren, in dem ein Eröffnungsbeschluß ergangen und das nach den Regeln des Normalverfahrens abgelaufen ist. Infolgedessen stellt die Einhaltung des Strafrahmens des § 419 I 2 StPO eine besondere Voraussetzung für die Durchführung des beschleunigten Verfahrens dar.[413] Hat das erstinstanzliche Gericht diesen Strafrahmen überschritten, so ist damit ein Verfahrenshindernis für eine weitere Durchführung des beschleunigten Verfahrens in der Berufungsinstanz entstanden, das nicht mehr behebbar ist.

Fraglich ist die Konsequenz, die sich daraus für das Berufungsgericht ergibt. § 328 II StPO enthält eine Spezialregelung für den Fall, daß das Gericht des ersten Rechtszuges zu Unrecht seine Zuständigkeit angenommen hat; in einem solchen Fall hat das Berufungsgericht die Sache unter Aufhebung des Urteils an das zuständige Gericht zu verweisen. Hierunter fallen jedoch lediglich die sachliche und örtliche Zuständigkeit des erstinstanzlichen Gerichtes. Ein solcher Fall liegt aber gerade bei der Überschreitung der Strafrahmenbeschränkung des § 419 I 2 StPO nicht vor. Bei Fehlen sonstiger Verfahrensvoraussetzungen ist das Verfahren durch Einstellung zu beenden, vgl. §§ 206a, 260 III StPO. Eine solche Verfahrenseinstellung wurde zum Teil bis zum Erlaß des Verbrechensbekämpfungsgesetzes befürwortet. Diese Einstellung sollte keinen Strafklageverbrauch zur Folge haben, so daß für die Staatsanwaltschaft die Möglichkeit einer erneuten Anklage - jetzt im Regelverfahren - möglich sein sollte. Durch die Einführung des § 419 III StPO ergibt sich nun die Möglichkeit, auch prozeßökonomisch in einfacherer Weise zu verfahren.[414] Denn die Regelung des § 418 III StPO ermöglicht dem Amtsgericht einen erleichterten Übergang vom beschleunigten Verfahren in das Regelverfahren. Bei Ungeeignetheit einer Sache für das beschleunigte Verfahren - worunter auch die Notwendigkeit der Verhängung einer höheren Strafe als Freiheitsstrafe von einem Jahr fällt - aber bei Vorliegen eines hinreichenden Tatverdachtes bedarf es keiner Rückgabe der Akten an die Staatsanwaltschaft mehr, sondern das Amtsgericht kann unmittelbar die Eröffnung der Sache im Regelverfahren beschließen. Um diesen Weg zu erschließen, muß das Berufungsgericht die Sache unter Aufhebung des Urteils an das Amtsgericht zurückverweisen. Das Amtsgericht hat dann die Möglich-

---

[413] So auch *Meyer-Goßner*, JR 1978, S. 121, 122; ders., JR 1984, S. 75, 77; K/M-G, § 419 Rn. 13; LR-*Rieß*, § 212b Rn. 22; SK-*Paeffgen*, § 419 Rn.. 15; vgl. auch OLG Hamm JR 1978, S. 120; OLG Celle NStZ 1983, S. 233.

[414] Vgl. K/M-G, § 420 Rn. 14.

keit, die Sache durch Beschluß nach § 419 III StPO im Regelverfahren zu eröffnen. Es darf auch weiter im beschleunigten Verfahren verhandeln und auf eine innerhalb der Strafrahmenbeschränkung liegende Strafe erkennen.

II. Revision

1. Zuständigkeit des Revisionsgerichts

Gem. § 335 StPO kann ein Urteil, gegen das die Berufung zulässig ist, statt mit Berufung mit Revision angefochten werden. Funktionell zuständig für diese Sprungrevision gegen das erstinstanzliche Urteil des Amtsgerichts ist gem. §§ 335 II StPO, 74 III, 121 I Nr. 1 b GVG das mit drei Berufsrichtern besetze Oberlandesgericht, in Bayern das Bayerische Oberste Landesgericht.[415]

Zuständig für die Revision gegen das Berufungsurteil des Landgerichts ist das mit drei Berufsrichtern[416] besetzte Oberlandesgericht, § 121 I Nr. 1 b GVG, bzw. in Bayern das Bayerische Oberste Landesgericht.

2. Besonderheiten im beschleunigten Verfahren

a) Überschreitung der Rechtsfolgenkompetenz

Wie oben festgestellt wurde, begründet die Rechtsfolgenkompetenz des § 419 I 2 StPO eine besondere Verfahrensvoraussetzung für das beschleunigte Verfahren. Daher bedarf es bei Nichteinhaltung des § 419 I 2 StPO nicht der Erhebung der Verfahrensrüge,[417] vielmehr wird der Verstoß schon von Amts wegen überprüft. Fraglich ist lediglich die Konsequenz einer Überschreitung der Rechtsfolgenkompetenz. Nach den zur Berufung entwickelten Grundsätzen (s.o.) kommt auch in der Revision keine Einstellung in Betracht. Das Verfahren ist vielmehr an das Amtsgericht zurückzuverweisen, vgl. § 354 II StPO.

---

415 Das Bayerische Oberlandesgericht ist gem. Art. 11 II Nr. 2 AGGVG für alle Revisionen, die nach Bundesrecht den Oberlandesgerichten zugewiesen sind, zuständig.

416 Vgl. §§ 116 I, 122 I StPO.

417 So aber KMR-*Fezer*, § 419 Rn. 16; AK-*Loos*, § 419 Rn. 19; KK-*Treier*, § 212b Rn. 6.

b) Verletzung der richterlichen Aufklärungspflicht

Wie festgestellt wurde, ist bei der Beweisaufnahme im beschleunigten Verfahren die richterliche Aufklärungspflicht von besonderer Bedeutung, und zwar insbesondere bei der Beweisaufnahme nach § 420 I – III StPO und § 420 IV StPO (zu Einzelheiten siehe 5. Kapitel G. II. und III.). Bei ordnungsgemäß erhobener Aufklärungsrüge begründet die Verletzung der richterlichen Aufklärungspflicht die Revision.[418]

[418] Vgl. hierzu SK-*Paeffgen*, § 420 Rn. 32.

6. Kapitel

Zusammenfassung der Ergebnisse

Die Untersuchung der Vorschriften über das beschleunigte Verfahren hat im wesentlichen zu folgenden Ergebnissen geführt:

Beschleunigte Verfahren können sowohl vor dem Strafrichter als auch vor dem Schöffengericht stattfinden. Dabei ist der Strafrichter allein zur Behandlung von Vergehen zuständig, das Schöffengericht angesichts der Strafrahmenbegrenzung des § 419 I 2 StPO für Verbrechen, und auch nur dann, wenn die Verhängung der Mindeststrafe genügt oder wegen eines eingreifenden Strafmilderungsgrundes nur eine Freiheitsstrafe bis zu einem Jahr zu erwarten ist.

Voraussetzung für die Durchführung beschleunigter Verfahren ist gem. § 417 StPO die Eignung der Sache zur sofortigen Verhandlung aufgrund eines einfachen Sachverhalts oder einer klaren Beweislage. Gegenüber dem Strafbefehlsverfahren ist das beschleunigte Verfahren nicht nur dann vorrangig, wenn die Aufklärung der für die Rechtsfolgen wesentlichen Umstände sowie Gründe der Spezial- und Generalprävention die Durchführung einer Hauptverhandlung geboten erscheinen lassen, sondern auch, wenn ohne eine unmittelbar durchgeführte Hauptverhandlung die Realisierung des staatlichen Strafanspruchs wesentlich erschwert wäre, so vor allem bei Tatverdächtigen, die in Deutschland keinen festen Wohnsitz haben. Grundsätzlich geeignet ist das beschleunigte Verfahren für Delikte aus dem Bereich der Massenkriminalität oberhalb der Bagatellgrenze. Hierzu gehören vor allem leichtere Diebstahls-, Vermögens- oder Verkehrsdelikte. Desweiteren kann das beschleunigte Verfahren bei spontanen Körperverletzungen z.B. durch Randalierer im Rahmen von Sportveranstaltungen, bei Delikten im Zusammenhang mit illegalem Zigarettenhandel (§ 370 AO und § 374 AO), bei Delikten gegen das Betäubungsmittelgesetz (§ 29 BtMG) und bei Verstößen gegen das Ausländergesetz und damit zusammenhängenden Urkundsstraftaten geeignet sein. Ein einfacher Sachverhalt ist aber nur in sowohl rechtlich als auch tatsächlich einfach gelagerten Fällen gegeben, bei denen die Ermittlung des Sachverhalts weitgehend schematisch erfolgen kann und die Erforschung der Täterpersönlichkeit und der Motivation zur Tat einfach sind. Bei politisch motivierten Gewalt- und Demonstrationsdelikten hingegen kann generell kein einfacher Sachverhalt vorliegen. Eine Eignung aufgrund klarer Beweislage kommt nur in Ausnahmefällen in Betracht, wenn trotz eines nicht einfachen Sachverhalts eine eindeutige Beweislage gegeben ist. Dies ist nur dann denkbar, wenn der Beschuldigte ein glaubhaftes Geständnis abgelegt hat und nicht zu erwarten ist, daß das Geständnis in der Hauptverhandlung widerrufen wird. Für die Möglichkeit sofortiger Verhandlung ist erforderlich, daß Beweismittel kurzfristig zur Verfügung stehen, und zwar auch dann, wenn eine erleichterte Beweisaufnahme insbesondere nach § 420 I – III StPO beabsichtigt ist. Die Prüfung der Frage, ob eine sofortige Verhandlung möglich ist, erfolgt im wesentlichen nur im Prozeßeinleitungsstadium, eine Ablehnung der Entscheidung im beschleunigten Verfahren in der Hauptverhandlung aus diesem Grund kommt nur in Ausnahmefällen in Betracht; eine Unterbrechung oder Aussetzung des Verfahrens führt nur dann zur Unmöglichkeit sofortiger Verhandlung, wenn das Hindernis, das eine Unterbrechung oder eine Aussetzung erforderlich macht, seinen Grund in der Eigenart des beschleunigten Verfahrens selbst hat, z.B. wenn die Ermittlungen nicht für eine Verurteilung ausreichen. Auf die Eignung mittelbar wirkt sich schließlich die Strafrahmenbegrenzung des § 419 I 2 StPO aus. Das beschleunigte Verfahren kommt nur dann in Betracht, wenn eine höhere Strafe als Freiheitsstrafe von einem Jahr nicht zu erwarten ist. Die Strafrahmenbegrenzung gilt bei Bildung einer Gesamtstrafe nur, wenn der Beschuldigte schon im beschleunigten Verfahren mehrerer Taten angeklagt ist; wird ein beschleunigtes Verfahren mit einem im Wege der zugelassenen Anklage anhängigen Verfahren verbunden oder soll eine nachträgliche Gesamtstrafe gem. § 55 StGB gebildet werden, so gilt § 419 I 2 StPO nicht.

Zur Sicherung der Durchführung beschleunigter Verfahren wurde § 127b StPO neu in die Strafprozeßordnung eingefügt. § 127b I StPO bildet einen eigenständigen Fall der vorläufigen Festnahme, der nicht in die bisherige Systematik der vorläufigen Festnahme nach § 127 StPO paßt. Berechtigt zur vorläufigen Festnahme sind die Staatsanwaltschaft und die Beamten des Polizeidienstes, wenn der Tatverdächtige auf frischer Tat betroffen ist oder verfolgt wird. Darüberhinaus müssen kumulativ die Haftgründe des § 127b I Nr. 1 und Nr. 2 StPO vorliegen. Nicht einfach ist dabei für die festnehmende Person im Zeitpunkt der Festnahme die Feststellung, ob eine unverzügliche Entscheidung im beschleunigten Verfahren zu erwarten ist (§ 127b I Nr. 1 StPO), da diese nicht nur die Voraussetzungen der Eignung für das beschleunigten Verfahren erfaßt, sondern auch die Einschätzung erfordert, daß nach der Geschäftslage des Amtsgerichts das beschleunigte Verfahren innerhalb einer Woche durchgeführt werden kann. Die Voraussetzung des § 127b I Nr. 2 StPO ist dann gegeben, wenn aufgrund bestimmter Tatsachen in nicht geringem Maße zu erwarten ist, daß der Tatverdächtige rein passiv nicht zur Hauptverhandlung erscheinen wird, wofür nur die Fälle in Betracht kommen, in denen entweder der Beschuldigte schon in früheren Fällen Ladungen nicht gefolgt ist oder es sich bei dem Tatverdächtigen um eine Person handelt, die in Deutschland keinen festen Wohnsitz hat. Ebenso wie der Haftgrund des § 127b I Nr. 1 StPO ist auch der des § 127b I Nr. 2 StPO im Zeitpunkt der Festnahme schwer feststellbar.

Voraussetzung für den Erlaß eines Hauptverhandlungshaftbefehls gem. § 127b II StPO ist zunächst das Vorliegen dringenden Tatverdachts und das Vorhandensein eines Haftgrundes, der aus den zwei Festnahmegründen des § 127b I besteht. Zu diesem Zeitpunkt kann jedoch das Vorliegen der Festnahmegründe des § 127b I Nr. 1 und Nr. 2 StPO in der Regel sicher beurteilt werden. Ein Haftbefehl gem. § 127b II StPO darf jedoch nur unter Beachtung des Verhältnismäßigkeitsgrundsatzes erlassen werden. Daher darf gegen solche Tatverdächtige, die schon in früheren Verfahren Ladungen nicht gefolgt sind, grundsätzlich keine Hauptverhandlungshaft gem. § 127b II StPO verhängt werden, da in diesen Fällen die Anwesenheit des Beschuldigten in der Hauptverhandlung auch im Wege der Vorführung als milderes Mittel im Vergleich zur Haft gewährleistet werden kann. Bei Tatverdächtigen, die in Deutschland keinen festen Wohnsitz haben, ist die Hauptverhandlungshaft hingegen grundsätzlich ein erforderliches Zwangsmittel; ob sie im konkreten Fall angeordnet werden darf, hängt von einer Abwägung der Umstände des Einzelfalles ab. Trotz der im beschleunigten Verfahren zu erwartenden geringen Strafen ist eine Hauptverhandlungshaft nicht von vornherein unverhältnismäßig, da der Haftbefehl auf höchstens eine Woche ab dem Tag der Festnahme zu befristen ist und das Mindeststrafmaß der geringsten zu erwartenden Strafe, der Geldstrafe, fünf Tagessätze beträgt, was einer Ersatzfreiheitsstrafe von fünf Tagen entspricht. Da insgesamt nur wohnsitzlose Personen für die Hauptverhandlungshaft in Betracht kommen, verstößt § 127b II StPO auch nicht gegen den Gleichheitsgrundsatz, da bei diesem Personenkreis auch nach dem bisherigen Haftrecht ein Haftbefehl wegen Fluchtgefahr in Betracht kam. Der entscheidende Unterschied des § 127b II StPO zur Untersuchungshaft wegen Fluchtgefahr gem. § 112 I, II Nr. 2 StPO liegt damit in dem in der Praxis leichteren Nachweis des Haftgrundes des § 127b II StPO.

Das eigentliche beschleunigte Verfahren wird erst nach Abschluß des Ermittlungsverfahrens eingeleitet. Liegen die Voraussetzungen für das beschleunigte Verfahren vor, so ist die Staatsanwaltschaft verpflichtet, den Antrag nach § 417 StPO zu stellen. Der Antrag kann in der Hauptverhandlung bis zur Vernehmung des Beschuldigten zur Sache noch zurückgenommen werden; von diesem Zeitpunkt an ist die Sache bei Gericht rechtshängig. Die Anklageerhebung ist eine von der Antragstellung isoliert zu betrachtende Prozeßhandlung, die schriftlich oder mündlich erfolgen kann. Das Gericht kann die Entscheidung im beschleunigten Verfahren vom Zeitpunkt der Antragstellung bis hin zur Verkündung des erstinstanzlichen Urteils ablehnen. Dabei erfaßt die Ablehnungsbefugnis mangels Eignung für das beschleunigte Verfahren nicht nur die Umstände, die die fehlende Eignung der Sache iSv § 417 StPO ausmachen, sondern auch die Frage, ob die sachliche und örtliche Zuständigkeit des Amtsgerichts gegeben ist und ob die sonstigen allgemeinen Prozeßvoraussetzungen vorliegen. Bei sachlicher Unzuständigkeit innerhalb des Amtsgerichts (Strafrichter/Schöffengericht) sind hingegen grundsätzlich die §§ 209, 408 I StPO analog heranzuziehen. Schließlich ist das Gericht vor Beginn der Hauptverhandlung im beschleunigten Verfahren zur Prüfung des hinreichenden Tatverdachts verpflichtet; bei Nichtvorliegen wird die Entscheidung im beschleunigten Verfahren ebenfalls mangels Eignung abgelehnt.

Hat das Gericht die Entscheidung im beschleunigten Verfahren abgelehnt, so muß das Gericht gem. § 419 III StPO bei Vorliegen hinreichenden Tatverdachts die Eröffnung im Regelverfahren im Rahmen eines vereinfachten Zwischenverfahrens beschließen. Zusätzliche Beweiserhebungen zur Feststellung des hinreichenden Tatverdachts sind hier jedoch nicht möglich, der hinreichende Tatverdacht muß nach dem bisherigen Verfahrensstand bejaht werden können. Liegt kein hinreichender Tatverdacht vor und ergeht kein Eröffnungsbeschluß gem. § 419 III StPO, so verbleibt es bei der Ablehnung der Entscheidung im beschleunigten Verfahren; die Akten werden an die Staatsanwaltschaft zurückgegeben, die Rechtshängigkeit der Sache bei Gericht entfällt.

Im beschleunigten Verfahren sind drei Fälle notwendiger Verteidigung möglich. Ist eine Freiheitsstrafe von mindestens sechs Monaten zu erwarten, so ist die Verteidigung gem. § 418 IV StPO notwendig. Da im beschleunigten Verfahren vor dem Schöffengericht nur Verbrechen behandelt werden können, liegt hier immer ein Fall der notwendigen Verteidigung gem. § 140 I Nr. 2 StPO vor. Schließlich sollte man im beschleunigten Verfahren im Hinblick auf das Gebot fairer Verhandlungsführung als Ausfluß des Rechtsstaatsprinzips der deutschen Sprache nicht mächtigen Beschuldigten einen Verteidiger notwendig gem. § 140 II 3. Alt. StPO beiordnen. Vor der Verteidigerbestellung ist dem Beschuldigten ein Mitspracherecht bei der Auswahl des Verteidigers einzuräumen, das im Falle des § 418 IV StPO zwar nicht aus den allgemeinen Vorschriften der §§ 141 ff StPO, aber unmittelbar aus dem Gebot eines fairen Strafverfahrens abzuleiten ist.

Die Hauptverhandlung findet entweder sofort oder in kurzer Frist statt. Insbesondere bei der sofort durchgeführten Hauptverhandlung, aber auch bei der in kurzer Frist durchgeführten Hauptverhandlung ist darauf zu achten, daß die Verteidigungsmöglichkeiten des Beschuldigten nicht eingeschränkt werden.

Die Hauptverhandlung als solche kann verkürzt gem. § 420 StPO durchgeführt werden:

Gem. § 420 I und II StPO kann der Grundsatz der Unmittelbarkeit der Beweisaufnahme eingeschränkt werden, wobei diese Verfahrensgestaltung von der Zustimmung der Verfahrensbeteiligten abhängt. Gem. § 420 I StPO können im Unterschied zum Normalverfahren (vgl. §§ 251 II 1, 251 I Nr. 4 StPO) auch nichtrichterliche Vernehmungsprotokolle von Zeugen, Sachverständigen oder Mitbeschuldigten und Urkunden, die eine von ihnen stammende Erklärung enthalten, auch dann verlesen werden, wenn der zustimmende Angeklagte keinen Verteidiger hat. Im Falle von Zeugnisverweigerungsrechten gilt § 252 StPO auch im beschleunigten Verfahren uneingeschränkt. § 252 StPO stellt für den Fall, daß ein vor der Hauptverhandlung vernommener Zeuge erst in der Hauptverhandlung von seinem Recht, das Zeugnis zu verweigern, Gebrauch macht, ein umfassendes Beweisverbot dar; auch richterliche Vernehmungsprotokolle dürfen weder verlesen werden, noch darf die frühere Aussage vor dem Richter durch Vernehmung des Richters als Zeuge in die Urteilsfindung einbezogen werden. Über die vereinfachte Beweisaufnahme nach § 420 I StPO entscheidet bei Einverständnis der Verfahrensbeteiligten der Richter nach freiem Ermessen. Wegen der Gefahren für die Wahrheitsfindung und die Verteidigungsinteressen des Beschuldigten sind hier die Amtsaufklärungspficht und die gerichtliche Fürsorgepflicht von besonderer Bedeutung. Das Gericht muß von einer Verlesung gem. § 420 I StPO insbesondere dann absehen, wenn damit zu rechnen ist, daß der Inhalt der Niederschrift nicht genügt, um die Vernehmung in der Hauptverhandlung zu ersetzen. Auch muß es den Beschuldigten, insbesondere wenn dieser keinen Verteidiger hat, über die Konsequenzen seiner Zustimmung umfassend aufklären.

Gem. § 420 II StPO können über § 256 StPO hinaus sämtliche Erklärungen öffentlicher Behörden, die sich auf dienstliche Vorgänge beziehen, in Durchbrechung des Unmittelbarkeitsgrundsatzes verlesen werden; hierzu gehören im Unterschied zu § 256 StPO auch Aktenvermerke der Polizei und Staatsanwaltschaft, die zunächst nur für verfahrensinterne Zwecke bestimmt waren. Diese ebenfalls von der Zustimmung der Verfahrensbeteiligten abhängige Verlesungsmöglichkeit entspricht der Prozeßwirtschaftlichkeit und beinhaltet im Regelfall keine Gefahr für die Wahrheitsfindung und die Verteidigungsrechte des Angeklagten.

Bei einer Beweisaufnahme nach § 420 I und II StPO sollte von der Möglichkeit des Selbstleseverfahrens gem. § 249 II StPO kein Gebrauch gemacht werden.

Im Verfahren vor dem Strafrichter ist dieser bei der Bestimmung des Umfangs der Beweisaufnahme gem. § 420 IV StPO nur noch an die richterliche Aufklärungspflicht gebunden. Da das Beweisantragsrecht und die Amtsaufklärungspflicht nicht deckungsgleich sind, hat dies zur Folge, daß der Strafrichter Beweisanträge auch dann ablehnen kann, wenn keiner der Ablehnungsgründe der §§ 244, 245 StPO vorliegt. Vielmehr sind im Rahmen der richterlichen Aufklärungspflicht Beweisantizipationen möglich, deren Reichweite aus der Wahrheitserforschungspflicht selbst abgeleitet werden müssen. Danach darf das Gericht einen Beweisantrag dann ablehnen, wenn der Sachverhalt aufgrund verläßlicher Beweismittel bereits so eindeutig geklärt ist, daß für das Gericht kein vernünftiger Zweifel daran bestehen kann, daß die weitere Beweiserhebung keine Aussicht auf Erfolg hat; hierbei ist zu berücksichtigen, daß der bereits erhobene Beweis keinen Vorrang vor dem noch zu erhebenden Beweis hat. Desweiteren ist bei der Ablehnung von Beweisanträgen zum Schutze der Verteidigungsrechte des Angeklagten erforderlich, daß der ablehnende Beschluß konkrete, auf den Fall bezogene Formulierungen enthält, die erkennen lassen, aus welchen Gründen der Sachverhalt eindeutig geklärt ist; dabei sollten die Begründungen sowohl die tatsächlichen als auch die rechtlichen Erwägungen erkennen lassen, weswegen der Beweisantrag abgelehnt wird.

Schließlich ist festzustellen, daß § 257a StPO (Möglichkeit der Anordnung schriftlicher Antragstellung) im beschleunigten Verfahren kaum zur Anwendung kommen kann, da eine Anordnung nach § 257a StPO – restriktiv verstanden – nur dann in Betracht kommt, wenn der Verfahrensverlauf aufgrund einer Vielzahl von Beweisanträgen wesentlich verzögert werden würde.

Im Berufungsverfahren gegen ein im beschleunigten Verfahren ergangenes erstinstanzliches Urteil finden die verfahrensvereinfachenden Vorschriften des § 420 StPO und auch § 418 IV StPO keine Anwendung.

Hat das erstinstanzliche Gericht entgegen § 419 I 2 StPO auf eine höhere Freiheitsstrafe als Freiheitsstrafe von einem Jahr erkannt, so ist zunächst festzustellen, daß die Strafrahmenbegrenzung auch noch in der Berufungsinstanz fortgilt. Die Einhaltung des Strafrahmens des § 419 I 2 StPO stellt eine besondere Voraussetzung für die Durchführung beschleunigter Verfahren dar. Durch die Überschreitung des Strafrahmens ist ein Verfahrenshindernis für eine Fortführung des Verfahrens in der Berufungsinstanz entstanden. Das Berufungsgericht muß die Sache unter Aufhebung des Urteils an das Amtsgericht zurückverweisen; das Amtsgericht kann nun gem. § 419 III StPO die Sache im Regelverfahren eröffnen oder im beschleunigten Verfahren auf eine innerhalb der Strafrahmenbeschränkung liegende Strafe erkennen.

7. Kapitel

Schlußbemerkung

Die Arbeit hat gezeigt, daß die §§ 417 ff StPO Verfahrenserleichterungen enthalten, die bei einer streng am Gesetzeswortlaut orientierten Auslegung durchaus Gefahren für einen rechtsstaatlichen Strafprozeß darstellen können. Es wurde deutlich gemacht, daß die Gefahren bei großzügiger Anwendung der neuen Vorschriften, vor allem dann, wenn von Beschleunigungsmöglichkeiten kumulativ Gebrauch gemacht wird, größer sein können, als es der mit der Gesetzesneuerung primär verfolgte Zweck einer Entlastung der Strafgerichte zu rechtfertigen vermag.

Bedenklich sind dabei insbesondere im Rahmen der Beweisaufnahme die Abweichungen von den wohlüberlegten Grundsätzen des Regelverfahrens, namentlich die Ausnahmen vom Unmittelbarkeitsprinzip gem. § 420 I – III StPO und im Verfahren vor dem Strafrichter zusätzlich die Einschränkung des Beweisantragsrechts gem. § 420 IV StPO. Diesen Gefahren kann jedoch mit einer restriktiven Auslegung und mit einer gewissenhaften Anwendung der neuen Vorschriften durch Staatsanwaltschaften und Gerichte begegnet werden. Entscheidend für ein rechtsstaatliches Verfahren ist, daß wirklich nur solche Sachen im beschleunigten Verfahren verhandelt werden, die unter Berücksichtigung der möglichen Abkürzungsmöglichkeiten in dem Sinne geeignet sind, daß der Pflicht die Wahrheit zu erforschen, Genüge getan werden kann und daß dabei die Verteidigungsmöglichkeiten nicht rechtsstaatswidrig eingeschränkt werden. Liegen solchermaßen klare Fälle vor, so werden die Verteidigungsrechte des Beschuldigten durch eine sofort oder in kurzer Frist durchgeführte Hauptverhandlung nicht von vornherein unzulässig beeinträchtigt. Die Sicherung der Verteidigungsrechte des Beschuldigten aber muß das gesamte weitere Verfahren durchziehen. Im Rahmen der Hauptverhandlung als solcher hat die richterliche Aufklärungspflicht gem. § 244 II StPO entscheidende Bedeutung. Zwar sind die Verfahrenserleichterungen des § 420 StPO in den für das beschleunigte Verfahren passenden Fällen von nicht so großem Gewicht, wie zum Teil angenommen. So wird wegen der Einfachheit der Sachen und der kurzfristigen Durchführung des beschleunigten Verfahrens im Regelfall eine erforderliche umfangreiche Beweisaufnahme nicht zu erwarten und demzufolge die Verlesung von Vernehmungsniederschriften iSv § 420 I StPO und Erklärungen von Behörden oder sonstigen Stellen iSv § 420 II StPO zum Zwecke der Verfahrensverkürzung nur in Ausnahmefällen erforderlich sein. Das gleiche gilt für die Möglichkeit, Beweisanträge auch ohne Vorliegen eines Ablehnungsgrundes der §§ 244, 245 StPO nach § 420 IV StPO unter Zugrundelegung der oben entwickelten Grundsätze abzulehnen. Auch hier gilt, daß in den für das beschleunigte Verfahren geeigneten Fällen nicht zu erwarten ist, daß eine Vielzahl von Beweisanträgen gestellt wird. Aber das fehlende Erfordernis einer umfangreichen Beweisaufnahme ist ja auch einer der Gründe, die es rechtfertigen, ein Abweichen von den Grundsätzen des Normalverfahrens im Interesse der Funktionstüchtigkeit der Strafrechtspflege zu gestatten, ohne zugleich ein beschleunigtes Strafverfahren zu haben, das rechtsstaatlichen Grundsätzen nicht mehr entspricht. In den Fällen aber, in denen es zu einer Anwendung der Verfahrensvereinfachungen des § 420 StPO kommt, müssen diese Verfahrensverkürzungen durch die richterliche Aufklärungspflicht und eine gesteigerte richterliche Fürsorgepflicht kompensiert werden, um insbesondere die Wahrheitsfindung und die angemessenen Verteidigungsmöglichkeiten des Beschuldigten zu gewährleisten.

Insgesamt dürften damit nach der Neuregelung des beschleunigten Verfahrens genügend Möglichkeiten bestehen, trotz verbleibender Risiken für die Verteidigungsrechte des Beschuldigten zu einer rechtsstaatlichen Grundsätzen entsprechenden Wahrheitsfindung und Beurteilung zu kommen. Der Vorteil für den Beschuldigten, ein ihn belastendes Strafverfahren schnell zum Abschluß zu bringen, eine eventuell angeordnete Untersuchungshaft kurz zu halten, ferner die vom Gesetzgeber verfolgten general- und spezialpräventiven Zwecke und vor allem das angestrebte Ziel, die Strafgerichte zu entlasten, rechtfertigen es daher, die neue Regelung der §§ 417 ff StPO noch als rechtsstaatlichen Grundsätzen entsprechend einzustufen.

Ob das vom Gesetzgeber verfolgte Ziel, eine Entlastung der Strafverfolgungsorgane zu erreichen, verwirklicht wird, hängt jedoch nicht allein von den Möglichkeiten ab, die das Gesetz eröffnet. Entscheidend ist vielmehr, wie die neuen Vorschriften in der Praxis der Staatsanwaltschaften und der Gerichte angewandt werden. Ein wesentlicher Anstieg beschleunigter Verfahren, für die auch schon vor der Reform bei vielen Gerichten Zurückhaltung erkennbar war, war insgesamt bislang nicht zu verzeichnen. Hier bedarf es daher noch einer Umstellung und größeren Bereitschaft, in geeigneten Fällen vermehrt beschleunigte Verfahren einzuleiten und durchzuführen, wie das bei den in der Arbeit genannten Amtsgerichten, die eine Art Vorreiterrolle einnehmen, schon realisiert wird. Nicht verkannt werden darf auch, daß das Gericht im beschleunigten Verfahren besonderen Belastungen ausgesetzt ist. Dies gilt um so mehr, als es nicht „das" beschleunigte Verfahren gibt, sondern die §§ 417 ff StPO und insbesondere § 420 StPO verschiedene fakultative Möglichkeiten für den Verfahrensablauf bereitstellen. Wenn man dabei bedenkt, daß bei vielen Gerichten Strafrichter und Schöffengerichte sowohl mit Regelverfahren als auch mit beschleunigten Verfahren befaßt sind, kann dies bei der Wahl der anzuwendenden Vorschriften im Einzelfall zu Unsicherheiten führen; dadurch kann die zum Teil bestehende Abneigung gegen die Durchführung beschleunigter Verfahren noch gefördert werden, ein Ergebnis, das der Intention des Gesetzgebers gerade zuwiderläuft. Für eine häufigere Anwendung des beschleunigten Verfahrens unter Ausnutzung der durch das Verbrechensbekämpfungsgesetz geschaffenen Beschleunigungsmöglichkeiten ist es deshalb allgemein erforderlich, organisatorische Maßnahmen für die kurzfristige Durchführung von Strafverfahren bei den Amtsgerichten und den Staatsanwaltschaften zu treffen; insbesondere ist die Einrichtung von Bereitschaftsgerichten und speziellen für das beschleunigte Verfahren zuständigen Abteilungen bei den Amtsgerichten mit einhergehenden Kooperationsvereinbarungen zwischen Polizei, Staatsanwaltschaft und Gericht erforderlich. Die in letzter Zeit ins Leben gerufenen Modellversuche gehen zwar in die richtige Richtung, sie bedürfen aber noch weiterer Intensivierung, um durch eine höhere Akzeptanz bei den Amtsgerichten generell eine breitere Anwendung beschleunigter Verfahren zu erreichen. Ansonsten wird die gesetzliche Neuregelung ihr Ziel verfehlen und das beschleunigte Verfahren wird trotz der Notwendigkeit, der Überlastung der Gerichte entgegenzuwirken, weiterhin ein Schattendasein führen.

Literaturverzeichnis

AK: Reihe Alternativkommentare (Hrsg. *Wassermann*), Kommentar zu StPO, Band 1 (1988); Band 2, Teilband 1 (1992), Teilband 2 (1993); Band 3 (1996). Zitiert nach Bearbeiter, Paragraph und Randnummer

Alsberg, Max/*Nüse*, Karl-Heinz/*Meyer*, Karlheinz: Der Beweisantrag im Strafprozeß, 5. Auflage 1983

Asbrock, Bernd: Hauptsache Haft - Hauptverhandlungshaft als neuer Haftgrund, StV 1997, S. 43

Aurnhammer, Katharina: Spezielle Ausländerstrafrecht, Die Straftatbestände des Ausländergesetzes und des Asylverfahrensgesetzes. Eine vergleichende Untersuchung, 1996

Bachem, Michael: Anmerkung zu OLG Düsseldorf vom 11.1.1995, NStZ 1996, S. 207

Bandemer, Dagmar: Einer für alle und alle für einen: Das Verhältnis des Einzelrichters zum Schöffengericht als Zuständigkeitsfrage – Eine juristisch-empirische Untersuchung, JA 1994, S. 489

Bandisch, Günter: Zum Entwurf eines Kriminalitätsbekämpfungsgesetzes der Fraktionen der CDU/CSU und FDP vom 4.1. 1994, Eine vorläufige Stellungnahme des Strafrechtsausschusses des Deutschen Rechtsanwaltsvereins, StV 1994, S. 153

– Stellungnahme des Strafrechtsausschusses des DAV zum Entwurf eines Gesetzes zur Änderung der Strafprozeßordnung (Hauptverhandlung), StraFo 1996, S. 34

Baumann, Jürgen: Grundbegriffe und Verfahrensprinzipien des Strafprozeßrechts, 3. Auflage 1979

– Die Situation des deutschen Strafprozesses, in: Festschrift für Ulrich *Klug* zum 70. Geburtstag, Band II, 1983, S. 459

Baumbach: Rechtspflege, DJZ 1931, S. 1283

Beling, Ernst von: Rechtsprechung des Reichsmilitärgerichts vom 6. Oktober 1902 bis 19. April 1912 auf dem Gebiete des Strafprozeßrechts, ZStW 38 (1918), S. 612

– Anmerkung zu Entscheidung des RG vom 7. August 1925, 3 D 313/25, JW 1925, S. 2782

– Deutsches Reichsstrafprozeßrecht mit Einschluß des Gerichtsverfassungsrechts, 1928

Bergmann: Beweisanregung, 1970

Bernmann, Klaus: Wider eine Vereinfachung der Hauptverhandlung – Einige Anmerkungen zum Thema der strafrechtl. Abt. des 60. Juristentages, ZRP 1994, S. 329

Beulke, Werner: Der Verteidiger im Strafverfahren, Funktionen und Rechtsstellung, 1980

– Neugestaltung der Vorschriften über die Öffentlichkeit des Strafverfahrens, JR 1982, S. 309

– Die gerichtliche Bestellung eines Verteidigers, Interpretation der §§ 140 ff StPO unter jugendrechtlichen Gesichtspunkten, in: Verteidigung in Jugendstrafsachen, herausgegeben vom Bundesministerium der Justiz, 1987, S. 170

– Strafprozeßrecht, 3. Auflage 1998

Birkemeyer, Karl: Deutsches Strafprozeßrecht mit eingehender Bezugnahme auf die preußischen und bayerischen Ausführungsbestimmungen und unter Berücksichtigung des österreichischen Strafprozeßrechts, 1898

Böttcher, Reinhard: Das neue Beweisrecht im Verfahren nach OWiG, NStZ 1986, S. 393

Böttcher, Reinhard/*Mayer*, Elmar: Änderungen des Strafverfahrensrechts durch das Entlastungsgesetz, NStZ 1993, S. 153

Bohnenberger:Verkehrsschnellgericht in Frankfurt, DAR 1960, S. 197

Bovensiepen, Michael: Der Freibeweis im Strafverfahren, 1978

Brause, Hans Peter: Faires Verfahren und Effektivität im Strafprozeß, NJW 1991, S. 2865

Briegleb, Hans Karl: Einleitung in die Theorie der summarischen Processe, Leipzig 1859

Dähn, Gerd: Möglichkeiten einer verstärkten Anwendung des beschleunigten Verfahrens bei Bagatelldelikten, in Festschrift für Jürgen *Baumann* zum 70. Geburtstag, 1992, S. 349

Dahs, Hans: Wahrheitserforschung contra Unmittelbarkeitsprinzip, StV 1988, S. 169

– Das Verbrechensbekämpfungsgesetz vom 28.10.1994 – ein Produkt des Superwahljahres, NJW 1995, S.553

Deisberg, Reinhard/*Hohendorf*, Andreas: Das erweiterte Schöffengericht - ein Stiefkind der Strafrechtspflege?, DRiZ 1984, S. 261

Deumeland, Klaus Dieter: Anmerkung zu OLG Hamburg, Beschluß vom 21.7.1982, NStZ 1983, S. 41

Dölling, Dieter: Verlesbarkeit schriftlicher Erklärungen und Auskunftsverweigerung nach § 55 StPO - Zugleich eine Besprechung des Urt. des BGH vom 23.12.1986 – 1 StR 516/86 NStZ 1988, S. 36, NStZ 1988, S. 6

Dörr, Dieter: Faires Verfahren, 1984

Dohna, Alexander Graf zu: Das Strafprozeßrecht, 3. Auflage 1929

Dünnebier, Hanns: Das beschleunigte Verfahren, GA 1959, S. 272

Eisenberg, Ulrich: Beweisrecht der StPO, 2. Auflage 1996. Zitiert nach Randnummer

Engels, Dieter: Die Aufklärungspflicht nach § 244 II StPO, 1979

– Beweisantizipationsverbot und Beweiserhebungsumfang im Strafprozeß, GA 1981, S. 21

Eser, Albin: Einführung in das Strafprozeßrecht, 1983

Eßer, Susanne: Das Schnellverfahren bei Straftat mit politischem Hintergrund, StraFo 1996, S. 79

Feltes, Thomas/*Kerner*, Hans-Jürgen: Diversion statt Strafe –Probleme und Gefahren einer neuen Strategie strafrechtlicher Sozialkontrolle, 1983, S. 72

Feuerhelm, Wolfgang: Die Annahmeberufung im Strafprozeß, StV 1997, S. 99

Feyer, Walter: Das Verfahren nach § 212 der Strafprozeßordnung, 1926

Fezer, Gerhard: Vereinfachte Verfahren im Strafprozeß, ZStW 106 (1994), S. 1

– Reduktion von Beweiserfordernissen - Systemverändernde Tendenzen in der tatrichterlichen Praxis und der Gesetzgebung - , StV 1995, S. 263

– Strafprozeßrecht, Juristischer Studienkurs, 1995. Zitiert nach Fall- und Randnummer

Fischer, Ralf: Nochmals: Die neue Strafrichterzuständigkeit des § 25 Nr. 2 GVG - Eine Erwiderung auf Hohendorf NJW 1995, S. 1454, NJW 1996, S. 1044

Frister, Helmut: Das Verhältnis von Beweisantragsrecht und gerichtlicher Aufklärungspflicht im Strafprozeß, ZStW 195 (1993), S. 340

Fuhrmann, Hans: Das Verwertungsverbot des § 252 StPO und die Aufklärungspflicht des Gerichts, JuS 1963, S. 273

Fuhse, Ekkehard: Ist das Schöffengericht durch § 25 Nr. 2 GVG gehindert, Strafbefehle zu erlassen, Erledigungen im beschleunigten Verfahren vorzunehmen, kann es bei Straferwartung unter 2 Jahren Freiheitsstrafe angerufen werden? Zugleich Besprechung von OLG Oldenburg NStZ 1994, S. 449, NStZ 1995, S. 165

Gallrein, Bernhard: Das schleunige Verfahren im Strafprozeß, Schnellgerichtsverfahren und Sondergerichte, 1934

Geppert, Klaus: Der Grundsatz der Unmittelbarkeit im deutschen Strafverfahren, 1979

– Das Beweisverbot des § 252 StPO, Jura 1988, S. 305 und S. 363

– Zum „fair trial-Prinzip“ nach Art. 6 I 1 der Europäischen Menschenrechtskonvention, Jura 1992, S. 597

– Das Beweisverbot des § 252 StPO, Jura 1988, S. 305 und S. 363

Gerland: Der deutsche Strafprozeß und das Notverordnungsrecht der Gegenwart, DJZ 1933, S. 1182

Giesler, Detlev: Der Ausschluß der Beschwerde gegen richterliche Entscheidungen im Strafverfahren, 1981

Gleispach, Wenzel Graf von: Deutsches Strafverfahrensrecht, Berlin 1943

Göhler, Erich: Reformvorschläge zum Bußgeldverfahren, DAR 1981, S. 333

– Gesetz über Ordnungswidrigkeiten, 11. Auflage 1995. Zitiert nach Paragraph und Randnummer

Gössel, Karl Heinz: Strafverfahrensrecht, 1977. Zitiert nach Paragraph und Abschnitt

– Über die Folgen der Aufhebung von Berufungsurteilen in der Revisionsinstanz - Zugleich eine Besprechung des Urt. des OLG Stuttgart vom 27.11.1981 - 1 Ss 706/81, JR 1982, S. 270

– Gutachten zum 60. Deutschen Juristentages in Münster Band I Teil C, 1994

Grünwald, Gerald: Der Niedergang des Prinzips der unmittelbaren Zeugenvernehmung, in: Festsschrift für Hanns *Dünnebier* zum 75. Geburtstag, 1982, S. 347

– Das Beweisrecht der Strafprozeßordnung, 1993

Günter, Hans-Helmut: DRB-Vorschläge zu Änderungen des Strafverfahrensrechts, DRiZ 1994, S. 303

Hagemann: Das summarische Verfahren (Schnellverfahren) im Strafprozeß, DJZ 1932, S. 729

Hamm, Rainer: Was wird aus der Hauptverhandlung nach Inkrafttreten des Verbrechensbekämpfungsgesetzes?, StV 1994, S. 456

Hartenbach, Alfred: Gesetzesentwurf der Hauptverhandlungshaft, AnwBl 1996, S. 83

– Einführung der Hauptverhandlungshaft, ZRP 1997, S. 227

Hartmann, Peter: Geschwindigkeitssünder vor dem Schnellgericht, MDR 1964, S. 190

Hassemer, Winfried: Die „Funktionstüchtigkeit der Strafrechtspflege“, ein neuer Rechtsbegriff?, StV 1982, S. 275

– Unverfügbares im Strafprozeß, in: Rechtsstaat und Menschenwürde, Festschrift für Werner *Maierhofer* zum 70. Geburtstag, hrsg. von *Kaufmann/Mestmäcker/Zächer*, 1988, S. 183

Heissler, Udo: Die Unmittelbarkeit der Beweisaufnahme im Strafprozeß unter besonderer Berücksichtigung des Zeugnisses vom Hörensagen, 1973

Hellmann, Uwe: Die Hauptverhandlungshaft gem. § 127b StPO, NJW 1997, S. 2145

Henseler: Richterliche Nachprüfung der Zulässigkeit des beschleunigten Verfahrens gem. § 212 StPO, GA 1932, S. 203

Herdegen, Gerhard: Bemerkungen zum Beweisantragsrecht - 1. Teil zugleich Besprechung von BGH GSSt 1/83, NStZ 1984, S. 97

– Zum Begriff der Beweisbehauptung, StV 1990, S. 518

– Aufklärungspflicht - Beweisantragsrecht - Beweisantrag – Beweisermittlungsantrag, in: Gedächtnisschrift für Karlheinz *Meyer* hrsg. von *Geppert/Dehnicke*, 1990, S. 187

Herrmann, Joachim: Überlegungen zur Reform der notwendigen Verteidigung, StV 1996, S. 396

Herzog, Felix: Wider den „kurzen Prozeß“, ZRP 1991, S. 125

– Schlanke Justiz, Wie die Strafrechtspflege durch ihre „weitere Entlastung“ in einen effizienten Strafverwaltungsbetrieb verwandelt werden soll, StV 1995, S. 372

– Symblische Untersuchungshaft und abstrakte Haftgründe – Anmerkungen zur Hauptverhandlungshaft, StV 1997, S. 215

Heubel, Horst: Der „fair-trial“ - ein Grundsatz des Strafverfahrens? Zugleich ein Beitrag zum Problem der „verfassungskonformen“ Rechtsfortbildung im Strafprozeß, 1981

Hoffman, Paul: Der unerreichbare Zeuge im Strafverfahren, 1991

Hohendorf, Andreas: Die neue Strafrichterzuständigkeit des § 25 Nr. 2 GVG, NJW 1995, S.1454

– Zuständigkeit des Schöffengerichts zum Erlaß eines Strafbefehls, wistra 1994, S. 40

Holzwarth, Friedrich: Das reformierte beschleunigte Verfahren der Strafprozeßordnung, 1951

Honig, Richard: Das summarische Verfahren im neuen deutschen Strafprozeß, MschrKrimPsych 1924, S. 138

Huber, Michael: Das Strafurteil, 1993

Hübner, Claudia: Allgemeine Verfahrensgrundsätze, Fürsorgepflicht oder fair trial?, 1983

Jerusalem, Andreas: Anmerkung zu Entscheidung des OLG Hamburg vom 25.1.1966, NJW 1966, S. 1279

Joachimski, Jupp: Strafverfahrensrecht, 3. Auflage 1993

Julius, Karl-Peter: Die Unerreichbarkeit von Zeugen im Strafprozeß, 1988

Karlsruher Kommentar zum Ordnungswidrigkeitengesetz: (Hrsg. *Boujong*) 1989. Zitiert nach Bearbeiter, Paragraph und Randnummer

Karlsruher Kommentar zur Strafprozeßordnung: (Hrsg. *Pfeiffer*), 3. Auflage 1993. Zitiert nach Bearbeiter, Paragraph und Randnummer

Kissel, Otto Rudolf: Gerichtsverfassungsgesetz, Kommentar, 2. Auflage 1994. Zitiert nach Paragraph und Randnummer

Kleinknecht/Meyer-Goßner: Strafprozeßordnung, 43. Auflage 1997. Zitiert nach Paragraph und Randnummer

KMR: Loseblattkommentar zur Strafprozeßordnung, begründet von *Kleinknecht/ Müller/Reitberger*, hrsg. von *Fezer/Paulus*, 8. Auflage ab 1990. Zitiert nach Bearbeiter, Paragraph und Randnummer

Köckerbauer, Hans-Peter: Geltung der Rechtsfolgengrenze bei der Gesamstrafenbildung im beschleunigten Verfahren, NJW 1990, S. 170

König, Peter/*Seitz*, Helmut: Die straf- und strafverfahrensrechtlichen Regelungen des Verbrechensbekämpfungsgesetzes, NStZ 1995, S. 1

Kohler, Josef: Der summarische Prozeß zu Dantes Zeit, GA 48, S. 109

Krause, Friedrich-Wilhelm: Zum Urkundenbeweis im Strafverfahren, Kieler rechtswissenschaftliche Abhandlungen Nr. 8, 1966

Kreuzer, Elisabeth: Die Bestimmung des Umfangs der Beweisaufnahme im deutschen, französischen und italienischen Strafprozeß, 1964

Krey, Volker: Strafverfahrensrecht, Band 1 (1988); Band 2 (1990). Zitiert nach Band und Randnummer

– Probleme des Zeugenschutzes im Strafverfahrensrecht, in: Gedächtnisschrift für Karlheinz *Meyer*, 1990, S. 239

Krüger, Ralf: Das Verbrechensbekämpungsgesetz – Hilfe bei der Problembewältigung? Kriminalistik 1995, S. 41

Kühne, Hans-Heiner: Strafprozeßlehre, 4. Auflage 1993. Zitiert nach Randnummer

Küng-Hofer, Rolf: Die Beschleunigung des Strafverfahrens unter Wahrung der Rechtsstaatlichkeit, 1984

Kupsch, W. D.: Das neue Ordnungswidrigkeitenrecht, NJW 1987, S. 352

Lehmann, Karl-Heinz: Zur Aburteilung von Demonstranten im beschleunigten Verfahren, DRiZ 1970, S. 287

Liemersdorf, Thilo: Beweisantragsrecht und Sachverhaltsaufklärung - Ihre Bedeutung für das Verhalten des Strafverteidigers in der Hauptverhandlung im Hinblick auf eine mögliche Revision und die Behandlung etwaiger Rügen des Strafverteidigers im Revisionsverfahren, StV 1987, S. 175

Löhr, Holle Eva: Der Grundsatz der Unmittelbarkeit im deutschen Strafprozeßrecht, Strafrechtliche Abhandlungen Neue Folge Band 8, 1972

Löwe/Rosenberg: Die Strafprozeßordnung und das Gerichtsverfassungsgesetz mit Nebengesetzen, hrsg. von *Rieß*, 24. Auflage 1984 ff. Zitiert nach Bearbeiter, Paragraph und Randnummer (23. Auflage und 25. Auflage besonders gekennzeichnet)

Löwenthal, Fritz: Schnellverfahren gem. § 212 StPO, JW 1929, S. 2694

Loos, Fritz: Zur „schadensbegrenzenden" Auslegung strafprozessualer Vorschriften des Justizentlastungsgesetzes, in: Festschrift für Walter *Remmers*, 1995, S. 565

Loos, Fritz/*Radtke*, Henning: Das beschleunigte Verfahren (§§ 417-420 StPO) nach dem Verbrechensbekämpfungsgesetz, NStZ 1995, S. 569; NStZ 1996, S. 7

Lueken, Wilhelm: Beschleunigung der Verkehrsstrafsachen insbesondere das beschleunigte Verfahren in Frankfurt am Main, DAR 1960, S. 250

Lüttger, Hans: Der „genügende Anlaß" zur Erhebung der öffentlichen Klage, GA 1957, S. 207

Männlein, Ulrike: Empirische und kriminalpolitische Aspekte zur Anwendung der Opportunitätsvorschriften §§ 153, 153a StPO durch die Staatsanwaltschaft, 1992

Mattern, Friedrich: Die „Wahrunterstellung" im Strafprozeß, 1933

Mayer, Markus: Rechtshängigkeit im Strafverfahren, JuS 1993, S. 984

Mehner, Ingo: Die Vernehmung von Verhörspersonen im deutschen Strafprozeß, 1975

Meyer-Goßner, Lutz: Anmerkung zu Entscheidung des OLG Hamm vom 3.11.1977, 3 Ss 872/76, JR 1978, S. 121

– Anmerkung zu Entscheidung des OLG Celle vom 11.10.1982, 2 Ss 348/82: Zu den Folgen einer Überschreitung des Strafbanns im beschleunigten Verfahren, JR 1984, S. 75

– Nachtragsanklage und Ablehnung der Eröffnung des Hauptverfahrens – Eine Erwiderung zu *Hilger*, JR 1983, S. 441, JR 1984, S. 53

– Das strenge Schnellgericht, Jura 1987, S. 323

Michel, Norbert: Streit über die Zuständigkeit beim Amtsgericht in Strafsachen, MDR 1995, S. 1198

Mitsch, Wolfgang: Protokollverlesung nach berechtigter Auskunftsverweigerung (§ 55 StPO) in der Hauptverhandlung, JZ 1992, S. 174

Mittermaier, K.J.A.: Die Mündlichkeit, das Anklageprinzip, die Öffentlichkeit und das Geschworenengericht, 1845

Molketin, Rüdiger: Die Schutzfunktion des § 140 II StPO zugunsten des Beschuldigten im Strafverfahren, 1986

- Zur Auslegung und Anwendung des § 140 II StPO, insbesondere bei nicht der deutschen Gerichtssprache kundigen Beschuldigten, AnwBl 1980, S. 442
- Die Rechtsprechung zu § 140 II StPO im Jahre 1987, AnwBl 1989, S. 19
- Die Rechtsprechung zu § 140 II StPO in den Jahren 1988/89, AnwBl 1991, S. 615
- Die Rechtsprechung zu § 140 II StPO in den Jahren 1990/91, AnwBl 1994, S. 15

Müller, Günter: Das beschleunigte Verfahren im französischen Strafprozeßrecht, GA 1995, S. 169

Müller, Ingo: Rechtsstaat und Strafverfahren, 1980

Müller, Klaus Jochen: Das Strafbefehlsverfahren, 1993

Nagler, I.: Zur Einschätzung der Verordnung über Gerichtsverfassung und Strafrechtspflege vom 4. Januar 1924, GerS 90 (1924), S. 399

Neumann, Ulfried: Zum Entwurf eines Verbrechensbekämpfungsgesetzes, StV 1994, S. 273

Oellerich, Rainer: Voraussetzungen einer notwendigen Verteidigung und Zeitpunkt der Pflichtverteidigerbestellung, StV 1981, S. 434

Oetker, Friedrich: Anmerkung zum Urteil des Reichsgerichts vom 4.6.1928, JW 1930, S. 929

- Strafprozeßbegründung und Strafklageerhebung bei Erlaß und bei Wegfall eines Eröffnungsbeschlusses, 1900

Perron, Walter: Das Beweisantragsrecht des Beschuldigten im Strafprozeß, 1995

Pestalozza, Anton Graf von: Recht des Verteidigers auf Akteneinsicht, Rechtsschutz für das Akteneinsichtsrecht, JW 1932, S. 1715

Peters, Karl: Strafprozeß. Ein Lehrbuch, 4. Auflage 1985. Zitiert nach Paragraph und Abschnitt

Pfeiffer, Gerd: Grundzüge des Strafverfahrensrechts, 1987

Pfeiffer, Gerd/*Fischer*, Thomas: Strafprozeßordnung, Kommentar, 1995. Zitiert nach Bearbeiter, Paragraph und Randnummer

Planck, J. W.: Systematische Darstellung des Strafverfahrens, 1857

Pofalla, Ronald: Gesetzesentwurf zur Hauptverhandlungshaft – Zum Beitrag von Alfred Hartenbach, MdB, AnwBl 1996, S. 83, AnwBl. 1996, S. 466

Priestoph: Beschleunigte Verurteilung festgestellter Fußballrowdies am Beispiel Berlin, Die Polizei 1979, S. 296

Ranft, Otfried: Strafprozeßrecht. Systematische Lehrdarstellung für Studium und Praxis, 2. Auflage 1995

Rengier, Rudolf: Die Zeugnisverweigerungsrechte im geltenden und künftigen Strafverfahrensrecht, 1979

Rieß, Peter: Vereinfachte Verfahrensarten, in: *Schreiber*, Strafprozeß und Reform, 1979

– Legalitätsprinzip - Interessenabwägung - Verhältnismäßigkeit, in: Festschrift für *Dünnebier*, 1982, S. 149

– Zweifelsfragen zum Strafbefehlsverfahren, JR 1988, S. 133

– Das Gesetz zur Entlastung der Rechtspflege - ein Überblick – AnwBl 1993, S. 154

– Reflexionen zur Lage der Strafjustiz, NStZ 1994, S. 409

– Die Zuständigkeit des Strafrichters und die mindere Bedeutung der Sache, NStZ 1995, S. 376

Roestel, Günther: Ablehnung des beschleunigten Strafverfahrens und des vereinfachten Jugendverfahrens, NJW 1966, S. 1952

Rosenfeld, Ernst-Heinrich: Der Reichs-Strafprozeß. Ein Lehrbuch, 5. Auflage 1912

Rothenberger: Das Schnellgericht in Hamburg, DJ 1941, S. 721

Roxin, Claus: Strafverfahrensrecht, Ein Studienbuch, 24. Auflage 1995. Zitiert nach Paragraph und Randnummer

– Prüfe dein Wissen, Rechtsfälle in Frage und Antwort, Strafprozeß, 15. Auflage 1997

Rüping, Hinrich: Das Strafverfahren, 2. Auflage 1983. Zitiert nach Kapitel und Abschnitt

Salzmann, Claus-Peter: Die beschleunigte Ahndung von Verkehrsdelikten, 1962

Schaal, Hans-Jürgen: Hinreichender Tatverdacht oder richterliche Überzeugungsbildung für den Strafbefehlserlaß, in: Gedächtnsisschrift für Karlheinz *Meyer*, 1990, S. 427

Schäfer, Gerhard: Die Praxis des Strafverfahrens, 5. Auflage 1992. Zitiert nach Randnummer

Schaffstein, Friedrich/*Beulke*, Werner: Jugendstrafrecht, Eine systematische Darstellung, 12. Auflage 1995. Zitiert nach Paragraph und Abschnitt

Schauinsland, Hanns Werner: Das schleunige Verfahren im Strafprozeß,1912

Scheffler, Uwe: Kurzer Prozeß mit rechtsstaatlichen Grundsätzen?, NJW 1994, S. 2191

– Strafprozeßrecht, quo vadis?, GA 1995, S. 449

Schlothauer, Reinhold: Anmerkung zum Urteil des Bundesgerichtshofes vom 28.1.1983, I StR 820/81, StV 1983, S. 320

– Vereinfachte Beweisaufnahme nach dem Verbrechensbekämpfungsgesetz auch in der Berufungsinstanz?, StV 1995, S. 46

Schlüchter, Ellen: Das Strafverfahren, 2. Auflgae 1983. Zitiert nach Randnummer

– Beschleunigung des Strafprozesses und insbesondere der Hauptverhandlung ohne Rechtsstaatsverlust, GA 1994, S. 396

Schmidt, Eberhard: Lehrkommentar zur Strafprozeßordnung und zum Gerichtsverfassungsgesetz, Band I (2. Auflage) 1964; Band II 1957. Zitiert nach Band, Paragraph und Randnummer

– Einführung in die Geschichte der Strafrechtspflege, 3. Auflage 1965

Schmidt-Hieber, Werner: Der Beweisantrag im Strafprozeß, JuS 1985, S. 291 und S. 458

Schmitt, Rudolf: Das Strafverfahren zweiter Klasse, ZStW 89 (1977), S. 639

Schneidewin, Karl: Zu der Entwicklung der Rechtsprechung des Reichsgerichts - 3. Die Rechtsprechung in Strafsachen, in: *Lobe* (Hrsg.), Fünfzig Jahre Reichsgericht, 1929, S. 270

Schorn, Hubert: Das Recht der Privatklage, 1967

Schroeder, Friedrich-Christian: Grenzen der Rationalisierung des Strafverfahrens, NJW 1983, S. 137

– Strafprozeßrecht - Fälle und Lösungen, 2. Auflage, 1983

– Strafprozeßrecht, 1993. Zitiert nach Randnummer

Schünemann, Bernd: Das beschleunigte Verfahren im Zwiespalt von Gerechtigkeit und Politik, NJW 1968, S. 975

Schultz, Dietrich: Das beschleunigte Verfahren in Verkehrsstrafsachen, DAR 1957, S. 93

Schulz, Joachim: Anmerkung zum Urteil des BGH vom 6.12.1983 – 5 StR 677/83, StV 1985, S. 312

– Die prozessuale Bedeutung des Beweisermittlungsantrages, GA 1981, S. 301

Schwarz, Heinrich: Zur rechtspolitischen Wertung des schleunigen Verfahrens in der geltenden Strafprozeßordnung, 1929

Schweckendieck, Helmut: Anmerkung zu BGH, Beschluß vom 29.3.1988, 5 StR 624/86, NStZ 1989, S. 486

Siegert, Karl: Kritische Bemerkungen zum Schnellverfahren, GerS 102 (1933), S. 30

Siegismund, Eberhard/*Wickern*, Thomas: Das Gesetz zur Entlastung der Rechtspflege - ein Überblick über die Änderungen der Strafprozeßordnung, des Gerichtsverfassungsgesetzes, des Jugendgerichtsgesetzes und des Strafgesetzbuches, Teil 1 und Teil 2, wistra 1993, S. 90 und S. 137

Sieverts:Zur Praxis des Schnellverfahrens, MschrKrimPsych 1932, S. 248

Skriver, Ansgar: Gerechte Sühne oder Einschüchterung, ZRP 1968, S. 33

Sprang, Irmgard: Die Zulässigkeit des Beweises durch Zeugen vom Hörensagen, insbesondere im Rahmen des § 252 StPO, 1960

Steiner, Dirk: Das Fairneßprinzip im Strafprozeß, 1995

Strate, Gerhard: Pflichtverteidiger bei Ausländern, StV 1981, S. 46

Systematischer Kommentar zur Strafprozeßordnung und zum Gerichtsverfassungsgesetz: bearbeitet von *Rudolphi/Frisch/Rogall/Schlüchter/Wolter*, Loseblattkommentar in der Fassung von 1992. Zitiert nach Bearbeiter, Paragraph und Randnummer

Terhorst, Bruno: Anmerkung zu Beschluß des BGH vom 29.3.1988, 5 StR 624/86 (BGHSt 35, 251), JR 1989, S. 121

Tettinger, Peter J.: Fairneß und Waffengleichheit, 1984

Titze, G.: Das beschleunigte Verfahren nach § 212 StPO, JR 1926, S. 249

Tolksdorf, Klaus: Zur Annahmeberufung nach § 313 StPO, in: Festschrift für Hannskarl *Salger*, 1995, S. 393

Treier, Gerhard: Anmerkung zu OLG Celle, Beschluß vom 10.11.1982, 2 Ss 348/82 – Strafbannüberschreitung im beschleunigten Verfahren, NStZ 1983, S. 234

Ulsenheimer, Klaus: Einschränkungen des Beweisrechts in Gegenwart und Zukunft, AnwBl 1983, S. 373

von Hippel, Robert: Deutsches Strafrecht, 1925

Wächtler, Hartmut: Der autoritäre Strafprozeß - das beschleunigte Verfahren neuer Art im Entwurf eines sogenannten Kriminalitätsbekämpfungsgesetzes von CDU/CSU und FDP, StV 1994, S. 159

Wagner, H.: Anmerkung zu OLG Oldenburg, Beschluß vom 19.7.1982, 2 Ws 255/82, JR 1983, S. 302

Wenner, Gerd: Die Aufklärungspflicht gem. § 244 II StPO, 1982

Werle, Gerhard: Auffbau oder Abbau des Rechtsstaates? – Zum strafverfahrensrechtlichen Teil des Entwurfs eines Gesetzes zur Entlastung der Rechtspflege, JZ 1991, S. 789

Werner: Gelten die Vorschriften der §§ 203 und 204 StPO auch für Anträge auf Aburteilung im beschleunigten Verfahren, DRZ 1947, S. 147

Wessels, Johannes: Die Aufklärungsrüge im Strafprozeß, JuS 1969, S. 1

Widmaier, Gunter: Kritische Gedanken zur diskutierten Reform des Beweisantrags- und Revisionsrechts, NStZ 1994, S. 414

Wömpner, Hans-Bernd: Ergänzender Urkundenbeweis neben §§ 253, 254 StPO? Zur Bedeutung und zum wechselseitigen Verhältnsi der §§ 250, 253, 254 StPO, NStZ 1983, S. 293

Woesner, Horst: Der Privatkläger in der Hauptverhandlung, NJW 1959, S. 704

Wolter, Jürgen: Untersuchungshaft, Vorbeugungshaft und vorläufige Sanktionen, ZStW 93 (1981), S. 452

Zachariae, Heinrich Albert: Die Gebrechen und die Reform des deutschen Strafverfahrens, 1846

– Handbuch des deutschen Strafprocesses, Erster Band, 1861

Zierl, Gerhard: Möglichkeiten zur Eindämmung und besseren Bewältigung der Verfahrensflut aus der Sicht eines Strafrichters, DRiZ 1983, S. 409

Zimmermann, Heinz-August: Das beschleunigte Verfahren im Strafprozeß, 1962

Zuberbier: Gerhard, Einführung in die staatsanwaltliche Praxis, 1991

Sachwortverzeichnis

FSC
www.fsc.org
MIX
Papier | Fördert gute Waldnutzung
FSC® C083411

Kolibri 360 GmbH
Ferdinand-Jühlke-Straße 7
99095 Erfurt, Deutschland
produktsicherheit@kolibri360.de

Druck:
CPI Druckdienstleistungen GmbH
im Auftrag der
Kolibri 360 GmbH
Ferdinand-Jühlke-Str. 7
99095 Erfurt